垂帘之后

李旭东 著

大宋太后主政的日子

新世界出版社
NEW WORLD PRESS

图书在版编目（CIP）数据

珠帘之后 ：大宋太后主政的日子 / 李旭东著. 北京 ：新世界出版社，2025. 10. -- ISBN 978-7-5104-8222-9

Ⅰ. K244.07

中国国家版本馆 CIP 数据核字第 2025WW3546 号

珠帘之后：大宋太后主政的日子

作　　者：李旭东
责任编辑：张晓翠
责任校对：宣　慧　张杰楠
责任印制：王宝根
出　　版：新世界出版社
网　　址：http://www.nwp.com.cn
社　　址：北京西城区百万庄大街 24 号（100037）
发 行 部：(010)6899 5968（电话）　(010)6899 0635（电话）
总 编 室：(010)6899 5424（电话）　(010)6832 6679（传真）
版 权 部：+8610 6899 6306（电话）　nwpcd@sina.com（电邮）
印　　刷：三河市嘉科万达彩色印刷有限公司
经　　销：新华书店
开　　本：710mm×1000mm　1/16　尺寸：170mm×240mm
字　　数：282 千字　印张：18.5
版　　次：2025 年 10 月第 1 版　2025 年 10 月第 1 次印刷
书　　号：ISBN 978-7-5104-8222-9
定　　价：62.00 元

目录

第一章 大宋最有权势的太后

正值豆蔻年华的刘娥和丈夫龚美走在北宋都城开封郊外的小路上，一行商队从他们身边缓缓经过。橐橐的蹄声与正在汴河中行驶的舟船传来的舵橹击水声交织在一起，宛若一曲雄浑的交响乐。

汴河之上，一艘艘造型各异的客船上搭载着各色乘客，有来上任的，有来经商的，有来游历的，有来求学的，有来探亲的，有来访友的……码头附近，一艘艘满载而来的货船上装载着各式货物，有郓州（今山东省泰安市东平县）的阿胶、大名的花绸、延州（今陕西省延安市）的麝香、镇江的绫罗、寿春的石斛、江陵（今湖北省荆州市）的柑橘、建州（今福建省建瓯市）的茶叶、成都的笺纸、兴元的胭脂、广州的沉香、桂州的白银……

此时开封城的城门还没有开启，但门外已经聚集了很多人，刘娥与龚美静静地等待着。伴随着阵阵沉闷的声响，城门缓缓地被打开，人们迫不及待地涌进了开封城中……

这是刘娥第一次来开封，她原本只想着与丈夫在这里讨口饭吃，谁知后来逆袭成为大宋皇后。丈夫真宗去世后，刘娥又以太后身份垂帘听政，成为当时大宋最有权势的人。她这样一个毫无背景的底层女子是如何挣脱重重枷锁实现逆袭的呢？

寒门女子的阶层跨越

刘娥出生于益州华阳（今四川省成都市华阳街道）一户普通的农户家庭，自幼便艰难地讨生活，好在她生得容貌秀丽、身材婀娜，歌声动人，还怀有一项绝技，那就是“播鼗”。鼗是类似于如今拨浪鼓的乐器。色艺俱佳的刘娥嫁给了邻居龚美。龚美是当地久负盛名的银匠艺人，但他不想继续日复一日过这种平凡的生活，于是提出要去京城闯荡，或许能够闯出一片新天地。刘娥也对繁华的开封充满了向往。

两人从四川泛江而下，行至真州长芦江口（今江苏省仪征市），这里是连接长江与大运河的交通枢纽。他们乘坐的船只照例在这里停泊休整。坐在船上百无聊赖的刘娥唱起了歌，她悦耳的歌声传入僧人法灯的耳中。法灯来自福建，游历到这里后在岸边修造了一座草庵栖身。法灯循着歌声来到船边，邂逅了当时稚气未脱的刘娥。法灯很会看面相，他认定眼前这个女子日后必然大富大贵，于是拿出自己多年的积蓄，让她带着这些钱去京城闯荡。

刘娥满怀期待地来到了开封，但起初她和龚美的日子过得并不顺遂，生活的压力让他们喘不过气来。但其实从他们进入开封城的那一刻起，命运的齿轮就已经开始转动了。

刘娥最大的贵人赵恒此时已经被册立为太子，兼判开封府事。赵恒一直都想寻一位可心的女子作为自己的人生伴侣，却一直都没能如愿。当时开封城内外住着上百万人，妙龄女子多得不计其数，已经嫁为人妇的刘娥能够进入赵恒的视野，还要得益于她的丈夫龚美。

龚美虽是个身份卑微的银匠，但他服务的对象非富即贵。龚美被召入东宫锻造银器，不仅见到了太子赵恒，还结识了在东宫当差的指挥使张耆。在开封生活的成本实在是太高了，尽管龚美没日没夜地干活，但他们的日子一直过得很拮据。刘娥没能寻到合适的营生，只得一直闲居在家中。后来，龚美由于承受不起生活的压力，打算将刘娥献给赵恒。

在张耆的积极安排下，刘娥来到了赵恒身边。见到美艳无比又多才多艺的刘娥后，赵恒便被她深深地迷住了，与她日日相伴，夜夜笙歌。这也惹得他的乳母秦国夫人极为不快。

太宗赵光义也觉察到了儿子近来的异样，便向秦国夫人询问原因。秦国夫人早就看不惯来路不正的刘娥，索性将此事添油加醋地说给赵光义听。深孚众望的太子居然被一位来历不明的女子迷得神魂颠倒，赵光义听后自然是大为恼火，责令赵恒立即将赵娥赶出东宫。

赵恒舍不得刘娥离自己而去，但是又不敢公然违逆父亲。他思来想去，只得将刘娥托付给亲信张耆。张耆随后将刘娥安置在自己的府上。为了避嫌，张耆便不再回家，终日吃住在东宫。见张耆有家不能回，赵恒有些于心不忍，特地赐给他五百两银子，让他在别处又盖了一座宅子。

至道三年（997年）三月二十九日，赵光义因病去世。赵恒登基后，身边自然不缺各式美女，不过他始终都没有忘记刘娥，于是主动放下身段前去恳求秦国夫人。秦国夫人虽然对刘娥成见颇深，但又不能不顾及皇帝的面子，只得勉强同意了他的请求。得到乳母的首肯后，赵恒当即将朝思暮想的刘娥接到了宫中。然而，在很长一段时间内刘娥都没有任何名分。直到景德元年（1004年）

正月，赵恒登基已然近七年之久，刘娥才被册封为美人（正四品）。

刘娥的好友杨氏也一同被册封为才人（正五品）。由于杨氏生前获得的最高封号为淑妃，后世习惯称她为“杨淑妃”。杨淑妃与刘娥一样出身卑微，两人的家乡相距并不远，刘娥来自华阳县，杨淑妃来自郫县（今四川省成都市郫都区），难能可贵的是两人的性格很互补。饱尝生活艰难的刘娥性格颇为要强，杨淑妃的性格却格外温顺。虽然杨淑妃出自小门小户，但没有像刘娥那样吃过许多苦。正史中说她从来都不与刘娥争高下，心甘情愿地成为她的陪衬。其实杨淑妃绝非天真懵懂之人，而是有着深远的政治眼光。

刘娥被封为美人时已经三十多岁了，与那些妙龄女子比起来，她并没有什么优势，但是这世间长相俊俏的美艳女子易寻，情投意合的灵魂伴侣难得。刘娥无时无刻不在提升自己，她对服饰、首饰等寻常女子钟爱之物全都不感兴趣，而是将更多的时间用来读书，所以她对朝廷典故和政务流程了如指掌。无论是追随真宗外出巡行，还是陪伴他批阅奏章，刘娥都可以充当他的政治助手，真宗自然对她另眼相看。

赵恒曾经想将刘娥直接进封为贵妃，由于贵妃在后宫的地位仅次于皇后，赵恒担心会在朝中遇到阻力，于是特地派遣亲信宦官携带自己所写手诏去见宰相李沆。李沆接过手诏看了看，便将其放在烛火前焚毁了，对那个宦官说：“你回去禀报陛下，臣以为不可！”真宗最终只得作罢。

北宋前期，被授予同中书门下平章事（简称同平章事）职衔的官员主持宰相公署中书门下的工作，被称为“宰相”，但同平章事本身并无品级，宰相品级高低要看其担任的职事官，因此即便大臣同为宰相，在品级上也往往会有所差异。为了制衡宰相权力，宋朝还专门设置了副宰相参知政事。如果宰相为三员，通常会设置两员参知政事；如果宰相为两员，通常会设置三员参知政事。两者的总数一般不会多于五人。宋朝还另行设置了主管军事事务的枢密院，与中书门下并称“两府”，但枢密院的地位略低一些，其长官为枢密使或知枢密院事，副长官为枢密副使或同知枢密院事、签书枢密院事。枢密院的长官与参知政事合称为“执政”，与宰相并称为“宰执”。

对于以宰执为首的士大夫们的非议与蔑视，此时的刘娥还只能默默承受，不过在不久的将来，她将会成为皇宫的主人！

狸猫何曾换太子

刘娥若想在后宫中再进一步，就要为真宗生下子嗣，但这对于年纪不小的她而言绝非易事，于是她想出了借腹生子的计划。也正因如此，狸猫换太子的传说在朝野间广泛流传开来，她的形象也被彻底黑化。

据传，真宗一直苦恼于没有子嗣，于是承诺谁为他生下儿子便册立谁为皇后。当时李妃已经怀有身孕，而且分娩日期将近。与其同样位列妃位的刘娥担心她会抢先生下儿子，夺走皇后之位，便与亲信宦官郭槐定计，收买了李妃身边的宦官与产婆。在李妃因分娩陷入昏迷之际，这些人用一只剥了皮的狸猫换走了她刚刚生下的皇子。真宗见到后认定李妃产下的是妖孽，一怒之下将她打入冷宫。

刘娥命宫女寇珠用篮子装着李妃刚刚出生的儿子，将他扔到金水桥下，但心地善良的寇珠并没有忍心这么做，而是将那个刚出生的孩子交给了太监陈琳。陈琳不仅为人正直，还忠心耿耿，他借为八贤王祝寿之机，将那个孩子放入梳妆盒内，送到了八贤王的府上。

刘娥后来生下一子，但这个孩子因身染重病而夭折。后继无人的真宗最终只得收养了弟弟八贤王之子，随后还将其立为太子。年幼的太子路过冷宫时，偶遇花容憔悴的李妃，顿时起了恻隐之心，于是恳求刘娥在真宗面前为她求情。

刘娥见太子居然与李妃长得很像，心生疑窦，命人逮捕寇珠并对其进行严刑拷问，但生性刚烈的寇珠宁死不屈，最终触槛身亡。刘娥没能从寇珠口中问出实情，她决意斩草除根，于是在赵恒面前大肆诋毁李妃，说她对真宗心生怨言。真宗一怒之下赐李妃自尽，幸亏有宫人及时搭救，将李妃秘密送往陈州（今河南省周口市淮阳区），她才侥幸逃过一劫。

仁宗即位后，包拯奉旨巡访四方，体察民情。途经陈州时，李妃前来申冤，包拯随后开始着手调查此事。虽然此时刘娥已经去世，但八贤王、陈琳等重要证人仍然健在。包拯初步探明案情后，命人拘捕了郭槐，刘娥陷害李妃之事最终真相大白。

以上是民间传说“狸猫换太子”的故事，其实历史真相并非如此。仁宗赵祯的亲生母亲的确是李氏，李氏出生于江南的一个小官僚家庭。李氏的祖父李延嗣曾在十国之一的吴越国效力，担任过金华县主簿。她的父亲李仁德是北宋的一个小军官，最高做到左班殿直（正九品）的职位。

李氏入宫后成为刘娥身边的侍女，她比刘娥小十七岁。两人在真宗心中的地位更是有着天壤之别，即便真宗着急想要一个儿子，也断然不会做出谁先生儿子便册立谁为皇后的承诺。

某日，真宗想要洗手，李氏赶忙举着盥盆来到他的面前。看着李氏那双洁白温润的手，真宗心中甚是喜欢，于是不由自主地与她攀谈了几句。心机颇深的李氏刻意提起昨晚她做的一个奇怪的梦，说梦到一个身穿羽衣的人光着脚从空中飞下来对她说：“我来当你的儿子！”

真宗听后一愣，这些年来他一直在为子嗣之事发愁，虽然他之前有过五位皇子，但是全都不幸夭折，如今面临着后继无人的窘境。李氏的这个梦无疑使真宗再度燃起了信心，于是真宗当晚便临幸了她。

不知是巧合还是天意，李氏居然真的怀孕了。喜出望外的真宗将她召到砌台，那里是观赏美景的绝佳之处。李氏应召而来，她感到惴惴不安，头上的玉钗不慎滑落。就在玉钗落地前的那一刹那，真宗在心中暗暗祈祷：“如果玉钗完好无损，李氏所生就是男孩。”玉钗落地后，侍从们快步走过去，赶忙将那枚玉钗拾了起来，玉钗果然完好无损。真宗长舒了一口气，脸上露出了一丝喜色。

大中祥符三年（1010年）四月十四日，李氏不负众望，为真宗生下了儿子，也就是后来的仁宗赵祯。李氏了却了真宗的夙愿，但生下儿子未必能彻底改变她的命运。在真宗已经夭折的五个儿子中，只有次子赵祐为郭皇后所生，其他四个儿子的生母在正史中都没能留下记载，由此可见她们并没有因为生下儿子而获得较高的位份。

由于李氏的身份太过卑微，真宗一直对外宣称赵祯是刘娥所生。大中祥符五年（1012年）五月十一日，身为修仪的刘娥被进封为德妃，赵祯的生母李氏仅仅被封为崇阳县君。命妇有内、外之别，崇阳县君属于外命妇，此时的李氏并不算真正意义上的嫔妃。

作为真宗唯一的儿子，赵祯的重要性自然不言而喻。刘娥要想将他据为己有，势必要切断他与生母李氏之间的联系，但李氏刚刚生下皇子，刘娥没有理由将她从自己的殿内赶走。即便她狠心地如此做了，那些与她地位相当的嫔妃恐怕也会争着将李氏收入自己的殿中，进而与她争夺赵祯的抚养权。因此，刘娥只能将李氏牢牢地掌控在自己手中，但赵祯与李氏相处久了势必会产生感情，甚至还会得知自己的身世。

左右为难的刘娥想出了一个两全其美的法子，那便是将年幼的赵祯送到好友杨淑妃那里抚养。如此一来，李氏便很难再见到自己的儿子了。刘娥与杨淑妃是相交多年的好姐妹，这些年来杨淑妃甘愿隐没在刘娥的光辉下，从不与她争抢，因此，刘娥将赵祯交给杨淑妃抚养自然也就没有那么多顾虑。

杨淑妃一直不争不抢正是因为她有大智慧。她自知绝非刘娥的对手，便甘拜下风。刘娥认为她对自己构不成任何威胁，所以才会不遗余力地提携她。

杨淑妃抚养赵祯解了刘娥的燃眉之急，她也成为最终的受益者。赵祯称呼刘娥为“大娘娘”，称呼杨淑妃为“小娘娘”。在宋朝历史上，杨淑妃是唯

——一个凭借养母身份在生前被尊为太后、在死后被追册为皇后的人。

刘娥严厉而不苟言笑，杨淑妃温柔而和蔼可亲。赵祯从小身子骨就比较弱，时常因痰扰肝经而患病，所以刘娥不让他吃虾蟹等容易引发过敏的海鲜，可赵祯又偏偏特别爱吃海鲜。杨淑妃时常命人偷偷地为赵祯烹饪海鲜吃。见到赵祯狼吞虎咽的吃相，她不禁感慨道："她为何虐待我儿到这种程度？"年幼的赵祯由此认定刘娥是在苛待自己，渐渐对她心生不满，而与一向对自己颇为娇惯的杨淑妃越来越亲近。

此时的刘娥并没有太多心思关注赵祯内心的变化，因为她急于攀上皇后之位。真宗曾经有过两位妻子，第一位是北宋名将潘美之女，两人在一起生活了六年时光，不过并未生育子女。端拱二年（989年）五月，年仅二十二岁的潘氏不幸病逝，当时真宗只是襄王，还没有被册立为太子。他的第二位妻子是宣徽南院使郭守文的次女，真宗登基后将她册立为皇后。景德四年（1007年），她在陪同真宗巡幸西京洛阳期间染病，当年的四月十六日便病逝于万岁殿，时年三十二岁。自此之后，皇后之位便一直空着。

真宗多次动过册立刘娥为新皇后的念头，不过遭到寇凖、李迪、杨亿等士大夫的强烈反对，因为刘娥不仅出身寒微还嫁过人。真宗不在乎刘娥的过往，却又不能不顾及朝中舆论，只得将立后之事一拖再拖。

皇子赵祯的降生使那些反对的声音微弱了许多，他是真宗唯一的儿子，如果不出意外，他未来会继承皇位。在真宗的积极造势下，母以子贵的刘娥上位的时机日渐成熟。

尽管如此，反对者仍旧大有人在。参知政事赵安仁还提出了另外的皇后人选——沈才人。沈才人是前任宰相沈伦（原名沈义伦，赵光义即位后为避讳而改名沈伦）的孙女。刘娥得知后自然是心急如焚，于是秘密联络自己在外朝的代言人枢密使王钦若，让他设法铲除赵安仁这块绊脚石。

那日，真宗与王钦若闲聊朝中大臣谁最为年长，王钦若别有用心地说当数赵安仁。真宗听后一愣，赶忙询问缘故。王钦若趁机说道："赵安仁曾经得到故相沈伦的提携，至今都不忘他的恩德，总想着要报答他。”

王钦若刻意搬出沈伦，看似想要说明赵安仁年岁已然不小了，因为沈伦是开国老臣，在赵匡胤登基之前便是太祖麾下幕僚，赵普罢相后，又被赵匡胤提拔为宰相。不过王钦若的潜台词是赵安仁推荐沈才人别有用心，真宗也因此对赵安仁有所不满。

真宗召来宰相王旦，对他说：“朕听闻赵安仁在中书门下从不亲自处理政事，朕与诸位宰执一同商议国事时，他也总是一言不发，朕打算罢免此人。”王旦听后一惊，赶忙解释道：“赵安仁一贯顾大局，识大体，兢兢业业，勤勤恳恳，很多政事都是经过我们多次讨论后才上奏陛下的，有时为了迎合陛下之意，我们对议定之事有所变更，他虽然并未表示反对，但心中定然是有所坚持的！”

真宗听后不便再说些什么。王旦出宫后将此事告诉了赵安仁，赵安仁说自己不屑于为了博得皇帝好感而在众人面前刻意表现。赵安仁最终没能逃脱被罢黜的命运。

沈才人的皇后梦就此彻底破灭了，刘娥得势后并没有因此为难她。沈氏从才人一路升至仅次于皇后的贵妃，八十三岁高龄时才溘然长逝。

大中祥符五年（1012年）十二月二十四日，刘娥被进封为德妃仅仅七个月后，被正式册立为皇后。此时刘娥已经四十三岁了，但真宗越来越离不开她。与唐高宗李治颇为相似，宋真宗赵恒是一个相对弱势的皇帝，他需要一位强势的女人来充当自己的贤内助。

大中祥符九年（1016年），李氏又生下了一女，但这个女婴不久便夭折了，此时她才被进封为才人（正五品），终于从外命妇转为内命妇。等到她的儿子继位后，她才得以成为顺容（正二品）。

李氏与儿子近在咫尺，但因慑于刘娥的权势，一辈子都不敢与儿子相认。真宗去世后，心灰意冷的李氏主动要求去永定陵为丈夫守陵，她在那里度过了十年孤寂而又枯燥的时光。

太后的眼中钉

真宗人生的最后几年都是在疾病中度过的，身体孱弱的他渐渐无力处理朝政，只得交由皇后刘娥代为处理，刘娥的影响力也从后宫延伸到了外朝。

乾兴元年（1022年）正月初一，病入膏肓的真宗改元“乾兴”，他想通过改元来乞求上天的眷顾，但最终事与愿违。二月十九日，真宗驾崩于延庆殿。刘娥迅速召见诸位宰执并当众宣读了真宗的遗命。年仅十三岁的太子赵祯登基称帝，史称“宋仁宗”。

真宗的遗命中有“军国事兼权取皇太后处分”的语句。经过一番商议，宰执们最终决定，群臣每月的初一和十五日面见仁宗，平时如若遇到大事，由太后、皇帝征召宰执商议对策，如果是小事由宦官代为转奏即可。负责转奏的宦官一直是刘娥的亲信。这种安排使太后刘娥大权独揽。

次年（1023年）正月初一，太后刘娥以仁宗的名义下诏改元“天圣”。“天”为“二人”之意，“天圣”指的自然就是二圣并立。仁宗在宣读改元诏书时痛哭流涕，哭了很久才对身边人道：“朕实在不忍更改先帝年号！”不管仁宗对死去的父亲有多么不舍，历史的车轮终究会一直向前，一个新的时代已经悄然到来，不过这个时代的主导者并非他这个十四岁的少年皇帝，而是坐在珠帘之后的刘娥。此时，朝中还有一人令刘娥颇为忌惮，此人一日不除，刘娥便一日不安！

刘娥垂帘听政期间与辽国一直保持着良好关系，每逢重大日子，两国总会互派使者。

刘娥的生日是正月初八，这一天也被定为“长宁节”。天圣三年（1025年），辽国特地派遣宣徽南院使、朔方节度使萧从顺与枢密直学士、给事中韩绍芳前来大宋为她庆贺生日。正月初五，刘娥坐在崇政殿内的珠帘后面，设宴款待辽国使者。御史中丞薛奎充作馆伴使，专门负责接待契丹使者，但萧从顺突然给他出了一道难题。

萧从顺想一睹刘娥的芳容，说宋朝使臣出使辽国时见过辽国太后的真容，但辽国使臣来到我朝后，只能与太后隔帘相望，这显然有失公平。面对无理取闹的辽使，薛奎厉声道：“我大宋不同于你们大辽，即便是我朝官员也未曾得见过太后真容！”

萧从顺虽然不再坚持己见，但也因此心生不悦。长宁节的相关庆祝活动结束之后，萧从顺以患病为由滞留在开封不走。刘娥派遣使者前去慰问，还命太医前去为他诊治，这反而使萧从顺得意扬扬。

枢密使曹利用与辽人打过多次交道，还一手促成了澶渊之盟，很是了解辽人的脾气秉性。他将朝廷派出的那些使者、太医全都召回来，将故意装病的萧从顺冷落在一旁。萧从顺见继续待下去也是自讨没趣，便乖乖上路了。

起初刘娥颇为敬重曹利用，从来不直接称呼他的姓名，而是称呼他的官职“侍中”，曹利用对此感到志得意满，渐渐以朝廷元老自居，在帘前奏事时，甚至还用手指弹击帘子上的带子。刘娥的身边人对她说：“先帝在世时，曹利用怎敢如此放肆？”刘娥听后心中不悦，但她选择隐忍不发。

狂妄自大的曹利用不仅不思悔改，反而在这条不归路上越走越远。

北宋前期，宰相们不管品级高低，在百官站班时都会站在最前面，其后是亲王，再后面是枢密使与使相。枢密使即便兼侍中、中书令或同平章事，也只是荣誉宰相，并不实际主持中书门下的政务，称为“枢相”；节度使兼任上述职务，被称为“使相”，也属于荣誉宰相。

曹利用的伯父曹彬曾任枢密使兼侍中，当时李沆为户部侍郎、同中书门下平章事。曹彬担任的侍中是正二品的职事官，宰相李沆的本官户部侍郎仅为正四品下阶，但因为李沆是宰相，班位反而要在曹彬之上。

北宋前期还有一种较为罕见的宰相，那就是“真拜侍中”，也就是实际担任门下省的长官，宰相不再需要被授予“同平章事”的职衔，但这种宰相极为稀少，只有范质、赵普、丁谓、冯拯和韩琦五人被授予“真拜侍中”的职衔。之所以强调是“真拜”的“侍中”，是因为侍中时常作为荣誉性加衔，曹彬与侄子曹利用担任的侍中均是如此，所以他们并非真正的宰相。

后来朝臣的站班规则悄然发生了改变。次相王曾兼任会灵观使，枢密使曹利用兼任景灵宫使。大的道观称为“宫”，小的道观称为“观”，会灵观的地位显然要逊于景灵宫。朝廷特地明确曹利用的班次在宰相王曾之上，此举招致了诸多质疑之声。

后来王曾升任昭文馆大学士、玉清昭应宫使，从次相跻升为首相，玉清昭应宫的地位也在景灵宫之上。北宋前期，宰相最多设置三员。首相通常兼任昭文馆大学士，称为“昭文相”；次相通常会监修史书，称为“史馆相”；末相通常会兼任集贤殿大学士，称为“集贤相”。不过北宋也时常会设置两员宰相，首相兼任昭文馆大学士的同时监修史书，偶尔也会仅仅设置一员宰相。

王曾升官后照例向太后刘娥与仁宗谢恩，恰巧曹利用也在殿内等候召见。王曾早就对他心存不满，刘娥派遣担任押班的宦官江德明召见两人时，王曾高声道：“你等且奏宰相王曾等告谢。”

曹利用听后一肚子气，但他只能默默忍受，毕竟宰相是当之无愧的百官之首。事后刘娥派遣枢密副使张士逊前去安慰他，同时刘娥也意识到必须彻底解决班位问题。

天圣三年（1025年）十二月十二日，朝廷下令遵从旧制，不管职事官品级高低，也不管担任何种宫观使，宰相的班位一律在枢密使之上。一向骄横的曹利用对此心有不甘。经过一番政治操作，曹利用得以位居资历尚浅的次相张知白之上。刘娥见他公然违抗朝廷诏命，特地将自己的恩公张耆召回朝中，让张耆与曹利用同为枢密使。按照惯例，枢密使通常会设置两员，这看似只是正常的人事任免，却让曹利用生出了朝不保夕之感，自此之后收敛了许多。

一段时间后，宰相张知白的死让曹利用再度变得蠢蠢欲动。张知白本就身体羸弱，担任宰相后又终日操劳国事，身体渐渐吃不消。那日，他正在中书门下办公，忽然感到一阵眩晕，手下人赶忙将他送回府中休养。仁宗去看他的时候，他已经不能说话了。

天圣六年（1028年）二月十七日，一代名臣张知白病逝。刘娥亲自前去祭奠。张知白一向很看重名节，在任期间廉洁奉公，日子过得很是清贫。刘娥见他如此清贫，深受触动，下令由朝廷承担他的丧葬费用，还令首相王曾做好相关抚恤事宜。

张知白死后，次相之位便空了出来。曹利用想趁机上位，但他深知自己这个武将恐怕不会被众人所接受，于是转而向刘娥推荐与自己关系亲密的枢密副使张士逊。首相王曾也向刘娥推荐了参知政事吕夷简。这让刘娥一时间犯了难。经过一番权衡后，刘娥倾向于任用张士逊，因为张士逊的本官为尚书左丞（正四品上阶），吕夷简的本官为礼部侍郎（正四品下阶），吕夷简的班位在张士逊之后。

王曾认为选拔宰相最看重的应当是才华而非官位，刘娥又开始倾向于任用办事干练而又经验老到的吕夷简。不过吕夷简奏事时主动提出张士逊是东宫旧臣，服侍当今圣上的时间很长，恳请朝廷先任用此人。张士逊最终如愿拜相。刘娥对主动让贤的吕夷简另眼相待，即便他之后多次违拗刘娥的旨意，刘娥仍旧一如既往地重用他。

自从张士逊拜相后，曹利用又开始显露出骄横本色。朝臣与皇帝一起钓鱼时，在皇帝钓到鱼之前其他人一律不能举竿，等到皇帝钓到鱼之后，身边人要毕恭毕敬地拿出红丝网去盛他钓到的鱼。曹利用与同僚一起钓鱼时，如果有人想举竿，他身边的人会劝阻道："侍中尚未钓到鱼，诸位暂时不要举竿。"曹利用钓到鱼后，身边人也会用红丝网去盛。曹利用享受着与皇帝同等的待遇，以至于同僚们私下里对他议论纷纷。

刘娥对此看在眼里，恨在心头。不过她最终下定决心对曹利用痛下杀手，是因为受到了身边人的影响。一贯趾高气扬的曹利用总是对宦官不屑一顾。一次，宦官罗崇勋犯了错，刘娥将他交由曹利用惩处。曹利用丝毫不顾及罗崇勋的颜面，一把扯掉他头上的帽子，指着他的鼻子斥责了他许久。经历此事，罗崇勋对曹利用恨之入骨，于是想要报复他。

刘娥时常会给刘姓族人和勋贵宦官加官晋爵，但曹利用总是表示反对。那些宦官故意欺骗刘娥说："太后此前多次降恩刘姓族人和勋贵宦官，曹利用都不识时务地予以阻挠，不过这次您尽管放心，臣等买通了他府上的一个老妇人，这次他定然不会有所异议。"

刘娥起初并不太信，但她与宰执们商议此事时，曹利用果然没有像之前那样表示反对。其实曹利用这么做是试图弥合自己与刘娥之间的裂痕，那些宦官预判到了他会这么做，所以才故意为他设下了这个局。但刘娥被蒙在鼓里，认为曹利用一贯反对降恩是出于私心，是因为没能从中捞到好处，所以对曹利用的恨意又增加了几分。

为了迎合刘娥，抑或为了取悦宦官，一些朝臣也开始煽风点火。范讽原本知广德军（今安徽省广德市），后来因病离职，监舒州（今安徽省潜山市）灵仙观。恰逢担任上御药的宦官张怀德前来灵仙观办差，范讽把握住这个千载难逢的机会倾力结交他。张怀德回朝后，竭力向刘娥举荐他。刘娥很快便将范讽召入朝中委任为太常博士，还特地召见了他。范讽趁机建言道："今权臣骄悍，将不可制。"范讽的这番话让刘娥意识到此事已经迫在眉睫了。

身为武将的曹利用执掌枢密院多年，刘娥需要等待合适的时机。她苦苦等待的时机很快便来了。赵州（今河北省石家庄市赵县）当地的百姓赵德崇来到都城开封，向官府控告曹利用的侄子赵州兵马监押赵汭行诸多不法之事，这成为压垮曹利用最后的那根稻草。得知这件事后，遭受过曹利用羞辱的罗崇勋跃跃欲试。刘娥也想用好罗崇勋这枚棋子，于是命他与龙图阁待制王博文、监察御史崔暨即刻赶往河北审理此案。

天圣七年（1029年）正月十三日，就在此案结案之前，身陷舆论旋涡的曹利用便被罢免了枢密使之职。从担任枢密副使开始，他在枢密院深耕十五年之久。由于案件尚未调查清楚，刘娥也没有太过为难曹利用，让他以保平节度使、守司空（正一品）、检校太师（正一品）兼侍中（正二品）判邓州（今河南省邓州市），仿佛只是一次正常的人事调整。

宰执离朝前照例要向皇帝与太后谢恩，但曹利用入宫的请求被意外驳回了，就在曹利用不知所措之际，罗崇勋等人正在不遗余力地搜集他侄子的罪证。他们查出曹汭喝醉酒之后身着黄衣，令王旻、王元亨等八人向他山呼万岁，还说曹汭之所以这么做，是因为受到了曹利用的唆使。

不过《默记》的记载与正史存在较大差异。

《默记》记载，曹汭的一个侍婢与他的妻子争宠，曹汭一怒之下将那个侍婢嫁给旁人。那个侍婢的夫家位于曹汭所在的公署北侧，曹汭时常去她的家中，与她重温旧梦，但很快便被她的丈夫发现了。那日，这个侍婢与她的丈夫因为此事争吵起来。恰在此时，曹汭又来到了他们家中，他还喝了一点儿酒，穿着一件淡黄色的袄子。那个侍婢的丈夫见到曹汭之后，朝着他山呼万岁。当时微醺的曹汭并没有意识到这是一个圈套，以为他是在胡闹，并未及时予以制止。

事实的真相到底是什么没人知道，但罗崇勋等人只会搜集对曹汭不利的证据，甚至不惜捏造事实。刘娥与仁宗召集诸位宰执商议如何惩处曹汭，由于此案事关重大，宰执们全都面面相觑，即便是王曾都不敢贸然表态。

多年以后，欧阳修的第三子欧阳棐在青州王家见到刘娥当年写给王曾的一封亲笔手札，上面写道：“曹利用与其侄儿谋反事，理分明也。须早杀却，若落他手，便悔不及也。”由此可见，刘娥想将曹利用斩草除根。宰相张士逊却出面反对，张士逊能够拜相，得益于曹利用的举荐。在恩人性命攸关之际，他自认为不能见死不救，于是鼓足勇气说道：“这些都是不肖子孙所为，曹利用乃是朝廷股肱之臣，应该对此并不知晓！”刘娥听后勃然大怒，暗暗下定决心要罢免张士逊的宰相之职，从而彻底消除曹利用在朝中的政治影响力。

王曾见状，赶忙为曹利用说了几句好话。刘娥听后不悦道：“你不止一次在我面前说曹利用飞扬跋扈，今日为何要为他开脱？”

王曾说：“曹利用向来恃恩骄纵，臣时常与他发生争执，但臣从未听说他做过什么大恶。”

正月二十六日，曹利用被贬为左千牛卫上将军，知随州（今湖北省随州市）。为防节外生枝，刘娥诏令供奉官陈崇吉、御史台驱使官赵崇谅护送，实际是押送曹利用前去上任。

曹汭最终被问斩，其他相关人员也受到了严厉惩处，告密者赵德崇获得五顷田和二十万钱，但此事并未就此结束。

曹利用担任景灵宫使期间，命枢密主事苏藏用、令使赵兼素和中书堂后官孟昱负责管理景灵宫的公使钱。后来曹利用借职务之便从中借了一大笔钱，迟迟没有归还。这种行为被认定为贪污，首犯曹利用应当被除名，从犯苏藏用等三人应当被判刑。

朝廷对他们予以宽宥，只将苏藏用等三人罢官。天圣七年（1029年）二月十四日，曹利用因此案被贬为崇信节度副使，安置在房州（今湖北省十堰市房县）。刘娥特地命宦官杨怀敏护送他前往房州，同时选派得力干将知房州，还调整了房州当地的监押、巡检等重要岗位的人员。行至襄阳渡北津，杨怀敏指着长江水不怀好意地说道：“侍中，你看，这真是一江好水啊！还望您莫要辜负了这江好水！”杨怀敏希望曹利用投河自尽，这样他也好回京交差，但曹利用故意装作听不懂，悻悻地向前走去。

他们来到驿站后，杨怀敏端坐在驿站大厅，刻意屏退左右，并与两三名亲信在屏风后面低声交谈。曹利用惊恐到了极点，不由自主地望向屏风后面，杨怀敏朝着他挥了挥手，示意他可以回屋休息了。此举让曹利用的疑心更重了，他担心朝廷处死他的诏书很快便会送到。

见曹利用仍旧站在厅内不肯离去，杨怀敏从屏风后面探出头来，笑着道："侍中还是先回屋休息吧！"曹利用悻悻地转过身，向着自己的房间走去。回房之后，他瘫坐在床上，内心的防线已经彻底崩溃，不愿在死亡的恐惧中苟活下去，索性心一横，在房中上吊自杀了！

刘娥在朝中最忌惮的人也就此殒命，自此之后，她在野心的驱使之下频频做出僭越之举。

刘娥的野心

刘娥之所以能够深度掌控朝政，是因为她对宰执的任命有着极大的话语权，她不仅善于用人，还善于管人。

垂帘听政之初，刘娥曾经哭着对宰执们说："如今我朝正值多事之秋，如若不是诸位宰执同心协力，岂会有今日气象？如今先帝已经下葬，你们可将子孙亲眷的姓名写下来，我会尽数推恩。"

升官受赏自然是求之不得之事，宰执们全都乐呵呵地写下子孙亲眷的姓名，但推恩之事迟迟没有下文。其实刘娥暗中命人根据他们所写的子孙亲眷姓名，绘制了一张人物关系图，粘贴在寝殿的墙壁上。每次进行官员任免时，她都会看这张图，确认是否有人是宰执的亲戚，可见她是何等的睿智。

不过刘娥也有任性的一面。为了制衡咄咄逼人的曹利用，她将自己的大恩人张耆提拔为枢密使，这也招致很多人的抨击。枢密副使晏殊就曾愤愤不平道："枢密院与中书门下并称两府，共同执掌天下大事，两府长官应当选贤任能。张耆才能平平，功劳寥寥，仅仅凭借太后宠信便身居枢密使之位，怎会不招致天下人的非议呢？"

晏殊的话很快便传到了刘娥的耳中。刘娥得知后怒不可遏，准备惩治口出狂言的晏殊。恰在此时，晏殊竟主动授人以柄。

那日，晏殊跟随刘娥和仁宗前往玉清昭应宫，负责携带笏板等办公用具的随从却来迟了。晏殊不禁大怒，接过那个随从手中的笏板并高高举起，向着随从的脸狠狠地砸了过去。由于用力过猛，打掉了随从的好几颗牙齿。这一幕被在场的同僚们看得真真切切，于是晏殊很快便遭到监察御史的弹劾：身为执政，本是百官楷模，却在盛怒之下公然殴打随从，简直是毫无人臣之礼。

天圣五年（1027年）正月，刘娥将晏殊贬知宣州（今安徽省宣城市），自此之后，当朝宰执们变得更加谨言慎行。

刘娥提拔吕夷简和鲁宗道出任参知政事，两人的妻子专程进宫来谢恩。刘娥特地在她们面前提起真宗朝的名相王旦。王旦几乎从不在自己的府邸接待客人，他去世后，真宗专程前去吊唁。回宫后，真宗对身边的近臣赞赏道："前来祭奠王旦的宾客寥寥无几，但王家人习以为常，因为王旦在世时，他的府上便门可罗雀。"

刘娥说道："王公身居相位多年，却始终如一，所以先帝才会如此器重他。还望你们的夫君莫要辜负了朝廷的期许！"

参知政事鲁宗道被称为"鱼头参政"，既是因为他的姓"鲁"是鱼字头，更是因为他的性格犹如鱼头般坚硬，即便是面对高高在上的刘娥，他也丝毫不曾畏惧。

那日，刘娥突然在众人面前谈起了武则天，她还请诸位宰执评论一下这位历史上唯一的女皇帝。就在其他人不知如何开口之际，鲁宗道毫不避讳地说道："此人乃是唐之罪人，险些倾覆了社稷！"

刘娥听后心中愤懑至极，但无从反驳，她也并未打消效仿武则天的念头。

方仲弓上书恳请刘娥仿照武则天修建刘氏七庙，她当着众人的面将方仲弓的奏疏扔到地上，假装怒不可遏道："我才不会做有负于祖宗之事！"这不过是刘娥在众人面前故意做做样子罢了，事后她又刻意在宰执面前提及此事，想看看众人的态度。其他人都不敢贸然表态，唯独鲁宗道率先表示反对。退朝之后，他对诸位同僚说："若是立刘氏七庙，那么太后与天子又有什么区别呢？"

按照礼制，唯有天子才可以立七庙。太祖的庙设在当中，二世祖、四世祖、六世祖的庙设在左边，称为"三昭"；三世祖、五世祖、七世祖的庙设在右边，称为"三穆"。刘娥虽然贵为太后，但她的荣耀来自丈夫与儿子，并非来自她的娘家，所以她为刘氏立七庙显然属于僭越之举。

这件事最终不了了之，率先提议此事的方仲弓被刘娥提拔为殿中丞、知吉州（今江西省吉安市）。等到刘娥一死，亲政后的仁宗当即将方仲弓贬为太子中舍，监丰国监。丰国监虽是宋代四大钱监之一，却隶属于建州。丰国监地位极其重要，但仅仅为县级机构。方仲弓从州一级主官被降为县一级主官，贬谪的意味十分明显。

仁宗邀请刘娥一同前去游览慈孝寺，刘娥想乘坐大安辇，于是与诸位宰执商议此事。鲁宗道听后愤愤不平道："妇人有三从，在家从父，嫁从夫，夫殁从子。"刘娥听后心中极为恼火，但面对朝臣的公然反对，她最终只得遵从礼制，改为乘舆前往慈孝寺，位于仁宗的辇后。

天圣七年（1029年）二月初一，参知政事鲁宗道病逝。在他病重期间，仁宗亲临他的府邸，赐给他三千两银子。他去世后，刘娥也亲自前去祭奠，追赠他为兵部尚书。当年二月初七，也就是鲁宗道去世六天后，同时也是曹利用被贬往房州七天前，宰相张士逊罢相后知江宁府（今江苏省南京市）。在恩人曹利用性命堪忧之际，张士逊试图进行营救，也因此触怒了刘娥。不过念在张士逊是东宫旧臣，在罢相的同时，刘娥将他的本官从礼部尚书升为刑部尚书。张士逊入宫辞行时，刘娥还赐给他一条通犀带，以示对他的优待。

就在张士逊被罢免的同一天，参知政事吕夷简被任命为宰相。前文提到，张知白去世后，首相王曾向刘娥推荐过吕夷简，但当时权势煊赫的曹利用举荐了张士逊，吕夷简见刘娥左右为难，便主动退出了这场角逐，使得刘娥愈加欣赏他。

见吕夷简迟迟没能拜相，王曾心中未免有些焦急。等到朝廷已经决定罢免张士逊，刘娥与诸位宰执研究新任宰相人选时，王曾再度力挺吕夷简，还说：“太后之所以迟迟不任命吕夷简为相，微臣斗胆揣度圣意，莫非是不想让他位居枢密使张耆之上？张耆不过是个行伍出身的粗人，怎会干涉朝廷选贤任能呢？”

刘娥与张耆的特殊关系，在场之人无人不知，王曾刚刚那番话无异于当众将了刘娥一军。刘娥赶忙自辩道：“王相公想必是多虑了，其实我早就想任用吕夷简为相，只是一直没能等到合适的机会，如今机会终于来了！”

王曾如愿将心仪的僚属吕夷简推上了相位，但刘娥对他的不满又多了几重，以至于仅仅四个月后，王曾便被罢免了宰相之职。

玉清昭应宫规模极其宏大，拥有三千六百一十间宫殿，每一间都修造得美轮美奂，修造费用接近朝廷两年的财政收入，是真宗呕心沥血修建的标志性工程。天圣七年（1029）六月二十日，开封遭受了一场前所未有的雷雨风暴，雷电不幸击中了玉清昭应宫，引发了大火，唯有位置偏僻的长生崇寿殿得以幸免，其他殿宇全都化为了灰烬。

次日，刘娥得知消息后，不禁流下了泪水，觉得自己愧对九泉之下的丈夫。她对诸位宰执说：“先帝为了修造此宫不知耗费了多少心血，如今却付之一炬，我们还有何脸面面对先帝的在天之灵啊？”

刘娥对玉清昭应宫被焚深感惋惜，言语间流露出重修之意，枢密副使范雍却赶忙呛声道：“还不如将其彻底焚毁！”

此时刘娥正沉浸在巨大的悲痛之中，闻听范雍此言，一时间怒火中烧，责问他为何要这么说。范雍不卑不亢地说道：“先朝为修造此宫不惜耗尽天下之力，如今此宫化为一片灰烬，此乃天意！如若太后重修此观，势必会让天下百姓陷入水深火热之中，这可是对上天的大不敬！”宰相王曾、吕夷简纷纷出言劝诫。见诸位宰执都反对重修玉清昭应宫，刘娥也就不再提及此事，但她并未彻底打消这个念头。

刘娥转而迁怒于玉清昭应宫的那些守卫，认为正是由于他们的玩忽职守，气势恢宏的玉清昭应宫才毁于一场大火，于是将他们悉数逮捕后关押在御史狱，准备将他们斩首，以示惩戒。御史中丞王曙不忍刘娥这么做，引经据典劝诫刘娥。被提拔为右司谏的范讽也认为这是天灾，不宜太过苛责那些无辜的守卫。见反对的声浪一浪高过一浪，刘娥最终妥协了，减轻了那些守卫们的罪责。

众人依旧担心刘娥会重修玉清昭应宫，范讽趁机劝诫道："如今山木已经被伐尽，人力已经被耗竭，即便重修也未必能修成，臣知道朝廷必然不会重修玉清昭应宫。可如今朝野上下仍旧对此疑虑重重，微臣恳请朝廷及时昭告四方，从而消除众人心中的疑虑。"

刘娥之所以在朝中拥有如此之高的威望，就是因为她一向顺势而为，很少一意孤行。范讽看似是在恭维，实则是在规劝。刘娥只得彻底打消了重修的念头，并下诏昭告天下朝廷不会再重修玉清昭应宫，将幸存的长生崇寿殿改为万寿观。

玉清昭应宫被焚，势必要有人为此承担主要责任。身为玉清昭应宫使的首相王曾难辞其咎。天圣七年（1029年）六月二十七日，王曾罢相后出知兖州（今山东省济宁市兖州区），后接替李迪改知青州（今山东省青州市），李迪改知河南府（今河南省洛阳市）。

李迪被罢免宰相职务后，在地方上任职了九年。天圣七年（1029年）九月，他回到阔别已久的开封，来向朝廷谢恩。刘娥特地接见了他，说道："当初你不想让我干预朝政，不知今日回朝后你有何感想啊？"

李迪赶忙道："臣受先帝厚恩，如今见天子如此圣明，臣不由得欣喜不已。当时臣实在不知太后的圣德会如此之大，实在是罪过，罪过！"李迪这样说显然含有恭维之意，但并非全是违心之言。如今大宋在刘娥与仁宗的共同治理下，已经显露出前所未有的新气象。李迪不禁对刘娥这位奇女子另眼相待，开始反思自己当年所做究竟是对还是错。

王曾之所以被罢相，表面上是因为玉清昭应宫的那场大火，其实有着深层的政治原因——刘娥想趁机换一位更听话的宰相。

天圣二年（1024年），年幼的仁宗第一次为太后刘娥上尊号。为了使整个仪式显得更加隆重，刘娥希望将地点选在天安殿，也就是后来的大庆殿，这是大宋皇宫的正殿，地位类似于故宫太和殿。不过，宰相王曾表示反对，因为天安殿具有强烈的皇权象征意义，无论是皇帝登基，还是册封太子，通常都会选在那里。由于天安殿太过雄伟壮丽，连皇帝平日里都很少去那里，日常上朝听政通常会前往天安殿西北方向的垂拱殿。如果是在每月十五等特殊日期举行大朝会，抑或接待契丹等国使臣，皇帝会前往天安殿北侧的紫宸殿。

在王曾等人的据理力争下，为刘娥上尊号的仪式最终改在文德殿举行。文德殿位于天安殿西侧，是皇帝上朝前稍作停留或退朝后休息的地方，无论是规模还是气派，无疑比天安殿逊色不少。

刘娥的姻亲们屡屡要求加官进爵或者求取赏赐，刘娥为此召集宰执们商议时，王曾时常会持反对意见，这让刘娥感到不快。刘娥开始通过直接从宫中降懿旨的方式控制朝政，她对太常丞（从五品下阶）、直史馆马季良颇为器重，因为马季良是她的前夫龚美的女婿。刘娥想授予他馆职，但王曾认为官员迁转要严格遵循相关规定与程序，马季良担任的太常丞品级太低，不宜被委任为馆阁清要之职。

刘娥并未与王曾强硬对抗。等到王曾歇病假时，他命人带着自己的谕旨直接前往中书门下，马季良最终成功升任龙图阁待制[①]。这项人事任命下达后，朝野为之哗然，因为没有过类似先例。刘娥如此做显然太过随心所欲了。

王曾的继任者吕夷简要比他圆滑许多。天圣七年（1029年）十一月初九是冬至日，在这个特殊的节日，仁宗率领百官在会庆殿为太后刘娥道贺，随后刘娥驾临天安殿接受众人朝拜。刘娥在正殿接受君臣朝拜的梦想终于成真。

① 元丰改制后定为从四品。（全书脚注均为作者注）

秘阁校理范仲淹对此很看不惯，愤然上书道：“天子有孝顺父母之道，却没有为臣之礼；有南面之位，却没有北面之仪。若是在后宫侍奉双亲，无论是行哪种礼节都不为过，但如今率领百官在前朝为太后贺寿，恐怕有亏君体，有损主威，不足以为后世所效法！”由于此时的范仲淹人微言轻，他的上书被扣了下来。

之前因出言不逊而惨遭贬谪的晏殊已经回朝，此时担任兵部侍郎、资政殿学士、翰林侍读学士兼秘书监。晏殊此番回来后变得颇为谨慎小心。范仲淹能够出任秘阁校理，得益于他的举荐。可让晏殊万万没有想到的是，年轻气盛的范仲淹居然毫不避讳地将矛头直指皇帝与太后。他赶忙将范仲淹召来，指责他行事太过轻率。范仲淹道：“在下唯恐辱没了您的举荐，时常担心自己不够称职，让您蒙羞，却万万未曾料到我会因直言进谏而使您不悦。”

晏殊听后羞愧得无言以对，其实他也知道范仲淹这么做并没有错，但历经宦海沉浮的他此时更看重的是利益而并非道义。

范仲淹随后再度上书恳请刘娥还政仁宗，但他的上书又石沉大海。范仲淹后来慢慢发现原来是宰相吕夷简从中作梗，两人也渐渐成为死对头。吕夷简何尝不知太后刘娥在天安殿接受群臣朝拜有僭越之嫌，但他并不太纠结于这些细枝末节，他最看重的是两宫的和谐与朝廷的稳定。

心灰意冷的范仲淹恳请到地方去任职，很快他便改任河中府（今山西省永济市）通判，彻底远离了朝中的是是非非。

这一年是天圣八年（1030年），此时仁宗已经二十岁了，早已不是当初那个乳臭未干的小孩子了，也早就该亲政了，但朝中百官几乎都对此噤若寒蝉，因为他们看得很真切：权力欲极强的刘娥并不甘心将权力还给仁宗。随着年龄越来越大，刘娥的身体状况日渐堪忧，但她仍旧不肯交权。大理寺评事刘涣曾经上书恳请她还政，因言辞太过犀利而触怒了她。刘娥一怒之下准备将刘涣黥面（在脸上刺字后涂墨）后发配白州（今广西壮族自治区玉林市博白县）。不过此时刘娥已经病入膏肓，宰相吕夷简趁机将此事压了下来。

刘娥去世后，刘涣拿出自己当初的奏疏向仁宗邀功请赏。仁宗极为钦佩他的勇气，想重用他，但吕夷简对仁宗说："刘涣勇气可嘉，但他那么做很容易让太后误以为他得到了陛下的授意，这样的话你们母子就会产生嫌隙。"

正是因为有着宽广的眼界与不凡的见识，吕夷简在刘娥与仁宗间始终充当着调和关系的角色，所以刘娥去世后，他仍旧能得到仁宗的重用。

明道元年（1032年）十二月，刘娥将拜谒太庙，提出要穿只有皇帝才能穿的衮冕。朝中百官听后惊愕不已，参知政事晏殊委婉地提出按照周礼刘娥应当身穿皇后之服，但刘娥认为这样无法彰显自己的赫赫功绩。就在宰执们对此一筹莫展之际，参知政事薛奎高声道："陛下参谒之日，您是以男儿身拜祖宗，还是以女儿身拜祖宗呢？"

刘娥被问得目瞪口呆，自然也就不便继续坚持。宰执们经过商议后，决定为她量身定制一套服饰，参照皇帝衮服减去两种章纹，上衣减去宗彝纹，下裳减去藻纹，称为"衮衣"而不是"衮服"。她所戴的帽子为"仪天冠"而非皇帝戴的"冕"，前后各垂十二串珠翠，样式看上去与冕很像。

未能穿上尊贵无比的衮冕成为刘娥此生最大的遗憾，即便是在弥留之际，她仍旧对衮冕念念不忘。

远去的刘娥时代

李宸妃是仁宗的亲生母亲，但她的身份太过卑微。因此，她生下的儿子交由身份地位更高的刘娥抚养其实无可厚非。由嫡母抚养作为继承人的庶子完全符合封建礼制要求，刘娥不应因此受到世人指摘，但她始终不让这对母子相认确实做得有些过分，不过她也在想办法对李宸妃进行补偿。

在近亲中，李宸妃只剩下一个比她小一岁的弟弟李用和。她进宫的时候弟弟只有七岁，如今流落何处，已经无人知晓。

兄妹临别之际，李宸妃将自己亲手制作的鞶囊留给了弟弟。鞶囊是用皮革制成的囊，通常用来盛放手巾等随身携带的物品。李宸妃郑重其事地对弟弟说："不管你今后流落何处，也不管遇到什么事情，你都不要丢弃这个鞶囊，日后你我姐弟便以此物相认。"稚气未脱的李用和用力点了点头。

自从分别后，这对姐弟便再也未曾谋面，李用和在社会最底层艰难地打拼着。他在一家纸马店干活，专门负责制作纸钱。在古代，人们觉得这个活儿阴气太重，寻常人不愿意做，但为了糊口，他不得不做。一次，李用和不幸得了痢疾，终日柴米不进，却一直拉个不停。眼见着他快要不行了，店主担心他会死在店里，便狠心地将他扔到路边，任他自生自灭。

奄奄一息的李用和遇到了一位好心人。这位好心人不忍看到年纪轻轻的他暴毙街头，将他接到自己家中，还请来城中名医为他进行诊治，李用和的病这才好了起来。那位好心人对他胸前的鞶囊很感兴趣，李用和也毫无保留地将这个鞶囊的故事说与恩人听。那人听后顿时一惊，因为此时有人正在千方百计地寻找他的下落。

此人就是刘娥的前夫龚美。当年龚美将妻子刘娥进献给了赵恒，得到了一大笔银钱，生活也渐渐有了起色。为了掩饰那段不堪回首的过往，他将自己的姓改为“刘”，与前妻刘娥以兄妹相称。

钱家曾经缔造了十国之一的吴越国，统治着如今的浙江地区，不过在北宋强大武力的威慑下，末代国王钱俶被迫投降，得到了太宗赵光义的优待。钱俶第七子钱惟演曾经邀请刘美为出嫁的女儿打造镜匣器皿，其中一部分作为陪嫁送到了女儿的夫家，但也有不少留在了钱府。

后来刘美凭借外戚身份踏上了仕途，一路升迁到侍卫马军都虞候、武胜军节度观察留后。为了巴结刘娥，钱惟演将自己的妹妹许配给了刘美。迎亲那日，刘美惊奇地发现钱府中的镜匣器皿居然有不少是自己当年亲手打造的，一时间百感交集。

刘美不负刘娥所托，终于找到了李宸妃唯一的弟弟。大病不死的李用和也从造纸钱的匠人摇身一变成为禁军将领，就此过上了富庶的生活。不过此时的仁宗还不知道他就是自己的亲舅舅。

明道元年（1032年），仁宗已经二十三岁了，但刘娥仍旧没有还政于他的意思，还放弃了已经使用近十年之久的年号“天圣”，改元“明道”，“明”字为“日月并立”之意。渐至迟暮的刘娥仍旧希望自己能像日月那样高悬在天际，照耀着芸芸众生。

此时的李宸妃已经病入膏肓了。当年二月二十六日，她从顺容被破格进封为宸妃，原本后宫只设贵妃、淑妃、德妃、贤妃四妃，并不包括宸妃，这个封号显然是专门为她量身定制的。就在进封当天，年仅四十六岁的李宸妃撒手人寰，至死都没能见到朝思暮想的儿子。

鉴于李宸妃敏感的身份，起初刘娥并不想公开为她举行丧礼。宰相吕夷简却在奏事时突然问道："微臣听闻近日一位宫嫔刚刚去世，不知是否有此事？"吕夷简之所以能够在第一时间得知李宸妃的死讯，是因为他曾经不顾世人非议提升宦官班位，赢得了宦官们的好感，总能在第一时间掌握宫里的动向。

听完后，刘娥的脸色阴沉下来，不悦地说道："难道宰相还想管宫内的事情吗？"刘娥一把拉起身旁一脸懵懂的仁宗，不由分说便向外走去。

过了一会儿，刘娥又独自回来，因为有些话她并不想让仁宗听到。她高声质问道："吕夷简，难道你想离间我们母子吗？"

吕夷简并不惊慌，而是不卑不亢道："难道太后不想保全刘氏全族吗？"

刘娥顿时一愣，她自然听出了吕夷简的弦外之音。虽然如今众人因为忌惮她的权势对仁宗的身世三缄其口，但等到她百年之后，仁宗迟早会知道自己的亲生母亲是李宸妃。如若她对李宸妃太过苛待，日后势必招致仁宗的忌恨。

于是刘娥诏令辍朝三日，命人为李宸妃治丧。三月初一，众人身着丧服为李宸妃举行丧礼。刘娥采纳了吕夷简的建议，以一品官的礼节将她葬在了洪福院，因为妃是正一品的内官。不过吕夷简暗中叮嘱宦官罗崇勋用皇后服制为李宸妃入殓，棺材采用的也是等级极高的水银实棺。

三月十四日，李宸妃被安葬在洪福院西北角，不过在举行葬礼时出现了一个小插曲。刘娥下诏凿开宫城城墙，让出殡的队伍从残垣断壁间走出去。吕夷简得知后赶忙前来求见刘娥，刘娥自然知道他的来意，并未见他，而是命宦官罗崇勋前去询问他的来意。吕夷简恳请罗崇勋转告刘娥："凿开宫墙出殡不符合礼制，李宸妃的棺椁应当从西华门被风风光光地抬出去。"

罗崇勋听完后赶忙回去复命，过了一段时间，他捎来了刘娥的话："真没想到你居然会如此？"

吕夷简知道继续坚持己见可能会触怒刘娥，但他依旧说道："微臣身居宰相之位，凡朝中大事，自然都要据理力争，若太后不肯恩准，微臣便不会离开。”

面对倔强的吕夷简，罗崇勋感到很无奈，只得再度前去面见刘娥，但他来来回回数次之多，刘娥仍坚持己见。吕夷简冷着脸对罗崇勋说：“宸妃生下当今天子，如今她的丧礼办成这般模样，若是陛下有朝一日怪罪下来，休怪我没有提醒过你！”

罗崇勋听后不禁惊出了一身冷汗，赶忙回去哀求刘娥，刘娥这才勉强同意。李宸妃最终得以隆重下葬。或许当时没有多少人理解吕夷简这么做的良苦用心，但正是他的深谋远虑，才让朝廷避免了一场政治动荡。

明道二年（1033年）三月二十五日，李宸妃去世一年后，太后刘娥也突患重病。忧心忡忡的仁宗当即大赦天下，但大赦天下并没能给病入膏肓的刘娥带来好运气。四天后，一代传奇太后刘娥病逝了，刘娥与她的公公赵光义以及她的儿子仁宗全都死于三月二十九日，此事也被后人称为“国朝异事”。

为刘娥举行哀悼仪式时，仁宗对宰执们说：“太后临终之际总是伸手拉自己身上的衣服，不知此举究竟是何意？”

薛奎自然知道刘娥未了的心愿，赶忙道：“太后至死都对衮冕念念不忘，但若是称了她的心意，她还有何面目去见先帝？”

仁宗点了点头，命人给刘娥穿上皇后之服入殓。

刘娥去世前夕，特地留下遗诰尊奉闺密杨淑妃为皇太后，由仁宗与杨太后一同处置军国大事，但仁宗如今已经二十四岁了，早就具备独自执政的能力了，此举自然招致朝中很多官员的不满。

回朝不久的范仲淹愤然上书道：“太后乃是国母之号，我从未听说过有人因为养育皇帝便能获得如此殊荣，如今一位太后刚刚驾崩，却又急着册立另外一位太后，天下人岂不是要怀疑陛下一日都离不开母后吗？”

范仲淹的言辞有些激烈，却也合情合理。刘娥是名副其实的皇后，又对仁宗有养育之恩，她被尊为太后自然无可厚非，但杨淑妃只是个嫔妃，即便对仁宗有养育之恩，按照常理也不应被尊为太后。

刘娥想通过杨淑妃来延续自己的政治影响力，但杨淑妃对权力没有那么大的渴望。

宣布太后刘娥的遗诰时，百官聚集在内东门。御史中丞蔡齐对宰执们说道："如今陛下已经长大成人，完全可以亲政了，为何又要安排一位太后称制呢？"

四月初一，正式下发的遗诰中删去了"皇帝与太后裁处军国大事"的语句。虽然杨淑妃最终还是被仁宗尊为太后，但她几乎从不过问政事，仁宗终于可以独立处理政务了。

经过一番内心的挣扎，杨太后对仁宗道出了隐瞒许久的实情，说他的亲生母亲不是刘娥而是已经死去的李宸妃。仁宗听后震惊不已，原来自己身边的人都在骗自己，以至于自己一直无法在亲生母亲面前尽孝。他哭得泣不成声，当即追尊生母李宸妃为太后，诏令将其改葬于真宗的永定陵。

赵光义的第八子荆王赵元俨对仁宗说："陛下乃是宸妃所生，宸妃却死于非命！"仁宗开始怀疑自己的亲生母亲是被刘娥所害。

《邵氏见闻录》记载，仁宗乘坐牛车前往洪福寺，到达之后，看见李宸妃的棺材被放置在一口大井上，用四根铁索固定。他命人将母亲的棺材取下，缓缓地打开棺材上的盖板。与此同时，他已经派兵包围了刘家，一旦证实母亲被刘娥戕害至死，他便会下令查抄刘家，但棺椁打开之后，他看到母亲安详地躺在里面，容貌仍旧清晰可辨，显然并非死于非命，他心中的怒火便消散了。

这段记载其实并不可信，身为一国之君，即便仁宗心中有疑虑，也不会亲自前去开棺验尸。实际上，他将这个任务交给了亲舅舅供备库副使李用和，还将自己对母亲的亏欠全都补偿给了自己的舅舅。李用和随后升任侍卫步军副都指挥使、侍卫马军副都指挥使，后拜彰信军节度使、同中书门下平章事，成为"使相"，世人称他为"李国舅"。

打开姐姐的棺盖之后，李用和发现死去将近一年之久的姐姐衣着华丽，容貌如生。他赶忙将此事禀报给仁宗，仁宗感叹道：“看来人言并不可信！”他不禁心生愧意，特地来到刘娥的灵位前，泣不成声地说道：“从今往后大娘娘一生的功过可以清晰评判了！”

之前所有的北宋皇后死后都只能获得两个字的谥号，起初为刘娥拟定的也是两字谥号“庄献”，但仁宗认为这样无法彰显刘娥的赫赫功绩，力排众议破例授予她四字谥号“章献明肃”。

刘娥垂帘听政长达十一年之久，在我国历史上留下了浓墨重彩的一笔。后世时常将她与吕后、武则天相提并论，认为她“有吕武之才，无吕武之恶”。武则天为了排除异己不惜大肆任用酷吏，几乎将李唐宗室屠杀殆尽，以至于包括宰相在内的朝中官员朝不保夕，人人自危。

武则天曾经风光一时，但她晚年不得不面临着将皇位传给侄子还是儿子的困境。儿子虽然在血缘关系上更为亲近，但儿子姓李并不姓武；侄子虽然姓武，却没有儿子那么亲近。就在武则天纠结之际，“神龙政变”爆发了，她被硬生生赶下了台。

有了武则天这个前车之鉴，刘娥不得不始终保持警惕。太祖朝枢密使李崇矩之孙李遵勖迎娶了太宗赵光义之女随国长公主。凭借外戚身份，李遵勖可以时常入宫。一日，刘娥屏退左右，询问李遵勖朝野间有什么议论，李遵勖沉默不语。在刘娥的再三催促下，他才开口说道：“如今陛下已经举行了冠礼（由长辈为刚刚成年的男子梳发戴冠），太后应当尽早还政于天子。”

刘娥却说其实自己不是贪恋权力而是考虑到“帝少，内侍多，恐未能制之也”。这既是她的托词，又恐怕不全是托词。由于刘娥终日被禁锢在深宫之中，为了在垂帘听政期间掌控朝政，很多事情她只能吩咐身边的宦官们去做，这些宦官也趁机攫取了很大的权力。因此，刘娥担心年幼的仁宗驾驭不了他们。

刘娥最信任的宦官几乎都被安插在御药院。御药院专门负责为皇帝诊治配药，地位极其重要。刘娥死后，仁宗便裁撤了上御药与上御药供奉。上御药改任为供备库使或者洛苑使，上御药供奉改任为供备库副使。仁宗让自己信得过的四名宦官主管御药院，从而保证自己求医问药的安全。

紧接着，仁宗将刘娥的亲信宦官江德明、罗崇勋、杨承德、杨余懿、蔡舜卿、张怀信、武继隆、任守忠、杨安节全都贬出朝。由于事涉宫闱秘事，仁宗在贬谪这些宦官时并未公布他们所犯罪行，也算是保住了刘娥最后的体面。

晋国夫人林氏是仁宗的乳母，曾经深得刘娥的信任。在刘娥垂帘听政期间，林氏利用手中权力大肆干预政事。刘娥去世后，驸马都尉李遵勖秘密奏请仁宗将林氏软禁在别院之中，虽然仁宗照做了，但并未为难她。八年之后，也就是庆历元年（1041年）十二月，仁宗将林氏从晋国慈寿福圣夫人进封为韩国贤和佑圣夫人。韩国的政治排序在晋国之前，四字国夫人在当时已是乳母的最高殊荣。

明道二年（1033年）四月二十四日，宰相吕夷简、枢密使张耆、参知政事陈尧佐、参知政事晏殊、枢密副使夏竦、枢密副使范雍、枢密副使赵稹同时被贬出朝，满朝宰执唯有参知政事薛奎得以留任。当初拜谒太庙时，正是薛奎在关键时刻出面劝阻，刘娥才打消了穿衮冕前去拜谒列祖列宗的打算，仁宗颇为欣赏他的勇气与魄力。

虽说一朝天子一朝臣，但仁宗几乎在一日之内罢黜了所有宰执，这在北宋历史上尚属首例。他要借此表达对刘娥迟迟不肯还政给自己的不满，同时也是在昭告天下：属于自己的时代来临了！

第二章

忍无可忍的太后

刘娥的儿媳妇曹太后也曾垂帘听政，但她们两人的性格却截然相反。出身卑微的刘娥获得了真宗的真爱，出身名门的曹皇后却长期遭受丈夫的冷落，眼睁睁地看着自己的丈夫几乎将所有的爱都给了另外一个女人。为了让那个女人上位，丈夫甚至还动过废黜她的念头。

不过仁宗废黜过他的第一任皇后郭皇后，当时在朝野间引发巨大非议，他没有勇气再废黜一位皇后。曹皇后长期遭受丈夫的冷暴力，但她始终不曾有过一句怨言。她通过无限度的隐忍最终成功度过了政治危机，但他们夫妻间的隔阂却一直都在。

仁宗终其一生都在努力生儿子，后来却不得不面对皇位无人继承的窘境。在重压之下，他终于病倒了，居然当着众人的面歇斯底里地呼号："皇后与张茂则谋大逆。"这究竟是他在病中的胡言乱语，还是藏着什么不为人知的隐情？一直隐忍不发的曹皇后究竟瞒着他干了什么呢？

被废的皇后

自古以来，很多少年天子在宦官宫女的唆使下，过早地沉溺于女色而无法自拔，不仅严重损害了自己的身体，还无心治国理政。刘娥引以为戒，对仁宗看管得极为严格。仁宗年少时一直住在她的寝宫中，那些宦官宫女自然不敢造次。

在刘娥的严格管教之下，仁宗养成了自律的习惯，身体素质较好，最终在位四十二年之久。南宋史学家杨仲良这样称赞刘娥："章献明肃太后保护仁宗最为有法……所以圣体完实，在位历年长久，章献于仁宗此功最大。"

随着仁宗日渐长大，到了婚配的年龄，刘娥开始为他物色合适的皇后人选。王蒙正的女儿是远近闻名的大美女，仁宗很喜欢她，但刘娥觉得她长得太过妖艳，便将她直接淘汰了。不过她怀有私心，将王氏嫁给了刘美之子刘从德。

仁宗时常为此扼腕叹息。刘从德四十二岁时去世，仁宗得知后欣喜若狂，降旨将自己一直心心念念的王氏封为国夫人，还特许她入宫。知制诰富弼自然知道他的花花肠子，担心他会在欲望驱使下做出什么伤风败俗之事，于是"缴还词头"，这在北宋历史上尚属首次。

知制诰专门负责为皇帝撰写外制。宋朝的诏书分为内制与外制。任免宰相等重要诏书称为“内制”，由翰林学士负责撰写；其他诏书称为“外制”，由中书舍人或知制诰来撰写。他们在草拟诏书的过程中，如果认为此诏书的内容不合法律或不合情理，可以拒绝起草诏书并将章奏封还，此行为被称为“缴还词头”。

好在仁宗是一位极为开明的君主，见富弼的反应如此激烈，只能就此收手，美艳的王氏成了他遥不可及的梦。

天圣二年（1024年），刘娥正式为十五岁的仁宗挑选后妃。仁宗与倾国倾城的王氏错过后，再度与自己心仪的女子擦肩而过。当时骁骑卫上将军张美的曾孙女与平卢节度使兼中书令郭崇的孙女郭氏同时入宫参选，仁宗对张氏一见钟情，但刘娥却看上了郭氏。

当年九月十五日，刘娥命人带着自己的手书前往中书门下，告诉诸位宰执册立郭氏为皇后，她的理由是“选于衰旧之门，庶免他日或挠圣政也”——郭崇死后，郭家已经败落，册立郭氏为皇后之后，郭氏族人不会扰乱朝政。

仁宗对刘娥为自己选定的这位郭皇后并不太认可。直到两个多月后，也就是十一月二十一日，他才正式下诏册封郭氏为皇后。在此期间，他肯定试图说服刘娥，不过未能如愿，慑于刘娥的威严，他最终只能选择屈服。

也正因如此，仁宗与郭皇后的这段婚姻从一开始便充斥着诸多不和谐的因素。郭皇后的遭遇与哲宗的皇后孟氏如出一辙，两人都是垂帘听政的太后为小皇帝选定的皇后。由于小皇帝长期生活在强势太后的阴影之下，等到亲政之后，他们出于逆反心理要竭力摆脱曾经的一切，包括太后为他们选定的皇后。

孟皇后之所以会被废，还因为她遇到了一个强劲的对手。郭皇后的对手张氏却并不强。张氏与郭皇后的家世相差无几，但在郭皇后被册立为皇后两年后，她才获封才人（正五品）。刘娥如此做是要让张氏认清自己的位置。

在刘娥的压制下，张才人在宫内的生活过得并不如愿。仅仅五六年的光景，张才人便身心俱疲。天圣六年（1028年）九月，病入膏肓的张才人才被进封为美人，五天后她便香消玉殒，这也成为仁宗心中永远的痛。

张美人的病逝并没能使郭皇后获得安全感，她仍旧试图牢牢地抓住仁宗。当时仁宗正值情窦初开的年纪，之前一直在刘娥的寝殿内过着极度压抑的生活，大婚之后，他便可以光明正大地靠近女色了。仁宗对各式美女都充满了憧憬，但忌妒心极强的郭皇后成了他接近美女的绊脚石。

仁宗对郭皇后越来越不满，却也只能默默忍受，因为太后刘娥对自己亲手选定的郭皇后颇为宠溺，也不愿看到仁宗因沉溺女色而耽误学业，影响治国。仁宗原以为结婚之后能够获得自由，谁知这对婆媳却联手将他更加严密地禁锢起来，他感到有些窒息。

郭皇后依仗婆婆的权势看似获得了仁宗的独宠，但她和仁宗早已变得貌合神离，仁宗无时无刻不在想着逃离她们的掌控。

刘娥去世后，仁宗开始彻底放飞自我。他当时最宠爱的是两个美人尚氏与杨氏。婆婆去世后，郭皇后原本应该韬光养晦，但她仍旧不知收敛，不顾自己的尊贵身份，多次与尚氏和杨氏发生争吵。那日，郭皇后与尚氏再度在仁宗面前吵了起来，怒不可遏的郭皇后伸手要打尚氏，仁宗见状赶忙上前阻拦，结果郭皇后不小心打到了仁宗的脖子。

皇后竟公然殴打皇帝，之后此事在皇宫内外传得沸沸扬扬。不过等到仁宗心中的气渐渐消了，郭皇后主动在他面前承认错误，如念及多年的夫妻情分，仁宗或许本不会深究此事。但郭皇后此前得罪了一个实力派人物，此人就是宰相吕夷简。

仁宗亲政之初想对宰执群体进行大规模调整，原本罢免名单中并没有圆滑老练的宰相吕夷简，因为仁宗的生母李宸妃能得到厚葬他功不可没。有次退朝后，仁宗在无意间与郭皇后提及此事，郭皇后说："难道只有吕夷简没有依附太后吗？此人不过是心机太深，善于四面讨好罢了！"仁宗听后不免一惊，临时将吕夷简加入了罢免名单。

宣读诏书时，吕夷简原本认为事不关己，却突然听到自己也被贬出朝的命令，脸上顿时露出了惊愕的神情。他实在想不明白仁宗对他的态度为何会在一夜之间发生翻天覆地的变化，决意查出这背后的原因。吕夷简在内侍省副都知阎文应那里探听到这件事的源头在郭皇后，便对她恨之入骨。此时的吕夷简已经被贬到了陈州（今河南省周口市淮阳区），自然奈何不了郭皇后，不过他很快便迎来了命运的转机。

明道二年（1033年）十月二十六日，仁宗命人将自己的嫡母刘娥的神御，也就是她的肖像供奉在慈孝寺彰德殿，将自己的生母李宸妃（尊为庄懿太后）的神御供奉在景灵宫广孝殿。就在同一天，宰相张士逊与枢密使杨崇勋同时被罢免。

吕夷简离朝后，此前因受到曹利用牵连而被罢免的前任宰相张士逊再度拜相，但面对蝗虫肆虐、干旱横行的不利局面，他束手无策，致使仁宗对他渐渐心生不满，开始思念远在陈州的吕夷简。张士逊随后的一个疏忽更是让仁宗下定决心换人。

当时张士逊率领百官前往洪福院为故去的刘娥奉上谥册，谥册是专门用于记录皇帝、太后等重要人物谥号的册书，多为玉质。仪式结束后，按照惯例，百官们应当列班进名拜慰天子，也就是对失去亲人的仁宗表达慰问。谁知张士逊竟偷偷跑到杨崇勋的庄园里去饮酒，到了中午都没有回来，以至于群臣不得不在烈日下苦苦等待。御史中丞范讽趁机弹劾张士逊，导致他与杨崇勋同时被罢免。

就在张士逊罢相的同一日，吕夷简再度拜相。吕夷简不曾忘记自己因何被罢免，所以尽管北宋历史上还没有废黜皇后的先例，他还是与阎文应密谋废黜郭皇后。恰在此时发生了郭皇后误打仁宗之事。在阎文应的提议下，仁宗将自己脸上被郭皇后所打的印记展示给诸位宰执们看，为接下来的废后造势。

吕夷简能够在短时间内再度拜相，很大程度上得益于范讽对张士逊的弹劾，因此他回朝后对范讽投桃报李，将其提拔为三司使。三司使在朝中的地位仅次于宰执。范讽率先攻击郭皇后，说她被册立为皇后达九年之久，却没能为皇帝生育子嗣，应当被废黜。

我国古代有七种休妻的理由，称为“七出”，排在首位的便是无子，不过皇后地位尊崇，并不能简单地适用“七出”。刘娥也不曾为真宗生下一儿半女，却能一路进封为皇后，因此以无子为由废黜郭皇后显然难以服众。仁宗对此犹豫不决，但是在吕夷简与阎文应的唆使下，他最终还是下定决心彻底摆脱性格强势的郭皇后的束缚。

明道二年（1033年）十一月二十六日，亲政刚刚八个月的仁宗出人意料地追册已经故去五年之久的张美人为皇后。

虽然追册皇后不是什么新鲜事，但那些被追册之人，要么是皇帝登基前故去的正妻，如赵匡胤的妻子贺氏、赵光义的妻子尹氏与符氏、真宗的妻子潘氏，要么是皇帝的亲生母亲，如真宗的生母李氏、仁宗的生母李宸妃，抑或是关系亲密的养母，如杨淑妃。除此之外，其他嫔妃无论多么得宠，也不会被追册为皇后，尤其是在皇后并没有出现缺位的情况下。张美人可谓唯一的特例，政治嗅觉敏锐的人已经嗅到了异样的气息。

当年十二月二十三日，仁宗下诏称郭皇后由于没能生育子嗣，愿意入道修行，将其封为净妃、玉京冲妙仙师，赐名“清悟”，准许其迁居到长宁宫。吕夷简知道台谏官得到消息后势必要上书反对，提前下令各部门不得接受台谏官的奏疏。见此情形，右司谏范仲淹、权御史中丞孔道辅、知谏院孙祖德等台谏官来到垂拱殿门前，言辞恳切地请求仁宗收回成命，但守护殿门的侍卫们却将他们挡在了殿外。

孔道辅叩打着殿门上的铜环，大声呼号着：“皇后被废，陛下为何不听台谏官之言呢？”

见范仲淹、孔道辅等人不肯善罢甘休，吕夷简担心仁宗接见他们后会有所动摇，于是将他们约至中书门下，跟他们详细阐述了废黜郭皇后的理由，希望他们能够理解仁宗的苦衷。

孔道辅生气地对吕夷简说道："帝后对于我们这些臣子而言便如同父母，如今父母不和，我们理应进行规劝，怎么能顺从父亲之意公然将母亲休掉呢？"

群情激奋的范仲淹等人纷纷抨击废后之举，对吕夷简说："汉光武帝废后乃是失德之举，后世不应效法他。其他废后的皇帝哪一个不是昏君呢？陛下一直都致力于效仿上古明君尧舜，您为何要怂恿陛下与那些昏君们一样肆意废黜皇后呢？"

吕夷简被驳斥得无言以对，只得站起身，拱手说道："这些话还是烦请诸君对陛下去说吧！"他并不想引火烧身，巧妙地将矛盾引向了仁宗，但这不过是他的缓兵之计罢了。

见吕夷简下了逐客令，孔道辅、范仲淹等人也不便再说些什么，只得悻悻地离开了。他们准备在明日朝会时当着百官的面与皇帝争辩此事，但老辣的吕夷简又岂会给他们这个机会。

十二月二十四日清晨，孔道辅等人早早地来到待漏院，这里是早朝前百官们的休憩之所，他们仍在商议着如何让仁宗回心转意。恰在此时，他们听到了一个令人震惊的消息，朝廷下令让孔道辅出知泰州（今江苏省泰州市），让范仲淹出知睦州（今浙江省杭州市淳安县），孙祖德等人尽管并未被贬，但是分别被罚铜二十斤。

御史中丞被免职后照例应向皇帝当面辞行，孔道辅收拾好行囊准备入宫辞行时，另一道诏书来了，仁宗诏令专人护送孔道辅和范仲淹立即前去赴任，剥夺了他们与他见最后一面的机会。

仁宗随后下诏，今后无论是谏官还是御史，上书时都应严格保密，严禁众人相约一同向皇帝劝谏。有了前车之鉴，那些台谏官们不得不收敛了许多。至此，郭皇后被废已经没有任何回旋的余地了。

郭皇后被废之后，尚氏和杨氏在宫中愈加盛气凌人，终日与仁宗厮混在一起，两人因为得宠均被封为美人。景祐元年（1034年）八月十一日，纵欲过度的仁宗病倒了。朝野上下忧虑不已，纷纷归罪于那两个女人。

已经被尊为太后的杨淑妃出面规劝，希望仁宗将那两个美人赶出宫，但生性温柔的杨太后却不似刘娥那样对仁宗有着巨大的威慑力，仁宗又正值叛逆的年纪，再加上陷入了温柔乡，自然听不进她的规劝，依旧我行我素。

此时已经升任入内内侍省都知的阎文应也规劝仁宗远离女色，这让仁宗不胜其扰。阎文应敢一再违拗皇帝，显然得到了杨淑妃的支持，有些事身为长辈的杨淑妃不方便去做，但身为奴才的阎文应却可以放手去做。

其实自从病倒后，仁宗也开始反思自己之前的所作所为，所以后来忍痛将那两个美人交由阎文应处置。得到仁宗的恩准之后，阎文应命人叫来一辆毡车，准备将两人送出宫去。两人自然知道一旦离开，恐怕再也回不来了，于是跪倒在阎文应面前，哭着恳求他放自己一马。

她们的苦苦哀求没能换来阎文应丝毫的怜悯，反而让他愈加厌恶。阎文应高高地扬起手，朝着她们的脸颊狠狠地打了过去，高声怒骂道："你们不过是两个宫婢而已，无须多言！"

事到如今，两人才意识到她们之前太高估自己了，仁宗对她们再宠爱，也不会为了她们冒天下之大不韪。她们离不开他，但他却可以随时离开她们。

当初御史中丞蔡齐力主删去太后刘娥遗诰中所写"太后参决军国大事"的语句，事后吕夷简叹道："蔡中丞有所不知，我又怎会愿意如此，可如今陛下尚且年少，如若后宫无人做主，岂不是要生出许多祸端！"如今杨淑妃授意阎文应将尚氏、杨氏两位美人送出宫，无疑体现了她的价值。

对于两位美人的离去，仁宗的心中未免有些失落，但阎文应主动站出来让两人从他的世界里彻底消失，他不仅没有怪罪阎文应，还很赞赏他的忠心，将他提拔为入内内侍省都都知，这可是宦官之中的极品职务。

两人被赶出宫的次日，也就是八月十五日，仁宗试图通过与两位美人划清界限来挽回自己受损的声誉，他责令尚氏出家为女道士，将杨氏安置在宫外的别宅之中。

两位绝色美女虽然斗倒了郭皇后，但这不过是在为他人作嫁衣，就在不久的将来，曹皇后将会成为后宫新的主人！

郭皇后之死

两位美女被遣送出宫后，仁宗的病情并没有立即好转。就在御医们对皇帝的病情束手无策之际，冀国大长公主向仁宗推荐了御医许希。许希为仁宗针刺心下包络，调理气血淤滞。仁宗接受针灸治疗后，很快便痊愈了。

痛定思痛的杨太后开始寻找新皇后的合适人选，因为她担心后宫中的其他女子有朝一日也会步尚氏和杨氏的后尘。经过千挑万选，杨太后最终选中了茶商陈子城之女，其实杨太后与陈子城应该是旧相识。

刘娥垂帘听政期间，陈子城因为公然殴打一个磨工而遭到官府通缉。但几天之后，仁宗竟然下旨停止追捕陈子城。参知政事鲁宗道意识到这定然是刘娥在从中作梗，于是在帘前高声道："陈子城是一个作恶多端的大富豪，朝廷不应该庇护这样的人！"

刘娥恼怒地反问道："你怎么知道他是个大富豪呢？"

鲁宗道回怼道："如若陈子城不是大富豪，怎么能打通宫内的关节呢？"刘娥虽气恼之极，却也无言以对。

杨淑妃在这件事中究竟扮演着怎样的角色，史书中并没有记载。要么她与陈子城早就认识，在陈子城被通缉之际，她出面恳请刘娥设法进行庇护；要么就是陈子城先与刘娥攀上关系，由杨淑妃通过刘娥结识了陈子城。

其实仁宗对这门婚事也颇为认可，但就在好事将近之时，一个宦官的出现把婚事搅黄了。这个人就是阎文应之子勾当御药院阎士良。北宋有身份地位的宦官往往都会收养宦官作为自己的养子，这样自己的政治影响力才会通过代际传承延续下去。

那日，阎士良前去面见仁宗，见仁宗正在翻阅百叶图，百叶图类似如今的日历，仁宗想要挑选适宜大婚的黄道吉日。见阎士良走过来，仁宗笑着对他说："你为何不向我道贺呢？"一头雾水的阎士良赶忙询问缘故，这才得知这位准皇后居然出自陈子城家。

此事还流传着另外一个版本：阎士良事先听闻仁宗即将迎娶陈子城之女，特地赶来劝诫。无论是他有意为之，还是他无意听到，确定的是，他接下来在不遗余力地阻挠这门婚事。

阎士良将陈子城的底细全都禀报给了仁宗。陈子城原本是个奴仆，后来脱籍成为平民，经商赚了许多钱，便通过捐钱换来了一个官职。阎士良说道："陛下若是真的纳奴仆之女为皇后，今后还有何面目面对公卿大夫呢？"仁宗最终只得放弃了这门婚事。

杨太后对这样的结果自然懊恼不已，不过她很快便再度找到了心仪的对象，此人就是年仅十六岁的曹氏。曹氏是开国名将曹彬的孙女。她的大伯父曹璨、四伯父曹玮均为当世名将。曹璨曾任殿前都指挥使，后升任河阳节度使、同平章事，成为"使相"；曹玮曾为签书枢密院事，跻身执政。她的堂伯父曹利用更是成为枢密使兼侍中，攀上了一个武将能够企及的仕途最高峰，可惜因太过招摇而落得个凄惨下场。

真定曹氏是与东莱吕氏（太宗朝宰相吕蒙正家族）、真定韩氏（仁宗朝参知政事韩亿家族）、三槐王氏（真宗朝宰相王旦家族）齐名的世族大家，不过随着曹利用的败亡，王家也开始败落。曹氏的父亲曹玘生前仅仅是尚书虞部员外郎（从六品上阶），而且曹玘在曹氏很小的时候便去世了。

某个寒食节，曹氏与家人玩掷钱的游戏，她掷出去的钱不停地旋转，久久都不曾停下。此后没多久，她便被选入宫中。当时开封城中还流传着一首民谣，其中有一句为“曹门高一曲”，似乎预示着曹氏与她的养女高滔滔相继垂帘听政，这也成为历史上的一段佳话。

与郭皇后一样，曹氏完全符合皇家挑选后妃的一贯要求，那就是出自败落的勋贵之家。杨太后对她很满意，但由于她的长相不出众，仁宗对她并没有多少爱慕之情。

景祐元年（1034年）九月十八日，距离两位美人被赶出宫仅仅过去了一个多月的时间，仁宗正式下诏册立曹氏为皇后。

史书中并未记载曹皇后与吕夷简、阎文应有什么特殊关系，但如若不是两人不遗余力地废黜郭皇后，吕夷简力排众议力主早日立后，以及阎士良竭力阻止陈子城之女入宫，曹皇后便不会有机会在史书上留下浓墨重彩的一笔。

当时朝中很多人对册立皇后之事都持反对态度，不过他们不是反对曹皇后这个人，而是反对这件事。自古便有守三年之丧的传统，太后刘娥死后三年（实际是二十七个月）之内，身为人子的仁宗不能结婚，否则便是大不孝。

吕夷简自然不愿等到三年丧期结束，因为他担心夜长梦多，只要皇后之位一日空悬着，郭皇后便有复位的可能。他的一意孤行招致士大夫们的一致抨击，他不得不这样为自己辩解：“我并不是不知道这有违礼制，可如今陛下年富力强，妃嫔们为了争宠往往会不择手段，如若不早日立后，后宫恐怕难有安宁之日！”

刚刚被驱逐出宫的尚氏和杨氏成为吕夷简手中最好的挡箭牌。仁宗之前因过度沉溺女色而一病不起，致使朝野上下忧心忡忡，吕夷简巧妙地将这件事当成了仁宗在太后刘娥丧期内大婚的遮羞布。

由于仁宗对将门出身的曹皇后并无多少喜爱之情，她的到来不仅没能打消仁宗对郭皇后的挂念，反而使得他对郭皇后的思念日重。

那日，仁宗来到后园，意外见到了郭皇后乘坐过的肩舆，两人曾经的点点滴滴一时间涌上心头。他们毕竟在一起生活了九年之久，还是有一些感情的。当初废黜郭皇后其实是因为他一时冲动，等到渐渐冷静下来，仁宗开始有些后悔了。

黯然神伤的仁宗写了一首词牌名为《庆金枝》的词，表达了对郭皇后的不舍，他命亲信宦官给身居冷宫的郭皇后送去，还给她捎去了一句话："不久之后我便会召你回来。"

郭皇后被迫成为女道士后，过着犹如死水般的生活，但这首词让已经绝望的她看到了一丝希望，原来皇帝并没有忘记她！

这也成为曹皇后入宫后遭遇的第一场政治危机，一旦仁宗与郭皇后重修旧好，那么她的皇后之位势必不保。一旦郭皇后卷土重来，郭皇后的今日或许就是她的明天。不过吕夷简与阎文应率先坐不住了，他们铤而走险也要将威胁扼杀在摇篮之中。

在关键时刻，生性要强的郭皇后偏偏犯了一个致命的错误。当务之急她要做的便是尽快离开冷冰冰的长宁宫，重新回到仁宗的身边，如此一来，夺回曾经的一切才不再是梦。不过她对自己当初无缘无故被废很委屈，所以她不想偷偷摸摸地回去，而是想光明正大地回去，于是她派人对仁宗说："若再见召者，须百官立班受册方可。"这无疑给仁宗出了一个天大的难题，如今皇后之位已经属于曹氏，仁宗怎么可能会为她举行册立皇后的典礼，因此郭皇后回宫之事只能搁置下来。

或许是因未能如愿而再受打击，郭皇后在紧要时刻病了，虽然只是个小毛病，但最终要了她的命，她也就此失去了逆风翻盘的宝贵机会。

景祐二年（1035年）十一月初八，年仅二十四岁的郭皇后不治身亡。她死亡的时间颇为蹊跷，当时仁宗并不在宫内，而是在太庙的斋宫中斋戒，为次日的祭祀活动做准备，事后他才得知郭皇后去世的噩耗。

关于郭皇后的死因，目前主要有两种说法；一种是阎文应故意唆使御医反向用药，明明是热证，却给她服用治疗寒证的药，不仅治不好病，还要了她的命；另一种说法是阎文应故意投毒，后宫所需药材均由御药院提供，御药院恰恰由他的儿子阎士良掌管，因此他唆使儿子利用职务便利，偷偷地将毒药掺入郭皇后的中药之中，抑或故意违反中药配伍原则，同时使用两种或多种不能一同使用的中药，最终使郭皇后毒发身亡。

郭皇后的死让仁宗陷入巨大的悲痛之中，但他并不想让家丑外扬，因此并未深究此事，命人按照皇后之礼将郭皇后安葬在奉先寺。

郭皇后死后，朝中讨伐阎文应的声浪迭起。谏官王尧臣指出，在郭皇后去世前几日，阎文应已经命人为她准备棺椁，可见阎文应早就有谋害郭皇后之心。王尧臣恳请立即封存阎文应的起居状并以此为线索进行追查，再取得当时为郭皇后诊治的那些御医的口供，定然能查清郭皇后的死因。

面对巨大的舆论压力，仁宗不能继续保持缄默了。十二月初三，昭宣使、恩州团练使、入内内侍省都知阎文应被免去都都知之职，改任嘉州防御使、秦州（今甘肃省天水市）钤辖，两天后改为郓州钤辖。虽然阎文应被贬出了朝，但他从团练使升任防御使，俸禄有所提升，他还未及赴任便从西北边地被调到与开封近在咫尺的中原腹地。他能有这样的待遇，想必是他的政治盟友吕夷简从中做了不少工作。

此事平息之后，曾经竭力举荐吕夷简的前任宰相王曾再度为相，但王曾和吕夷简一起共事时却隔阂不断，后来甚至发展到互相诋毁的地步。景祐四年（1037年）四月二十二日，不堪其扰的仁宗将两人同时罢相，吕夷简判许州（今河南省许昌市）。

就在吕夷简罢相的次日，阎文应调任潞州（今山西省长治市）钤辖，他回京的希望变得更加渺茫，未来的处境也变得更为艰难。

之前被贬出朝的范仲淹却得以回朝出任天章阁待制，他在仕途上屡遭磨难，依然初心不改。范仲淹毅然决然地上表弹劾阎文应犯下滔天罪行，甚至在给朝廷上表后开始绝食。为了表达自己的决心，他将家中事务悉数交由长子范纯祐处置，语气坚定地说：“若不胜，必不与之俱生。”

在范仲淹以死相逼之下，仁宗将阎文应流放岭南。宝元二年（1039年）九月，阎文应死于贬谪途中。次年五月，远在许州的吕夷简再度被仁宗召回朝担任宰相。在执政三年之后，吕夷简以太尉之职致仕，就此彻底退出了政治舞台。郭皇后之死也成为一个千古之谜。

惊天宫变背后的隐情

庆历八年（1048年）闰正月初二，仁宗接到前线送来的捷报，官军成功地夺回了之前被起义军占领的贝州（今河北省邢台市清河县），起义军首领王则被擒后被押往开封，这场历时两个月之久的起义终于被镇压下去。

仁宗的心情一片大好，恰在此时一场震惊朝野的宫变发生了。闰正月二十二日（一说十八日）晚上，仁宗在曹皇后的殿内就寝。半夜时分，崇政殿亲从官颜秀、郭逵、王胜、孙利等四人突然杀害宫廷侍卫，劫夺兵刃，一路杀到曹皇后的寝殿福宁殿前。

听到殿外传来的骚乱声，仁宗猛地从梦中惊醒，打算循着声响出殿察看究竟，但将门出身的曹皇后嗅到了危险的气息，赶紧抱住了他。在局势不明朗之际，她不能让仁宗贸然出殿。仁宗只得作罢，命人前去征召入内内侍省都知王守忠带兵前来勤王。曹皇后命人紧紧关闭殿门，准备迎战随时可能闯入殿内的贼人。

在这个紧急时刻，宦者何承用却说不用惊慌，他说或许只是老宫人在殴打小女子。何承用事后给出的解释是担心仁宗会担惊受怕，想通过善意的谎言来安慰他，但这个解释显得有些苍白无力。一旦仁宗听信了他的话，出殿与颜秀等人发生正面遭遇，后果恐怕不堪设想。

见何承用如此说，曹皇后高声呵斥道："如今逆贼正在殿外杀人，陛下准备出去，你不仅不阻拦，还故意编造谎言诓骗陛下，你究竟是何居心？"

何承用吓得不敢再说话。曹皇后也不再理会他，她认定贼人定然不敢强攻，多半会纵火，便吩咐殿内的宦官宫女们搜集殿内能盛水的容器，并将容器装满水，准备应对贼人的火攻。颜秀等人果然如曹皇后所料，他们焚烧帘子，企图引起大火，好在曹皇后等人早有准备，及时将火浇灭。

这天夜晚，曹皇后并不清楚究竟有哪些人参与了这场叛乱，于是剪下自己的头发，分发给殿内的宦官们，高声道："等日后平定了贼寇，你们论功行赏时便以我的头发为证！"如此一来，曹皇后便可以在第一时间分辨出哪些是自己人。那些宦官们也想借机立功，于是纷纷恳请出殿与贼人对战。

就在双方打得难解难分之际，负责宫廷宿卫的士卒闻讯赶到。颜秀、郭逵、孙利被当场诛杀，唯有王胜逃到宫城北楼。经过一整日的搜捕，追捕王胜的士卒最终将其杀死。由于四名当事人无一生还，幕后主使自然也就无从查起了。

这场震惊朝野的宫变是大宋立国八十多年来从未有过的事情，朝中官员一时间群情激愤，纷纷要求仁宗彻查。仁宗只得召集宰执进行商议，但枢密使夏竦认为此案涉及诸多不宜让外人知晓的宫廷秘事，建议仁宗诏令御史与宦官在宫内共同审理此案。参知政事丁度却说："宿卫叛变事关社稷，是可忍孰不可忍！"他坚决恳请朝廷将此案交由外朝司法部门来审理，认为只有挖出幕后真凶，才能彻底肃清朝中奸党。

两人从早晨一直争论到了中午，仁宗最终采纳了夏竦的建议，致使后人无从知晓此案的诸多细节。这场宫变说明皇宫的安全保卫存在重大漏洞，专司宫廷警卫事宜的皇城司定然难辞其咎。这场宫变后，勾当皇城司、建宁军留后杨景宗被贬为徐州观察使、知济州（今山东省济宁市）；皇城使、康州刺史、入内内侍省副都知邓保吉被免去副都知，贬为颍州（今安徽省阜阳市）钤辖；

勾当皇城司、通州团练使、左藏库副使、入内内侍省副都知杨怀敏被贬为文思使、贺州刺史。

在这场突如其来的宫变中，处变不惊的曹皇后功劳最大，但仁宗却当着诸位宰执的面称张美人有护驾之功。这位张美人不是前文提到的与郭皇后争夺后位的那个张美人，而是另一位，是仁宗一生的挚爱。她去世后，仁宗甚至超越礼制追赠她为“温成皇后”，我们姑且称她为“张温成”。张温成在宫变当晚究竟有什么功劳？仁宗为何对曹皇后的功劳视而不见呢？

张温成的家族原本居住在江南，她的曾祖张文渐追随吴越国王钱镠归顺北宋，被任命为东头供奉官，此后他们家便落户在河南府永安县（今河南省巩义市）。她的祖父张颖进士及第后曾任建平县令，娶钱俶孙女为妻，生下了张尧封，也就是张温成的父亲。

天圣初年，张尧封游学来到南京应天府（今河南省商丘市），在那里迎娶了应天府助教曹简之女为妻。曹氏接连生下了三个女儿。张尧封后来投到山东儒学大家孙明复的门下。正在应天府为官的文洎让自己的两个儿子文彦博、文彦若拜孙明复为师，孙明复借机将才华横溢的张尧封推荐给了文洎，文洎也对张尧封颇为赏识，将他收入门下充作门客，两家也因此结下了不解之缘。

张尧封后来前去参加科考，如愿高中，随后被授予石州（今山西省吕梁市离石区）军事推官的职位，但还没来得及上任便病逝了。

张尧封去世后，他的妻子曹氏与三个女儿陷入衣食无着的境地。此时张温成仅有八岁。走投无路之际，她们只能求助于已经升任员外郎的张尧佐，却被张尧佐狠心地拒之门外。

接下来关于张温成的命运轨迹便记载不一了。《宋史》记载，钱氏遂纳于章惠皇后宫寝。章惠皇后也就是杨淑妃。张温成的奶奶钱氏将她送到已经被仁宗尊为保庆皇太后的杨淑妃的身旁。钱氏的祖父钱俶降宋之后获得了优待，被封为邓王，钱氏应该是利用祖上遗留下来的人脉资源将孙女们送入宫中。

司马光的《涑水记闻》却对此有着不同的记载。据《涑水记闻》，张温成的母亲曹氏迫于无奈将她卖给了齐国大长公主，张温成就此成为公主府中的歌姬。齐国大长公主觉得张温成很有艺术天分，便将她推荐到宫内的仙韶院。像张温成这样家世平平的女子，要想在佳丽云集的后宫之中脱颖而出，其实很不容易。不过她幸运地遇到了一个改变她命运的养母贾氏，人称“贾婆婆”。

张温成有两个姑姑曾经入宫侍奉过真宗，但都没能混出什么名堂。或许这个贾婆婆与两人有些渊源，所以才会将张温成收为养女。贾婆婆的政治地位并不高，但她在宫内混迹多年，有着极为深厚的人脉。

某日，仁宗在宫中与众人宴饮，能歌善舞而又长相俊美的张温成突然映入了他的眼帘，他呆呆地看着张温成，甚至有些失了神。仁宗随后便临幸了张温成。

得到皇帝宠幸的张温成不便继续待在仙韶院，此时她应该才有机会去服侍杨淑妃。《宋史》根据官方档案编撰而成，那些官方档案的书写者自然要竭力美化张温成，掩盖她那段不堪的过去，因此《涑水记闻》的记载应更为可信。张温成在宫内经过一番艰难的打拼才有机会在杨太后近前服侍。杨太后是一个独具慧眼的人，认定张温成是仁宗喜欢的类型，于是对她颇为照顾。

此后不久，张温成顺利跻身御侍的行列。御侍本身并无品级，但可以与皇帝近距离接触，侍寝的机会也不少。御侍虽然没有明确的名额限制，但当时应该只有一二十人，后宫女子多达上千人，这个机会对于出身并不高的张温成而言极为珍贵，因此她发迹之后对当初提携自己的杨太后很是感恩。

之后，张温成获得了她人生中第一个封号——清河郡君，属于外命妇。由于内命妇中的内官往往有着严格的名额限制，对于家世并不显赫的女子而言，先设法成为御侍并获得外命妇封号，等待内官出缺后再转为内官，无疑是最现实的晋升路径。

康定元年（1040年），张温成为仁宗生下了他们的第一个孩子，也就是皇三女安寿公主。当年十月，她被册封为才人（正五品），正式跻身嫔妃的行列。庆历元年（1041年），她又生下了他们的第二个孩子宝和公主。当年十二月，她从才人破格进封为修媛（正二品）。

喜悦过后，噩耗却接踵而至。庆历二年（1042年）五月，安寿公主夭折。次年八月，宝和公主也离她而去。由于接连遭受丧女之痛，悲伤过度的张温成一病不起，自认为德不配位，主动请求从修媛降为美人。唯一让她感到有些慰藉的是，当年十二月，她的小女儿赵幼悟降生了。

曹皇后与仁宗在一起生活了三十年，却始终未能生下一男半女，张温成却在短短三四年的时间里接连生下了三个女儿，由此可见她当时受宠的程度。

庆历五年（1045年）四月，张温成的小女儿赵幼悟也不幸病故，不过此时张温成仅有二十二岁，仁宗仍旧将生育子嗣的希望寄托在她的身上，自然要不遗余力地提升她的政治地位。

也正因如此，仁宗向诸位宰执谈及此次宫变时，斩钉截铁地称张温成护驾有功。枢密使夏竦当即表示要给予她“尊异之礼”，也就是给予她特殊优待。宰相陈执中却认为此举有违礼法，翰林学士张方说更是毫无顾忌地反驳道：“大汉冯婕妤曾经以身为皇帝挡猛兽，汉帝也未曾给予她特殊的尊崇。如今皇后仍在，若是一味尊崇张氏，显然于礼无据，势必会招致天下人的非议，这恐怕会成为陛下终身都难以洗去的污点。”

仁宗是一位很听劝的皇帝，此事也就不了了之，但他始终没有放弃尊崇张氏之心。庆历八年（1048年）十月十七日，这场宫变九个月后，美人张温成被正式进封为贵妃，距离皇后之位仅有一步之遥。

按照政治惯例，进封贵妃只需降诰并不需要行册礼。册与诰均为皇帝诏令（俗称“圣旨”），只有在极为重要的场合才会用到册，比如册立皇后、册立太子、封王或者尊贤的时候，还会举行隆重的册礼。嫔妃进封通常只能用诰，只需要将诰发布出去让众人知晓即可，一般不会举行隆重的仪式。

负责草拟诏书的翰林学士宋祁是当时久负盛名的大才子，后来与欧阳修共同编纂了史学巨著《新唐书》。宋祁草拟好了诰文，不过按照惯例，必须得到皇帝的旨意后才能将诰命授予对方。经验欠缺的他对此不太了解，于是前去询问学士院的老人李淑。李淑与宋祁的哥哥有宿怨，便对宋祁说：“你不要有所顾虑，只需呈上即可！”宋祁随后前往官诰院用印，然后将其送进宫中。走完常规流程后，宋祁自以为可以就此交差了，谁知一场大祸即将到来。

张温成一直觊觎着皇后之位，但一直隐忍退让的曹皇后没有给她太多机会。张温成事事仿效皇后，既然册封曹氏为皇后时举行了盛大的册礼，如今她成为一人之下万人之上的贵妃，自然也想举办一场隆重的仪式。《西塘集耆旧续闻》记载，张温成见到宋祁撰写的诰文之后，愤怒地将其扔到了地上。

惹得张温成不悦的宋祁很快便被贬知许州，但张温成仍旧对册文一事不肯善罢甘休，恳请仁宗命人另行撰写册文。

起居舍人、直史馆、同知谏院王贽与张温成一向关系亲近，张温成曾在向旁人介绍王贽时表现得与其颇为亲密：“我家谏官也。”举行册封仪式时，张温成想要让王贽为她捧册，但按照政治惯例，捧册之人必须为待制以上的官员，因此在册封仪式举行前夕，通过她的积极运作，王贽被提拔为天章阁待制。

张温成按照自己的意愿得到了一场盛大的册礼，这在北宋历史上尚属首例。曹皇后知道她是在故意与自己较劲，但始终一言不发。

张温成之所以对王贽如此看重，是因为她想通过王贽来对付曹皇后。王贽在宫变后上奏说那伙逆贼为何偏偏出现在曹皇后的寝宫前？曹皇后对此难辞其咎，恳请仁宗追究她的罪责。

曹皇后在那场宫变中的表现可圈可点，但在张温成亲信们的谋划之下，一场政治风暴向她袭来。

仁宗与御史何郯谈起王贽的上书，何郯听后不禁大惊失色，反驳道：“此乃奸人的诡计，陛下不可不察啊！”尽管朝中正直之士纷纷为曹皇后仗义执言，但仁宗仍旧怀有废黜皇后之心。

对于这起扑朔迷离的宫变，很多人会有这样的疑问：颜秀、郭逵、王胜、孙利四人身为崇政殿亲从官，待遇应该颇为优厚，他们为何要冒着生命危险犯上作乱呢？史书对他们的动机只字未提，负责抓捕的人也没有留下活口，致使所有线索都断了。

清代学者于正燮在《癸巳类稿》中写道："颜秀事盖奸淫，故终密之。"他认为仁宗之所以对此事遮遮掩掩，是因为颜秀与后宫女子有奸情，不过这种说法有些太过牵强，与后宫女子偷情是极为隐秘之事，自然要独来独往，不太可能和四个人一同前去。即便真是组团偷情，他们在行踪暴露之后也应当迅速逃离，怎么可能会砍杀宫人，甚至围攻皇后的寝宫呢？

这起宫变的背后定然另有隐情。曹皇后身为最大功臣险些沦为最大的受害者，并没有什么作为的张温成居然成为最大的受益者。身为一代明君的仁宗为何如此赏罚不明呢？

仁宗多次对旁人谈起当夜的情形，盛赞张温成"挺身从别寝来卫"。在那个漆黑的夜晚，仁宗命悬一线之际，张温成不顾个人安危毅然决然地从自己的寝宫跑出来，前往皇后的寝宫保护仁宗，她大无畏的举动的确令人钦佩不已。不过细细品味却能从中嗅出异样的气息，张温成在敌情不明的情况下冒险去寻仁宗，难道她就不害怕吗？即便她将自己的生死置之度外，她又是如何得知仁宗此时此刻就在皇后寝宫呢？她又怎么知道仁宗身边无人保护他呢？笔者认为，要么她所谓的壮举是仁宗事后编造的谎言，要么她就是这一切的幕后主使。

如若颜秀等人真的想谋反，绝不可能仅安排区区四个人行动。刺杀皇帝之事要想成功本就希望渺茫，如若无人前来接应，他们无论成败，恐怕都难逃一死。作为皇帝的亲从官，他们势必头脑灵活，心思缜密，怎么可能做事如此不计后果呢？

宫变发生后，仁宗在诸位朝臣面前大肆夸赞张温成的英勇无畏，很多人都感动得流下了泪水。当时的宰相仅有陈执中一人，陈执中在政治上相对较为中立，与张温成过从甚密的宰相贾昌朝已被罢免，被她寄予厚望的文彦博此时还没有拜相，所以当下张温成能依靠的唯有枢密使夏竦。在众人感动之际，夏竦向仁宗建议废黜曹皇后，册立张温成为后，不过遭到了陈执中的坚决反对。就在双方唇枪舌剑之际，梁适说道："平头百姓都不忍舍弃自己的结发妻子，更何况是身为万乘之主的陛下呢？您岂能一再地废黜皇后？"

废黜郭皇后造成的政治伤痕并未彻底愈合，仁宗再度废后势必会承受更大的政治压力。他虽然可以故技重演以无子为由废黜曹皇后，但张温成也未能为他产下子嗣，废掉无子的曹皇后，然后再册立同样无子的张温成为皇后，显然不具备说服力。

仁宗听完梁适的话后，开始有些动摇了，于是让众人退下，特地留下了梁适，对他说："爱卿尽管放心，朕只是想尊崇张美人，并无他意！"

《闻见近录》《曲洧旧闻》记载此事时均称呼梁适为宰相，其实他拜相是五年多以后的事情，他当时只是翰林侍读学士①，皇帝遇到疑难问题时常会征求翰林学士的意见。宫变发生的次年，梁适才升任枢密副使，步入执政的行列，后来一步步成为宰相。

多年以后，仁宗与曹皇后聊天时主动向曹皇后坦白，说之前有过废黜她的想法。枢密使夏竦在这场宫变中扮演着极为重要的角色。案发之初，夏竦便迫不及待地提出不要将此案交由司法部门处置而是让御史与宦官在宫内共同审理，此举表面上是为了防止宫闱秘闻外泄，实际上却是要借此掩盖案件的真相。见火候差不多了，夏竦趁机提出废黜曹皇后。或许是为了替夏竦遮掩，正史几乎都没有记载此事，但记载了另外一件事：废后之事搁置后，夏竦又提出对护驾有功的张温成给予特殊优待。

经过上述分析，这场宫变的目的渐渐明晰起来。颜秀等人应该不是前去刺杀仁宗，而是前去刺杀曹皇后。至于那夜仁宗为何会在场，或许只是巧合，或

---

① 据《宋史》卷二百十一《宰辅（二）》记载为翰林学士，但北宋《翰林学士表》中并无相关任职记录，《续资治通鉴长编》卷一百六十六记载为翰林侍读学士，因此他当时职务应为翰林侍读学士，翰林学士主要工作是撰写诏书，翰林侍读学士与翰林侍讲学士主要为皇帝讲解儒家经典著作，元丰改制后改称为侍读、侍讲。

许这也是阴谋的一部分。就算曹皇后没能被成功刺杀，仁宗也会因此而受惊，那么曹皇后依然难辞其咎，王贽这枚张温成早就在朝中安插好的棋子将会率先向曹皇后发难。

让张温成万万未曾料到的是，将门虎女曹皇后遇事临危不乱，处置得当。虽然王贽按照原计划要求仁宗追究曹皇后的责任，但在众人眼中，他这个举动有吹毛求疵之嫌，最终也没能掀起什么波澜。

仁宗的很多行为也令人费解。后阁有侍女与颜秀等人有所牵涉，理应被处斩。谁知在侍女的苦苦哀求之下，仁宗居然准备赦免她。仁宗以仁慈著称于世，但谋逆自古以来便是重罪，不仅谋逆者本人难逃一死，还会连累家人。如若他们真想发动宫变将仁宗置于死地，他怎么可能会轻易赦免他们的罪行呢？

听说仁宗同意赦免那个侍女，曹皇后当即恳请依律处死那个侍女。谁知仁宗居然说："狠狠地痛打她一顿，以示惩戒便是了！"曹皇后高声喊道："不杀此人不足以整肃后宫！"仁宗示意曹皇后坐下慢慢说，但她足足站了两个时辰，仁宗这才不得不同意了她的请求。曹皇后随后命人将那个侍女诛杀。

曹皇后与仁宗共同经历了那场宫变，但两人对侍女的态度截然不同，仁宗居然对一个参与谋逆的侍女毫无原则地袒护，简直匪夷所思。

皇城司负责执掌宫禁、宿卫皇宫，在宫变发生后自然是难辞其咎，但在处置相关负责人时，当晚值班的杨怀敏遭受的处罚居然最轻。仁宗还主动为他开脱道："怀敏实先觉变，宜有所宽假。"当时在宫中作乱的仅有四人，如若杨怀敏事先察觉到他们图谋不轨，岂不是很容易便能平定这场叛乱，何至于让他们公然在寝宫前放火？宫变发生后，前去平叛的士卒们将颜秀等人全都诛杀，显然有杀人灭口之嫌。

仁宗种种反常的举动说明，要么他事先与张温成共同谋划了这次宫变，要么他事后得知实情后竭力为宠妃张温成遮掩，但是当时还是美人的张温成真的有如此之大的能力策划这场震惊朝野的宫变吗？

让皇后黯淡无光的宠妃

自从曹利用被迫自杀之后，曹家便开始迅速败落。曹皇后的父亲曹玘官职卑微，还早早地离开了人世。曹皇后大婚时，婚礼事宜全都是他的叔叔曹琮为她一手操办的，但其实曹琮也不富裕，为了将侄女风风光光地嫁出去，他只得四处借债。

两人成婚后，仁宗对曹家的赏赐少得可怜，只是将曹琮从东上阁门使、荣州刺史晋升为卫州（今河南省卫辉市）团练使。相较于欠下的巨额债务，他因升职而增加的那点儿俸禄简直就是杯水车薪。曹家原本在朝中，尤其是在军中有着极大的政治影响力，但宋朝对外戚的限制很严。在曹氏被册立为皇后之后，亲手送她出嫁的叔叔曹琮主动上奏道："陛下以严治天下，臣既然是皇后亲眷，不敢冒享皇帝恩泽，乱了朝廷法度，若是族人有所请托，还望陛下秉公处置。"曹琮因顾全大局而收获了不少美誉，后来被任命为环庆路部署、知邠州（今陕西省彬州市）。

曹皇后的堂兄曹仪原本担任步军都虞候、康州防御使、泾原路副都部署。堂妹被册立为皇后之后，曹仪主动提出不想再管军务，仁宗便将他升为耀州观察使，但他手中的军权被剥夺了。

虽然张温成的家世与曹家不能相比，但她巨大的政治影响力却是曹皇后无法比拟的。产于江西的金橘一直不被开封的达官贵人们接受，张温成却对金橘情有独钟，时常食用金橘。由于她爱吃金橘，开封城中迅速掀起了一股竞相食用金橘的热潮。

张温成还凭借一己之力拉高了珍珠的价格。当时广州有很多外国客商，有些人拒不缴税或者作奸犯科，他们囤积的珍珠便会被官府罚没，当地官员便将这些名贵的珍珠进献给仁宗。当时仁宗邀请曹皇后和张温成一同前来赏鉴，张温成看到后爱不释手，仁宗索性将这些珍珠全都赐给了她。张温成引领着大宋风尚，达官贵人家的夫人小姐们得知后纷纷抢购那些产自国外的珍珠，致使珍珠价格疯涨。仁宗得知后很是不安，于是便想着打压珍珠的价格。

那日，仁宗邀请诸位嫔妃在内殿观赏牡丹，张温成姗姗来迟，头上戴着用珍珠制成的首饰，打算在众人面前好好地出一出风头。谁知一向对她极为宠溺的仁宗居然以袖掩面，怒斥道："看你满头白花花的，好似戴孝一般，难道你不知道什么是忌讳吗？"

面对仁宗劈头盖脸的责骂，张温成惊愕不已，赶忙摘下了头上的首饰。仁宗当即转怒为喜，令在场之人每人头上戴一朵牡丹。自此之后，后宫女子对珍珠避之不及，珍珠价格很快便降了下来。

张温成在朝中的势力也是盘根错节。她在外朝最初的代言人是贾昌朝。贾昌朝出身于小官僚家庭，不过他的岳父陈尧咨是真宗朝重臣，曾经主政开封府，也曾担任过翰林学士，后来升任武信军节度使。正因如此，贾昌朝的妻子陈氏自幼便时常随母亲进宫，也因此结识了宫中的朱夫人，此人极有可能就是真宗之子悼献太子赵祐的乳母朱氏。依靠岳父的关系与朱夫人的助力，贾昌朝得以长期在朝中担任要职。

贾昌朝后来又通过朱夫人结识了张温成的养母贾婆婆。他与贾婆婆并无血缘关系，只是凑巧都姓贾罢了，但为了攀附贾婆婆，贾昌朝尊奉她为姑姑。自从攀附上了贾婆婆，贾昌朝的仕途便进入了快车道。庆历二年（1042年），贾昌朝正式出任御史中丞。庆历三年（1043年），他拜参知政事，步入执政的行列。庆历四年（1044年），他升任枢密使。庆历五年（1045年），他成为宰相。可谓一年上一个大台阶。不过，他因贾婆婆而一飞冲天，却也因贾婆婆而迅速陨落。

凭借仁宗独一无二的宠爱，狂妄的张温成根本不把曹皇后放在眼里，时常挑战她的底线。某日，张温成想在出游时使用曹皇后的伞盖，她的这个要求让仁宗感到很为难，于是让她自己去向曹皇后索要。得知张温成的来意后，曹皇后既没有动怒，也没有阻挠，居然很大方地将自己的伞盖借给她用。

对于张温成的屡次挑衅，曹皇后表面上始终云淡风轻，但是一直都在暗暗思考应对之策。她深知自己即便使出浑身解数恐怕也难以赢得仁宗的欢心，于是便大肆搜罗各式美女，并将她们收为自己的养女，对她们悉心教导，想借助她们的力量挽回仁宗的心，却不慎惹出了事端。

开封有个富户花费了不少彩礼才为自己的儿子娶了一个漂亮媳妇，他的儿媳不知为何突然被征召入宫，三天了都没有回家。那个富户心急如焚地来到开封府报案。虽然此事牵涉到后宫，但知开封府范讽并未借故推脱，核实完相关情况后，让富户在府内等候，自己直接进宫去了。

范讽将此事原原本本地禀告给了仁宗，还说："陛下不近女色，天下共知，那个民妇如今已经完婚，如若陛下强行将她纳入宫中，您如何向天下人解释呢？"

仁宗赶忙说道："皇后曾对我说，新近寻得一位绝色美女，只可惜朕还无缘得见。"

不知是仁宗真的没有见到，还是刻意撒了谎，但由此看来范讽的劝谏起到了应有的效果。范讽趁机道："若是果真如此，还望陛下将此女交给微臣，那个女子的公公如今就在府内等候消息，陛下唯有如此，您的清誉才能无损！"仁宗当即下旨将那个美艳女子交给了范讽，不过他并未责怪曹皇后，因为他才是最大的受益者。

此后曹皇后仍旧乐此不疲地搜罗美女并将她们收为自己的养女，其中最知名的是她的养女兼外甥女高滔滔，也就是英宗的皇后。其实曹皇后还有一个养女名叫范观音，很得仁宗的宠爱，张温成将她视为眼中钉，必欲除之而后快。

庆历七年（1047年）春天，中原地区遭遇了前所未有的大旱，仁宗为此忧心忡忡，采用各种办法求雨，他甚至亲自焚香祷告，不过都无济于事。

张温成的养母贾婆婆是个善于玩弄阴谋诡计的狠角色，她决定利用这个机会将正得宠的范观音遣送出宫。她将自己的谋划告诉了宰相贾昌朝，贾昌朝一直对她言听计从。在与仁宗议事时，贾昌朝主动提出唯有遣送宫人出宫才能消弭当下旱灾，此时对当下旱情无计可施的仁宗只能点头同意。

后宫佳丽多达数千人，正得宠的范观音按理说名字不会在遣送名单中，但张温成趁机对仁宗说："唯有遣送与陛下关系亲密之人，方能感动上天！"原本前途一片大好的范观音也就此彻底梦断。

南宋学者朱弁所著《曲洧旧闻》中还有这样一段记载，似乎与上面说的是同一件事。那日，仁宗退朝后来到寝殿，迫不及待地脱去幞头，高声道："朕头痒得很！"他身边的人赶忙将专门为他梳头的那个宫女叫来。

那个宫女轻轻地给他梳着头，他的头也不似之前那么痒了。见仁宗的怀中有文件，那个宫女看似随意地问道："官家，不知那是什么文件？"

仁宗闭着眼说道："是台谏官的奏疏。"

那个宫女问道："不知他们都说了些什么？"

仁宗说道："如今灾害频发，他们说是因为朕的嫔妃太多了，应当适当裁减一些。"

那个宫女听后赶忙劝道："如今朝中那些高官哪一家不蓄养歌姬，他们只顾着自己快活，却不顾官家的死活。"

仁宗的脸色阴沉下来，那个宫女顿时吓得不敢再说话。过了许久，仁宗才开口道："台谏之言，朕岂敢不听呢？"

那个宫女为了刻意表现，假意说道："若是陛下为难，您将奴家遣送出宫便是了。”她以为仁宗舍不得她离开，但仁宗听后忽地坐起来，命掌管宫女档案的宫官即刻携带宫籍前来。

在研究要遣送出宫的宫女的名单时，仁宗特地指派专人看守殿门，还特意叮嘱他们，若是曹皇后前来拜见，务必要将她挡在殿外。仁宗最终将三十名宫女遣送出宫，其中就包括那个专门为他梳头的宫女。

已经到了用膳时间，但心事重重的仁宗食欲全无，一直都在等消息，直到曹皇后前来禀报，说三十名宫女全都被遣送出宫，他才拿起筷子吃了起来。

曹皇后默默地坐到他的身旁，不敢贸然开口询问。等仁宗吃完饭开始喝茶时，她才开口问道：“官家素来宠爱那个专门为您梳头的宫女，为何您将她也遣送出宫呢？”

仁宗抿了一口茶，说道：“此人劝朕拒绝纳谏，这样的人怎能继续待在朕的左右。”

《曲洧旧闻》中那个没有留下姓名的专门负责为仁宗梳头的宫女与曹皇后的关系应该很是亲密，仁宗料定曹皇后会前来为她说情，所以才叮嘱守门人将她挡在门外，那个宫女应该就是曹皇后的养女范观音。

不管是张温成蓄意陷害，还是范观音弄巧成拙，范观音最终都沦为了政治牺牲品。不过那些宫女被赶出宫后，大雨并未如期而至，首先提此建议的贾昌朝一时间沦为众矢之的。台谏官们开始说汉朝一旦遭遇灾异便会罢免三公的事情，因此仁宗下定决心要罢免首相贾昌朝。等到贾婆婆得到消息后，翰林学士院已经锁院了，事到如今她也爱莫能助了。

张温成如愿赶走了竞争对手范观音，但她最重要的政治盟友贾昌朝也丢了宰相宝座。庆历七年（1047年）四月，贾昌朝离京判大名府（今河北省邯郸市大名县）兼北京留守。

贾昌朝的去职并未减小张温成的政治影响力，因为她很快便找到了替代人选，此人就是与张家渊源颇深的文彦博。前文提到过张温成的父亲张尧封曾是文彦博的父亲文洎的门客，张尧封与文彦博同在孙明复门下学习。也正因如此，在张温成的运作下，文彦博先任枢密副使，后升任参知政事，距离宰相之位仅有一步之遥。

庆历七年（1047年）十一月，戍守贝州的小校王则发动起义。朝廷任命知开封府明镐为河北体量安抚使，让其率军前去镇压。起初并不顺利，等战场态势好转之际，张温成敏锐地意识到这是一个千载难逢的立功机会，于是暗中授意文彦博，建议他向仁宗请求前去河北镇压起义。

庆历八年（1048年）正月，文彦博被任命为宣抚使后立即动身前往贝州前线。他一边让官军猛攻北城，另一边在南城挖地道。次月，官军终于成功攻入城中，起义军首领王则被捕。文彦博回朝后不久便因功拜为宰相。

文彦博拜相后自然要对张温成投桃报李，于是不遗余力地提携张温成的堂伯父张尧佐。当年张温成的母亲在孤苦无依之际去投奔张尧佐，不过被他拒之门外。张尧佐为了当年之事在张温成面前真诚地忏悔，张温成也就原谅了他，因为她也想将张尧佐作为自己在朝中的重要依靠。

庆历四年（1044年）三月，张尧佐被任命为提点开封府诸县镇公事，这个差遣并非要职，但依旧有台谏官上奏表示张尧佐晋升过快。自此之后，张尧佐每次升迁，都会有台谏官出面反对。尽管如此，仍旧没能阻止他升迁的脚步。庆历八年（1048年）四月，也就是文彦博拜相三个月后，张尧佐升任兵部郎中、权知开封府。次年九月，他又升任礼部侍郎、三司使。三司使是主管财经的最高官员，号称“计相”，政治地位仅次于宰执。由于外戚不得在朝中担任要职一直是政治惯例，知谏院包拯等人对此表示强烈反对。

皇祐二年（1050年）闰十一月，上任仅仅一年多的张尧佐便被罢免了三司使之职，《隆平集校证》记载，仁宗还下令：“自今后妃之家，毋得用为执政，著以为令。”仁宗虽然削去了张尧佐的实权，但为了表示对他的尊崇，特地将他的本官从礼部侍郎升为户部侍郎，两者品级虽然相同，但户部侍郎政治排序更为靠前。不过张温成对此并不满意，她想为堂伯父争取宣徽使之职。宣徽使为宣徽院的长官，宣徽院通常分为南、北两院，唐朝时宣徽使由宦官担任，到了北宋改由外朝官担任，主要为宫廷服务，比如组织朝会、举办宴会等。北宋立国之初，宣徽使的政治地位甚至一度高过参知政事、枢密副使，虽然此后地位不断下降，却仍旧是令人艳羡的高官。

张尧佐资质平平却屡屡升迁，廷论时让张尧佐升任宣徽使的建议遭到很多朝臣的反对，此事只得暂时搁置下来，但张温成不停地给仁宗吹枕边风，他实在拗不过爱妃，只得再度召集朝臣商议此事。

仁宗上朝前，张温成特地将他送至殿门前，温柔地说道："官家今日莫要忘了臣妾伯父出任宣徽使之事。"

仁宗点了点头道："朕记下了！"

谁知让仁宗始料未及的是，时隔多日，不少朝臣仍旧表示反对，尤其是包拯，因为情绪过于激动，唾液甚至都喷到了仁宗的脸上。

仁宗回朝后，张温成小心地伺候着他。仁宗用袖子不停地擦拭着自己的脸庞，高声斥责道："你只管要宣徽使之位，难道不知道包拯是御史？"

上述记载出自南宋学者朱弁所著的《曲洧旧闻》，关于包拯职务的记载明显有误，当时包拯的职务为天章阁待制、知谏院，负责管理左右谏议大夫、左右司谏、左右正言等谏官，并不在御史台任职。不过谏院与御史台的官员合称"台谏官"，都有责任向皇帝进谏。直到嘉祐三年（1058年）六月，包拯才升任右谏议大夫、权御史中丞。朱弁应该是将两者搞混了。

包拯的确是当时反对最激烈的人，但张尧佐最终还是被任命为淮康军节度使、群牧制置使、宣徽南院使、景灵宫使。包拯后来再度上表，指出宣徽使与节度使均是令人艳羡的要职，张尧佐一人同时兼任两大要职，显然不太合适。张尧佐只得无奈地辞去了宣徽南院使、景灵宫使之职。皇祐三年（1051年）八月十三日，张尧佐又以宣徽南院使的身份离朝出判河阳，台谏官们对他的抨击之声这才渐渐停息。

曾经竭力提携张尧佐的文彦博很快也陷入了一场政治危机，此事同样因张温成而起。上元节时，张温成陪同仁宗在端门宴饮。为了表示对这次宴会的重视，张温成特意穿了一件用灯笼锦制成的礼服。这种锦在当时极为昂贵，仁宗问她礼服的来历，张温成见搪塞不过，只得说是宰相文彦博送给她的。殿中侍御史里行唐介揪住此事不放，在朝堂上猛烈抨击文彦博，说正是因为文彦博给张温成进献了灯笼锦，所以才能成为首相，也就是昭文相，他还提起外戚张尧佐升迁过快之事，旋即在朝中引起轩然大波。

皇祐三年（1051年）十月二十二日，文彦博罢相后以观文殿大学士之职出知许州，但抨击他的唐介在两天前也被贬为春州（今广东阳春）别驾，贬谪岭南在当时是近乎最严厉的处罚，由此可见仁宗对揭露此事的唐介恨意之深，也可以看出他对自己的爱妃维护之深。

随着文彦博的罢相与张尧佐的离朝，张温成在朝中的势力大为削弱。至和元年（1054年）正月初八，年仅三十一岁的张温成病逝，仁宗陷入巨大的悲痛之中。仁宗在众人面刻意提到了两件事：一件是那场宫变发生时，张温成不顾个人安危赶来保护他；另一件是他在宫中求雨时，为了表达虔诚之心，张温成刺破自己的手臂，用自己的血来书写祝辞。

入内内侍省押班石全彬自然知道他为何要提及这些陈年旧事，便说出了仁宗想说却不便说的话，他在朝堂上恳请仁宗在皇仪殿为死去的张温成举行丧礼，这可是皇后才能享受的待遇，显然有僭越之嫌。其他宦官也猜出了仁宗的心意，纷纷迎合石全彬的提议，唯有入内内侍省都知张惟吉认为此事事关重大，建议与宰执们商议之后再做定夺。

次日，仁宗不仅征召宰执入宫，还一同召来两制官员，也就是专门负责为皇帝撰写诏书的翰林学士与知制诰、中书舍人。判太常寺、翰林学士承旨王拱辰早就与张温成有所来往，所以率先支持石全彬的提议，紧接着知制诰王洙、参知政事刘沆也都表态支持，仁宗也就此掌握了主动权，于是将询问的目光投向了宰相。此时朝中共有两员宰相，首相陈执中虽然认为此举不妥，但他又不敢太过违拗仁宗，就说了一些无关痛痒的话。唯有次相梁适明确表示反对，但势单力孤的他难以说服态度坚决的仁宗。

仁宗原本打算任命梁适为园陵使，但梁适却以之前没有先例为由予以推辞，仁宗只得命参知政事刘沆为监护使，任命石全彬与勾当御药院刘保信为监护都监，专门负责承办张温成的丧礼。

随后仁宗正式下诏，命令近臣、宗室前来皇仪殿祭奠刚刚故去的张温成，还下令要为故去的张温成辍朝七日，此举招致朝臣的非议。张温成生前仅为正一品的贵妃，按照政治惯例，一品官员去世，皇帝只能辍朝三日。当初仁宗的叔叔荆王赵元俨去世时，他也才辍朝五日，如今却为一个贵妃辍朝七日，显然有些不妥。

正月十二日，也就是治丧第四天，为了堵住悠悠众口，仁宗追册张贵妃为皇后，还赐给她“温成”这个谥号。御史中丞孙抃多次上书劝阻，仁宗始终置之不理。孙抃手下的那些御史要么请求外放，要么请了长假，以此来表示抗议，但仁宗不为所动。

仁宗随后下令京城禁乐一个月，还派遣官员将张温成的死讯昭告太庙、皇后庙、奉慈庙，俨然张温成才是他的正妻。

朝廷通常会在帝陵的西北角为北宋的皇后单独修造一座陵墓，然后选择黄道吉日下葬。仁宗想与张温成合葬，但碍于曹皇后的存在，他只得将此生最爱的女人葬在奉先资福禅院。仁宗还为张温成立庙，所用礼乐与太庙并无区别。但太庙是供奉列祖列宗的地方，张温成生前不过是一个贵妃，很多官员指出仁宗此举会招致后世的讥笑，但此时的仁宗已经听不进任何劝说。

仁宗最终以皇后之礼将心爱的女人下葬，有些环节礼制甚至高于皇后之礼。对于那些持反对态度的官员，他毫不留情地全都予以打压。当年七月，梁适被罢相后出知郑州。宰相离朝通常都会被皇帝授予观文殿大学士的职衔，梁适却没能享受这份殊荣，可见仁宗对他的厌恶之甚。陈执中在丧礼过程中还算配合，因此得以留任。对于那些持支持态度的官员，仁宗大肆提拔。监护使刘沆出力颇多，仁宗将他从参知政事升任宰相。其他持支持态度的人员也都获得了奖赏。

张温成虽然不在了，但她的养女周氏很得宠。周氏四岁时便追随姑姑入宫，后来被张温成收为养女。周氏长大后，张温成便将她献给了仁宗。在仁宗四个成年的女儿中，有两名都是周氏生的。周氏一直活到九十三岁，从外命妇安定郡君一路进封为贵妃（正一品），她见识过仁宗朝的繁华，也见识过徽宗朝的危机。她的两个女儿也都继承了她的长寿基因，宝寿公主活到了五十三岁，庆寿公主更是活到了八十四岁，在当时她们都属于长寿的公主。

如若周氏生下男孩，孩子存活的概率应该也会很大，这让曹皇后的心不由得一直紧绷着。不过随着仁宗的身体每况愈下，生育子嗣的希望也变得日渐渺茫，曹皇后的政治地位这才渐渐得以稳固。

仁宗很久都没能迎来梦寐以求的儿子，后继无人的他势必要收养宗族子弟。谁要是能够掌控此事谁便能赢得未来，曹皇后意识到这或许是自己最后的机会。

“苦尽甘来”的曹太后

嘉祐元年（1056年）正月初一，除夕夜的雪实在是太大了，有的宫殿的房梁被厚厚的积雪压折了。见到如此景象，仁宗不禁生出一种不祥之感。参加早朝时，仁宗又不幸感染了风邪，很快便病倒了，从症状看很像中风。

正月初七，文彦博等人专程来到内东门小殿等待仁宗的召见，却见到仁宗突然从寝宫内跑出来，还边跑边喊：“皇后与张茂则谋大逆！”出于常理，仁宗不至于无缘无故地指责曹皇后与张茂则谋大逆，其中定然藏着不为人知的隐情。

随着三个儿子接连夭折，仁宗不得不面临着后继无人的窘境。皇祐二年（1050年），有一个名叫冷青的人称自己是仁宗的私生子。他说自己的母亲原本是个宫女，后来因宫中失火受到牵连被赶出了宫，但她出宫前已经被仁宗临幸并怀有身孕。母亲出宫后嫁给了冷绪，很快便生下了自己。冷青由此认定自己的亲生父亲是仁宗。

《默记》记载，冷青长大后在一家药铺当伙计。《李清臣墓碑》记载冷青为“医家子”，他想成为医官却迟迟未能如愿。恰在此时，他遇到了生命中一个极为重要的人。《挥麈余话》记载此人为高僧全大道，但包拯的奏议称此人为高继安。此人原本是个军人，后来因为获罪被发配鼎州（今湖南省常德市），后来他托病逃回京城开封府。由于精通幻术，他借此结交朝中权贵并得到了他们的庇佑。《挥麈余话》和包拯的奏议里的这两个人应该为同一人，或许高继安出家后改名为全大道。

正是在高继安的唆使下，冷青才公然对外宣称自己是仁宗的皇子。知开封府钱明逸得知此事后，派人将冷青逮捕入狱。冷青随后提交了一件重要证物，也就是仁宗当年送给他母亲的肚兜，仁宗临幸嫔妃宫女后有赏赐肚兜的习惯。钱明逸既不敢确认，也不敢否认冷青皇子的身份，索性判定他精神有问题，于是将他编管汝州（今河南省汝州市）。翰林学士赵概却认为朝廷应该将此事调查清楚，冷青如果是皇子，就不应将其编管；但如果他不是皇子，就应将其处死。仁宗觉得他说得很有道理，于是命赵概与天章阁待制、知谏院包拯负责调查此事。两人最终查明，冷青的母亲王氏的确曾是宫女，但她出宫嫁给冷绪后先生下了一个女儿，之后才生下冷青。即便王氏出宫时怀有身孕，仁宗的亲生骨肉也只能是冷青的姐姐而不是冷青，冷青显然是在说谎。

冷青与高继安最终都被处死，不过《默记》记载："世妄以陈恭公（陈执中）希（张）温成旨为此，故诛（冷）青之时，京师昏雾四塞。"当时不少人认为冷青就是仁宗的私生子，是张温成从中作梗，不想让他们父子相认。

当时在位的宰相不是陈执中而是文彦博和宋庠。文彦博拜相得益于张温成的助力，但他恐怕还不敢冒天下之大不韪指鹿为马，况且具体审理此案的赵概和包拯均是正直忠良之臣，在如此重大的问题上应该不会弄虚作假。

不仅冷青之死与张温成没有关系，仁宗的三个儿子先后夭折应该也与张温成没有关系。康定元年（1040年），张温成才被封为才人，此时皇长子赵昉已经在三年前去世，皇次子赵昕在次年去世，虽然当时的张温成日渐得宠，但资历尚浅，很难在宫内一手遮天。

皇三子赵曦去世时，张温成已经拥有了很大的权势，但此时她的次女宝和公主虚岁刚刚三岁，按照周岁计算只有一两岁，她终日忙于照料幼女，很难有时间去谋划害人的事情，而且赵曦与宝和公主也不存在竞争关系。赵曦的生母朱氏当时只是个美人，张温成已是才人，她日后若是生下儿子，只要她被册立为皇后，她的儿子依旧可以凭借嫡子身份获得皇位的优先继承权。因此，张温成没有必要铤而走险去谋害赵曦。

彼时仁宗不仅三个儿子都夭折了，六个女儿也仅有长女福康公主一人得以存活下来，他的这些孩子恐怕都有些先天不足。仁宗的父亲真宗因纵欲过度而气血亏虚，六个儿子中仅有仁宗一人得以存活。但仁宗的孩子们却不似仁宗那么幸运了，他们即使一出生便得到顶级呵护，大多依旧没能活下来。在此之后，仁宗又接连迎来了七个孩子的降生，这七个孩子无一例外全都是女孩，夭折率依旧很高，只有三个女儿得以成年。

随着年龄越来越大，仁宗生儿子的希望也变得越来越渺茫。一旦他突然驾崩，朝局势必会因没有皇储而发生动荡。曹皇后对此看在眼里，急在心中，她多次劝说仁宗收养一位皇子，但仁宗始终不以为意。

要想成功说服仁宗，曹皇后需要借助宰执们的力量，但首相文彦博、次相刘沆都与她的死对头张温成关系密切。虽说张温成已经在至和元年（1054年）去世，但曹皇后仍旧对二人心存芥蒂，只能将此事托付给与张温成并无瓜葛的末相富弼。由于曹皇后不能随意出宫，她身边的亲信宦官张茂则自然成了她与富弼的联络人。应该是张茂则在两人之间传话时，意识不清的仁宗听到了些什么，误以为两人要趁他病重之际谋反，所以才会当着众人的面大声斥责两人图谋不轨。

就在朝野上下为仁宗突然病倒而忧心忡忡之际，他的病情却渐渐大好了。随后仁宗又拖着刚刚恢复的病体将注意力转到了生育子嗣的头等大事上，期望有朝一日能得到上天的眷顾。但随着仁宗年事日高，他最终不得不认命了。

其实当时可供选择的宗族子弟有很多，仅仅宗室濮王赵允让就有二十二个儿子，曹皇后一直青睐于其中曾被养在宫内的赵宗实，因为她的养女兼外甥女高滔滔嫁给了赵宗实，所以赵宗实自然要比其他宗族子弟亲近许多。

为了抗衡当时得宠的张温成，曹皇后特地将自己的外甥女高滔滔养在身边，当时年幼的赵宗实恰巧也被养在宫中，两人极有可能在那时便相识了。不过在宫中生活了四年之后，赵宗实被遣返出宫，高滔滔被继续留在宫中。随着高滔滔日渐长大，曹皇后想要找个合适的机会将她献给仁宗，但她还没有来得及这么做，局势便突然发生了变化。

前文提到，张温成的养母贾婆婆勾结与其关系亲近的宰相贾昌朝以连日大旱为由，劝说仁宗将一大批后宫女子遣送出宫，其中就包括曹皇后的养女范观音。此事发生在庆历七年（1047年）年初，恰恰在当年三月，仁宗将高滔滔指婚给赵宗实，由此可见高滔滔也受到了当时遣送宫女事件的影响。不过鉴于她特殊的身份，仁宗并未将她遣送回家，而是将她指婚给了宗族子弟赵宗实。

嘉祐七年（1062年）八月初五，仁宗正式下诏册立赵宗实为皇子，随后又将皇室宗亲召入宫中当面通报了此事，但赵宗实一直称病拒不接受诏命，后来在众人的规劝下，他才勉强入宫，但这对名义上的父子无时无刻不透出一种疏离感。

赵宗实并不懂得笼络身边的宦官宫女。入宫后，他时常受到宦官们的欺凌，有时甚至连一日三餐都难以保证，好在曹皇后时常让亲信偷偷给他送去些吃食，他这才勉强度过了那段艰难岁月。

嘉祐八年（1063年）三月三十日初更时分，仁宗的病情突然加重，曹皇后紧急征召御医为他进行诊治，但到了三更时分，他还是被病魔夺走了生命。次日，曹皇后将诸位宰执招至仁宗的寝殿福宁殿，决意拥立当时唯一的皇子赵宗实即皇帝位，即位后改名为赵曙，史称“宋英宗”。

四月初八，群臣将为仁宗举行大敛，就在这个节骨眼上，英宗突然病了。司天监占卜后，说若是错过了四月初八，恐怕会对曹皇后等亲眷不利，所以大敛仪式只能照常举行。在仪式进行过程中，英宗突然呼号狂奔，露出疯癫之状，宰相韩琦一把抱住了他，吩咐宦官宫女们护送他回宫休息，随后仪式照常举行。

由于新皇帝病了，韩琦等诸位宰执只得恳请曹太后垂帘听政。虽然婆婆刘娥已经为她打好了样板，但她并不想效仿，因为当年仁宗即位时还只是个十三岁的孩子，如今英宗已经三十二岁了，早就成年了。经过与诸位宰执商议，曹太后决定不像刘娥那样驾临前朝，也不接受群臣的朝拜，只是与英宗定期前往内东门小殿内接受宰执们的奏事，其他官员遇到紧急事务也可以在内东门“进名”，也就是报上自己的姓名等待召见。

由于英宗病重期间无法与曹太后一同在内东门小殿内听政，宰执们通常要先行前往英宗居住的柔仪殿，当面听取他的旨意，然后再前往内东门小殿向曹太后进行汇报。曹太后实际上只享有覆奏权，也就是对他们已经议定的事情进行确认的权力。

嘉祐八年（1063年）四月十六日，大敛八天后，翰林学士王珪上奏说英宗的病情已经基本痊愈。他的病未免好得太快了些，这自然令曹太后生疑，不由得怀疑赵曙是故意装病，以躲避出席仁宗的丧礼。虽然仁宗对曹太后很冷漠，但两人毕竟是近三十年的夫妻，彼此之间还是有些感情的。既然英宗的病好了，曹太后当即要求王珪为自己草拟还政书，她并没有贪恋手中的权力。不过撤帘之事后来却被搁置下来，因为英宗真的病了。

五月二十七日，英宗首次驾临延和殿，露出病态，特地嘱咐宰执们为自己祈福。六月初三，他再度因病无法临朝。赵曙入宫以来，他的精神始终处于高度紧张状态。登基之后，由于他不是仁宗的亲儿子，很多皇室成员和官员将领都质疑他这位新皇帝的合法性。《韩忠献公遗事》记载，太宗赵光义的孙子赵允弼就曾愤愤不平地质问宰相韩琦：“岂有团练使为天子者，何不立尊行？”在他看来，自己比之前仅仅是岳州团练使的赵曙更有资格当皇帝。在多重重压下，赵曙病倒了，也渐渐变得自暴自弃，对曹太后也不似之前那么恭敬了。恰在此时，他又意外听闻仁宗还留有遗腹子，这个消息对他而言简直犹如晴天霹雳！

这件事颇为蹊跷，事件的主角是一个身份极其卑微的私身韩虫儿。北宋时期，后宫收养养女的现象极为常见，不过只有身份高贵的后妃的养女才会被称为“养女”，其他人的养女只能被称为“私身”。

据说在嘉祐七年（1062年），也就是仁宗去世前一年的腊月，他闲来无事在后宫闲逛，恰巧碰见韩虫儿正在井旁打水。他突然看见一条小龙顺着井绳从井底缓缓升腾而起，便停下了脚步。仁宗认为这是天意，眼前的女子很有可能会给自己带来儿子，便临幸了韩虫儿。

韩虫儿声称自己怀上了龙种，这无疑给立足未稳的英宗带来了巨大的政治威胁，所以他的病情不断恶化。可就在人们对韩虫儿的生产翘首以待时，这件事突然发生了反转。嘉祐八年（1063年）九月十九日，曹太后召集诸位宰相前来议事。众人到场后，她命宦官将韩虫儿的案卷交给众人审阅。原来，自从正月以来，韩虫儿的月经就一直没有停过，她声称自己怀孕之事就是一场闹剧。韩虫儿说自己时常遭受养母柳瑶真的责打，所以铤而走险说自己怀上了龙种，如此一来她便能过上想要的美好生活。事情败露后，韩虫儿被送往承天寺出了家。

主审官员将所有罪责都推给了韩虫儿这个小角色，显然有失公允。韩虫儿在众目睽睽之下伪装孕妇长达九个月之久，直到快要分娩之际才露了馅儿。事发后，遭受调查的宫女、医官、稳婆多达近二十人，这些人都与她有过近距离接触，甚至还贴身服侍过她，那么她怎么可能在如此长的时间内瞒住这么多人？

根据周密《武林旧事》的记载，宫中凡是有人怀孕，通常都会给她分配专门的医官，称为“本位医官”。腹中胎儿七个月的时候，本位医官要将怀孕的情况汇报给内东门司。临近分娩时，太医局还会分派产科医官在宫内值夜班，并配备踏逐老娘（类似于稳婆）、伴人（陪伴的人）、乳妇（奶妈）、抱女（抱婴儿的人）、洗泽人（为婴儿洗澡的人）等各种待产陪产人员。

在韩虫儿假称怀孕最初的那段日子里，外人的确不太好分辨。可随着时间的推移，孕妇的身形会发生相应的变化，此时韩虫儿再想继续隐瞒下去就很困难了，况且医官还要定期随访，韩虫儿这样一个毫无背景的小私身，仅仅凭借一己之力显然无法做到。或许韩虫儿的确被仁宗临幸过，之后遇到了月经延期等特殊情形，致使她误以为自己怀上了仁宗的孩子，于是将此事上报；或许她的确曾经怀有身孕，可惜后来不慎流产了。不管当时的真实情形如何，在曹太后抑或她的亲信唆使下，韩虫儿只能被迫继续伪装。

这件事也让曹太后与英宗的关系变得愈加紧张，甚至到了势不两立的地步。朝中也迅速分化为两大阵营：以宰相韩琦为首的中书门下的官员坚定地站在皇帝一边，规劝曹太后要忍耐英宗的坏脾气；以枢密使富弼为首的枢密院官员则坚定维护曹太后，规劝英宗要对曹太后尽孝。

某日，富弼向英宗奏事时语气严厉地说道："先帝在世时，皇族之中似陛下这样的近亲其实有很多，先帝之所以册立您为皇子，是因为听说您一贯尊奉孝道，可如今太后对臣与胡宿、吴奎等人说她这个失去丈夫的寡妇无处诉苦，臣等听后悲痛不已，实在不忍再听下去了！"富弼越说越激动，用手中的笏板指着英宗所坐的御座，高声道："如若不是因为陛下孝顺，您怎会坐在此处呢？"

英宗听后当即站了起来，又赶忙俯下身子，道："不敢。"

丈夫在世时，曹太后被迫隐忍了许多年，如今丈夫去世了，她又遇到了不孝的养子，她不愿继续隐忍下去了。《续资治通鉴长编》记载："左右谗间者，或阴有废立之议。"曹太后身边人唆使曹太后拥立什么人，正史之中并无记载。《曲洧旧闻》记载了这样一件事，韩琦曾收到曹太后写给他的一封信，他看完后对曹太后说："臣看上面写的是'太皇太后'，似乎多了一'太'字。"这显然不是笔误，曹太后应该大有深意。当时英宗的长子赵顼已经十六岁了，既然英宗的所作所为让她失望透顶，那么她很有可能想趁机迫使患病的英宗提前将皇位传给听话懂事的赵顼。

韩虫儿遁入空门后，英宗的心病没有了，身体上的病自然很快好了。英宗病好后，曹太后理应撤帘，但她却迟迟不肯。其实曹太后不是贪权之人，但英宗对她的漠视与无礼让她越来越没有安全感，她只能紧紧攥着手中的权力，这自然引起了宰相韩琦的不满。

那日，韩琦特地选取了十余件由皇帝裁决的事项交由曹太后复核，曹太后看后赞赏地点了点头。恰在此时，韩琦朝诸位宰执使了个眼色，众人随即心领神会地退了下去。韩琦留下来对曹太后说自己想隐退，曹太后竭力挽留，但这不过是韩琦以退为进之计，他要通过自己不贪恋权力的举动来迫使曹太后交权，此时曹太后才意识到他的真正意图是逼宫。就在曹太后迟疑之际，韩琦厉声吩咐仪鸾司的人速速撤去珠帘。曹太后赶忙站起来快步向殿后走去。由于这一切来得太过突然，珠帘被扯下时，韩琦还能隐隐看见曹太后的衣襟。

和睦的祖孙关系

治平元年（1064年）五月十三日，曹太后亲手写了还政书，她身边的亲信宦官任守忠等人也相继惨遭贬谪。在之前的两宫博弈中，中书门下的官员坚定地站在英宗一边，所以宰相韩琦、曾公亮、参知政事欧阳修等人全都得以留任，直到英宗去世都没有被更换。之前坚定地站在曹太后一边的枢密院官员都遭到了权力清洗，枢密副使吴奎、枢密使富弼、枢密使张昇、枢密副使胡宿相继被罢免。英宗在位期间，他们始终没有机会回朝，可见英宗对他们的成见之深。

就在朝中政局日渐稳定之际，濮议之争致使纷争再起，事情的起因就是英宗亲生父亲名分确定的问题。以翰林学士王珪为首的两制官员认为濮王赵允让是仁宗之兄，英宗应当尊称其为“皇伯”。亲生父亲突然间成了伯伯，这让英宗一时间难以接受，因此在他的授意下，宰相韩琦、参知政事欧阳修提出应当尊奉赵允让为“皇考”，英宗顺势让群臣对两种方案进行讨论，这场持续了十八个月之久的大论战也就此拉开了序幕。

“考”就是父亲之意，既然英宗已经过继给了仁宗，那么他再称呼生父赵允让为父亲显然就不太妥当了，所以韩琦等人提出的方案遭到了朝中绝大多数官员的抵制。曹太后得知后也专门写下手书怒斥韩琦等人胡作非为，台谏官员更是对他们进行了猛烈抨击。自觉理亏的英宗只得下令暂缓讨论，他深知要办成此事必须得到曹太后的支持。

治平三年（1066年）正月二十一日，英宗在垂拱殿与诸位宰执议事，当天韩琦因家中有事而没能参加，但英宗特意派人征召韩琦前来，因为他们今日要讨论之事关系重大。众人商议后决定将濮王赵允让尊奉为“皇”（并不是皇帝），将他的三位夫人谯国夫人王氏、襄国夫人韩氏、仙游县君任氏（英宗的生母）都尊奉为“后”（并不是皇后），皇帝称呼他们为“亲”。

英宗当即命欧阳修草拟了两份诏书，一份自己留下，另一份命人送交曹太后审阅。到了中午时分，曹太后派遣宦官将封好的诏书草稿送至中书门下，韩琦、欧阳修等人迫不及待地打开，看后不禁相视而笑，因为上面赫然盖着曹太后的签押。

曹太后与英宗一向不和，又一直反对他逾越礼制尊崇亲生父母，如今她的态度为什么会有如此大的转变呢？外界对此有着诸多猜测：第一种猜测认为是曹太后醉酒后误签。根据《名臣言行录》的记载，当时曹太后正在天章阁赏桃花，她一边赏花，一边饮酒，渐渐陶醉在花香与酒香间。恰在此时，英宗前来拜见，手中还拿着一封诏书，他恳请曹太后签押。当时曹太后喝得晕晕乎乎，没有细问诏书上究竟写了些什么，稀里糊涂便盖上了自己的印章，等到酒醒后才后悔不已。第二种猜测认为是韩琦、欧阳修等人结交曹太后身边的宦官，最终成功地说服了曹太后。

既然诏书上有了曹太后的签押，那么也就意味着尊崇赵允让夫妇乃是曹太后之意而并非英宗之意，英宗遭遇的阻力自然也就减小了不少。尽管如此，以侍御史知杂事吕诲、侍御史范纯仁、监察御史里行吕大防为代表的台谏官员仍旧强烈反对。正月二十七日，英宗召集宰执研究为亲生父亲赵允让举行典礼之事，韩琦进呈了吕诲等人的奏状，说：“臣等是忠是邪，想必陛下心中有数！”欧阳修附和道：“臣等与御史势难两立，若是陛下以为臣等有罪，自可留下御史。若是陛下认为臣等为无罪，那么就下旨吧！”

台谏官享有进谏的权力，若是因为进谏而遭受惩处，英宗势必遭受世人唾弃，但韩琦与欧阳修刚刚那番话将他逼到了墙角。英宗犹豫许久后才勉强同意了他们的要求，不过告诫他们不要对御史三人贬谪过重。三人随后全都被贬出朝，此事随即在朝野上下引发了更大的争议。

英宗尊崇自己的亲生父母其实是在损害仁宗与曹太后的既得利益，曹太后却无力阻止，只能选择隐忍，不过她很快就等到了云开雾散的那一天。次年，也就是治平四年（1067年）正月初八，年仅三十六岁的英宗病逝，他的长子赵顼顺利即位，史称“宋神宗”。

神宗上台后尊奉曹太后为太皇太后，将她居住的宫殿改名为“庆寿宫”，此后的十二年是曹太后一生中最惬意的时光。她对神宗这个孙子极为疼爱，神宗对这位祖母也极为孝顺，之前一度剑拔弩张的后宫变得上慈下孝，一片和谐。神宗总是想尽各种办法哄祖母开心。祖母出行时，他总会亲密地挽着祖母的胳膊。曹太后对孙子也是慈爱之至，如果孙子退朝稍稍迟了些，她总会来到屏风后等候，还会精心烹饪各式吃食给孙子吃。

某年临近清明节时，神宗随口说了一句：“可惜如今没人会制作珠子鞍鞯了。”曹太后将此事记在心间，派人立即去寻能工巧匠，工匠将一副玉鞍鞯拆解并用珍珠进行装饰，终于制成了神宗心心念念的珠子鞍鞯。神宗得到祖母送给自己的礼物后欣喜不已，当即命人取来自己的小乌马，将爱不释手的珠子鞍鞯安装在这匹马的马背上，迫不及待地跳上了马。

有一次，年事已高的曹太后生了病，神宗为此忧心忡忡。祖母痊愈后，他亲自设计制作了一乘轻便而又精巧的小辇。辇身上装饰有黄金及各种珠玉，他将其献给祖母，还请祖母乘坐此辇去凉殿散心。曹皇后坐在孙子精心制作的小辇上，太后高滔滔在左，神宗在右，她心满意足地说道：“如今官家、太后亲自为老身扶辇，我在曹家时，怎会想到今日会有如此荣宠？”

曹太后与神宗在生活中关系很好，但政见却不尽相同。神宗立志收复被辽国占领的幽云十六州，曹太后听说后却质问他：“粮草辎重都准备好了吗？精兵劲卒都训练好了吗？”神宗说一切都准备好了，但曹太后的脸色依旧阴沉着，说道：“出兵之事事关重大，即便侥幸成功了，受益的也只会是你自己，但若是失败了，受苦的却是广大百姓。若是收复幽云十六州如此容易，太祖和太宗岂不是早就收复了，何需等到今日？”神宗赶忙说自己受教了，自此后便渐渐打消了收复幽云十六州的念头，不过他富国强兵的初心却始终不曾变。他大胆任用王安石推行变法，虽然初衷是好的，但新法在实施过程中出现了诸多问题，以至于很多官员百姓都对新法心存抵触。

从熙宁六年（1073年）秋冬季节至次年三月，中原地区几乎没有下过雨。连年的旱灾致使很多百姓都到了食不果腹的地步，但很多地方官为了完成考核指标，仍逼迫灾民们归还实行青苗法后所欠的本息，若还不上便逼迫他们变卖田产，还会将他们逮捕入狱。在这样的情况下，很多人都被迫背井离乡，踏上了逃亡之路。

一日，神宗与弟弟岐王赵颢一同来到曹太后居住的庆寿宫请安。曹太后说：“我听说青苗法和募役法使得百姓叫苦不迭，不知陛下能否顺应民意将其废除？”

神宗冷着脸说：“青苗法与募役法是让百姓受益之法，并非让百姓遭罪之法！”

见神宗的态度如此坚决，曹太后只得采取迂回策略，道：“王安石固然有些才学，可如今恨他的人实在是太多了，如若陛下想保全此人，不如暂且将他放外任，等到风头过了，再将他召回朝中也不迟。”

神宗却说：“如今朝中能够舍身为国者唯有王安石一人！”

见此情形，赵颢赶忙打圆场道：“太皇太后所言极是，陛下不可不思啊！”赵颢原本也是好意，却不慎触怒了神宗，神宗生气地说道：“难道我在败坏天下吗？若真是如此，你自己来当这个皇帝啊！”

三人最终不欢而散，但曹太后不肯就此放弃，向养女高滔滔诉苦求援。《续资治通鉴长编》记载，两人随后一同去找神宗，哭诉道：“王安石变乱天下。”见祖母和母亲哭得如此伤心，神宗也不禁流下泪来。

两位太后反对变法肯定怀有私心。当时曹家和高家很多人都与大商人过从甚密，变法中推行的市易法损害了那些大商人的利益，自然也就间接损害了两家外戚的利益，但她们这么做并非完全出于私心。

王安石变法的初衷固然是好的，也的确取得了一定的积极效果，但在实际执行过程中也遇到了诸多问题。免役法推行后，为了追求政绩，很多地方官逼迫小商小贩们缴纳免役钱，他们若是不交，地方官员就不允许他们经营，个别情绪激动的商贩甚至以死相争。青苗法的利息看似低于民间高利贷，但高利贷利息往往随着市场变化而变化，青苗法的利息却不得擅自更改，有时官吏还会层层加码，所以青苗法的利息有时甚至比高利贷的利息还要高。如果还不上高利贷有时还可以延期，青苗法的利息却必须要按时缴纳。因此，很多地区的百姓对青苗法的热情并不高，但地方官为了完成任务，擅自将自愿贷款变为强制摊派。

正是因为新法在推行过程中走了样，才招致越来越多的反对，曹太后和高太后担心这样下去会让北宋朝廷失去人心，所以才会出面劝阻。神宗无奈之下只得罢免了王安石的宰相职务，但依旧坚定地推行变法。

虽然在政见上的分歧致使神宗与祖母曹太后心生芥蒂，但他们的亲情并未受到太大影响。曹太后病重后，神宗为她遍请天下名医，还大赦天下，指派专人为祖母祈福，但依旧回天乏术。

曹太后已然时日无多，但她仍旧挂念着身陷囹圄的苏轼。元丰二年（1079年）四月二十日，苏轼调任湖州后给神宗呈上《湖州谢上表》，写道：“陛下知其愚不适时，难以追陪新进；察其老不生事，或能牧养小民。”这两句诗竟然给他招来了牢狱之灾，“新进”指的自然是新党人士，“生事”指的是变法，所以御史弹劾他抨击新法。当年七月二十八日，苏轼惨遭逮捕，随后被押往御史台。御史们为了坐实他的罪行，大肆搜罗他写的诗文，想从中找寻抨击新法的内容，企图将他置于死地。曹太后强撑着病体对前来探视她的神宗谈起了一件往事，说当年苏轼兄弟在殿试中脱颖而出，仁宗喜不自禁地说："我为子孙选拔了两员宰相。"

曹太后用虚弱的语气说道："苏轼仅仅因为几句诗文便被投入狱中，显然是有人在故意构陷他。若是此风一开，后果恐怕不堪设想。"

此后不久，曹太后的病情突然加重，一度昏迷不醒。十月二十日，曹太后缓缓睁开惺忪的眼睛，用含糊不清的语气询问今天是哪一日。病榻前的宦官宫女赶忙说是十月二十日。《铁围山丛谈》记载，她听后莫名其妙地说道："只此日去，只此日去，免烦他百官。"说完不久，她便溘然长逝了。十二月二十九日，曹太后去世两个月后，神宗下诏赦免了苏轼的死罪，将其贬为黄州（今湖北省黄冈市）团练副使。

曹太后隐入尘埃后，她的养女高滔滔在政坛上强势崛起。

第三章

改变历史走向的高太后

神宗一生都在推行变法，虽然困难重重，但他始终没有退缩过。他深刻意识到大宋已经危机重重了，可惜上天给他的时间不多了。

元丰八年（1085年）三月初五，三十八岁的神宗驾崩。随着神宗的骤然离去，他毕生为之奋斗的变法大业面临着重大变数。他的儿子赵煦顺利继位，史称“宋哲宗”。哲宗即位时年仅十岁，比仁宗即位时还要小三岁。因此，他的祖母高太后掌握着实权。

早在神宗在世时，高太后便流露出对新法的不满，与曹太后一同逼迫神宗罢免了王安石的宰相职务。垂帘听政之后，高太后大肆任用旧党，全面废除新法，史称“元祐更化”。延续了近半个世纪的惨烈党争就此拉开了帷幕，这场大伤元气的内斗一直延续到了南宋初年。

向左走，向右走

高太后名叫高滔滔，与养母曹皇后一样，均出自败落的勋贵之家。她的曾祖是宋初名将高琼，曾任殿前都指挥使、忠武军节度使，母亲是北宋开国元勋曹彬的孙女，与曹皇后是亲姐妹。不过高滔滔出生时，高家已经日渐没落。

高滔滔四岁时便被曹皇后召入宫内并一直养在自己身旁，她能拥有日后的辉煌得益于曹皇后的悉心栽培。曹皇后起初准备将她进献给仁宗，但仁宗将她指婚给了自己的堂侄赵宗实。仁宗始终没能留下子嗣，在曹皇后的积极运作下，赵宗实被册立为皇子并在仁宗去世后顺利登基，高滔滔也摇身一变成为皇后。高滔滔与养母曹皇后的性格截然不同，曹皇后温顺隐忍，高滔滔却雷厉风行。

英宗病情痊愈后，由于身边没有嫔妃陪伴，刚刚成为太后的曹氏看不下去了，于是召来高滔滔，想劝说她选择一些放心的嫔妃侍奉在英宗身旁。这其实不是什么过分的要求，可高滔滔听后醋意大发，愤愤不平道："太后莫要忘了，我嫁的是十三团练而并非官家！"她的言外之意是，她嫁给赵曙的时候他还没有飞黄腾达，在她的眼里，赵曙只是她的丈夫而不是什么大宋皇帝。

目前史书记载英宗的嫔妃仅有四人，其中两人在英宗在世时仅仅获得外命妇郡君的封号，另外两人获得第一个封号的时间不详，她们极有可能在英宗在世时并无名分。可见英宗的嫔妃不仅数量少得可怜，地位也极其卑微。

高滔滔掌控着英宗的生活，其他嫔妃要想获得英宗的宠幸比登天还难。英宗的四个儿子和四个女儿均为高滔滔所生。英宗因此被誉为大宋最专情的皇帝，其实也是最憋屈的皇帝，始终生活在妻子的阴影之下，却又敢怒而不敢言。

在位不到四年的英宗如同流星般划过历史的夜空，留给历史的更多的是争议而并非功绩，他的儿子神宗因力排众议推行新法面临着更大的非议，因此身为太皇太后的高滔滔面对的其实是一副烂摊子。

元丰八年（1085年）三月初一，宰相和执政们从内东门急匆匆进宫。在宰执队伍中，首相王珪属于新党中的温和派，次相蔡确属于新党中的激进派。在执政队伍中，有门下侍郎章惇、中书侍郎张璪、尚书右丞李清臣，还有知枢密院事韩缜、同知枢密院事安焘，这些人将会左右历史的走向！

高太后端坐在帘子后面，神宗年仅十岁的长子延安郡王赵佣毕恭毕敬地站在帘子前面，显得有些局促不安。王珪等人到来之后，高太后对他们说："这孩子聪明好学，如今已经能够背诵七卷《论语》。难得他还是个孝顺懂事的孩子，自从官家患病以来，他手写了两卷佛经要为父亲祈福。"

高太后随即命人将赵佣所写的佛经展示给众人看，她显然是借此让宰执们认可年幼的赵佣，王珪自然是心领神会，见状赶忙率领众人向高太后道贺。他们随后前去面见奄奄一息的神宗。在他们的恳请之下，神宗同意册立赵佣为太子，下令有关部门认真筹备册立大典，此外还诏命高太后处理军国大事。

未刻（大致相当于如今下午一点至三点），王珪等人再度前来拜见高太后，将神宗的旨意禀告给高太后。高太后听后语重心长地说道："如今太子已立，大事已定，天下事还需卿等用心！"王珪当即表态道："朝廷法度纲纪俱在，臣等怎敢不悉心奉行？"同日，赵佣改名为赵煦。

在正史记载中，哲宗赵煦一直都是高太后心仪的皇位继承人，在他被册立为皇太子的过程中，高太后与首相王珪的功劳最大，但真相恐怕并非如此，后面将对此进行详细介绍。

元丰八年（1085年）三月初五，神宗驾崩。由于哲宗年仅十岁，五十三岁的高太后开启了长达九年的垂帘听政生涯。

神宗改革了官制，废除了宰相公署中书门下及其下属机构，将权力重归尚书、中书、门下三省。宰相头衔“同平章事”、副宰相头衔“参知政事”也一同被废除。自此之后，宰相成为职事官，从原来最多三员减为两员。首相为尚书左仆射（从一品）兼门下侍郎，代行侍中事，称为“左相”；次相为尚书右仆射（从一品）兼中书侍郎，代行中书令事，称为“右相”；副宰相从原来最多三员增至四员，分别是门下侍郎、中书侍郎、尚书左丞、尚书右丞，均为正二品。神宗原本还想裁撤枢密院，打算将其职能并入尚书省下辖的兵部，却因阻力过大而不得不作罢，不过之后几乎不再授予枢密使、枢密副使的职衔，知枢密院事居首，同知枢密院事次之，签书枢密院事又次之。

在垂帘听政之初，朝中宰执几乎都是清一色的新党人士，但他们的政治态度不尽相同。左相王珪、中书侍郎张璪、知枢密院事韩缜、尚书右丞李清臣对自身利益得失看得很重，在很多问题上都会首鼠两端，唯有右相蔡确、门下侍郎章惇、同知枢密院事安焘一直秉承着王安石的精神，坚定地支持新法。

蔡确和章惇并非对新法盲目推崇，而是保持着政治清醒。为了实现拓边西北、经略幽燕的政治蓝图，朝廷在京东路推行榷盐、榷铁、保马等政策，在东南福建地区推行新的盐法与茶法。虽然通过强化国家垄断为对外战争提供了重要战略物资，但一些官员为了自己的升迁不顾当地百姓的死活，强行推行新法，激起民愤。蔡确和章惇已经意识到这些问题并开始着手解决部分新法在执行中出现的问题，比如将为政严苛的京东路都转运使吴居厚贬知庐州（今安徽省合肥市），想借此让更多的人支持新法。

高太后批评过新法，但她并非一开始就想彻底废除新法。她是一个在政治上并没有多少主见的人，极易受到旁人的影响。虽然后人时常将高太后与刘娥相提并论，但其实两人相差甚远。刘娥酷爱阅读文史书籍，对朝廷典制了如指掌。真宗患病后，她开始代为处理朝政，在真宗去世前夕，她还经历过严峻的政治斗争，因此她垂帘听政后处理政事时如鱼得水。虽然时常因为僭越之举而招致朝臣抨击，但她垂帘的那段时间被公认为北宋的黄金时期。高太后在垂帘听政之前并没有什么机会接触政务，如今突然被推到了政治前台，自然有些不知所措。当时朝政虽然被新党牢牢把持着，但朝中斗争并不太激烈，如若高太后能够一如既往地奉行调和路线，或许后面的悲剧就不会发生，北宋的历史也会被改写。

在垂帘听政的次月，高太后便迫不及待地下诏废除了京东路、京西路的保马法。由于传统养马区域大多丧失，北宋一直受马匹短缺问题困扰。为解决这个问题，王安石推出了保马法，鼓励百姓养马，有的是让他们来饲养官马，有的是给百姓钱让他们买马来养，同时减免他们的部分赋税。这项政策原本是基于自愿原则，但在推行过程中出现了强制摊派的现象，因此司马光等旧党人士对这项新法深恶痛绝。高太后此举未免有些操之过急，但此时的她只想罢黜饱受争议的部分新法。其实神宗在执政后期也对新法进行过调整。保马法本就存在较大争议，新党领袖章惇都说过："保甲法、保马法一日不罢便有一日之害。"

根据《续资治通鉴长编》记载，为了消除朝野上下对新法的疑虑，高太后随后以哲宗的名义下诏："其申谕中外，自今已来，协心循理，奉承诏令，以称先帝更易法度、惠安元元之心，敢有弗钦，必底厥罪。仍仰御史台察访弹劾以闻。"这道诏书重申哲宗将会继承神宗变法图强的遗志，谁要是胆敢违反，御史台有权对其进行弹劾。史书普遍认为这道诏书出自蔡确等新党人士之手，但若是没有得到高太后的首肯，这道诏书定然无法发布出去。其实此时的高太后并不想彻底否定新法，仍旧希望通过局部调整来维持国家大政方针的稳定，可惜她随后在司马光的影响下误入歧途。

熙宁四年（1071年），司马光因为坚决反对变法而自请判西京御史台，自此之后他闲居洛阳长达十五年。在此期间，他著书立说，宴饮交游，绝口不提政事。高太后之所以会在垂帘听政之初便想起一直闲居在洛阳的司马光，显然是有宦官助力。

《续资治通鉴长编》记载，哲宗亲政后，蔡京曾经弹劾司马光、刘挚、吕大防“忘先帝厚恩，弃君臣之义……交通中人张茂则、梁惟简、陈衍之徒，躐取高位，快其忿心，尽变先帝已成之法”。张茂则、梁惟简和陈衍是高太后垂帘听政期间最得宠的三个宦官，由于高太后长期居于深宫之中，亲信宦官自然成为她了解宫外世界的重要渠道，这些看似微不足道的宦官有时会对她的决策产生极为重大的影响。

入内内侍省负责机要文件的传递，高太后可以借此绕开进奏院直接沟通内廷与外朝。因此，入内内侍省都知张茂则对高太后至关重要。张茂则原本是曹太后的心腹，当年为了将赵曙册立为皇子，曹太后与重臣富弼等人交往密切，在这中间起到沟通作用的正是张茂则，高太后因此对他格外信任。

熙宁元年（1068年）十一月，神宗委派已经升任入内内侍省副都知的张茂则与翰林学士司马光一道前往河北地区巡视河流防汛情况。北宋朝廷派遣内臣与外臣一同办差是政治惯例，可以收到内外协同、彼此制约的效果。司马光后来因为治水方面的成就而受到世人尊崇，这背后离不开张茂则的支持。

如今张茂则等人举荐司马光等旧党人士入朝其实是为了巩固自身的地位。以是否拥护变法为标准，朝臣分为新党与旧党，宦官也分为新、旧两派。张茂则、梁惟简、陈衍等人要想攫取更大的权力，势必要将在神宗朝混得风生水起并且与新党过从甚密的李宪、王中正、宋用臣、石得等宦官排挤出朝。

司马光在第四任提举崇福宫期满后，本想请求继续留任洛阳，但神宗的驾崩让他生出了回朝的念头，不过目前政治形势尚不明朗，他不免会心生怯意。恰在此时，他听到了孙固、韩维等旧党官员回京任职的消息。在同僚程颢的劝说下，他坚定了回京之心。

根据《续资治通鉴长编》的记载，洛阳百姓听闻司马光将要返回京城开封，纷纷涌上街头，聚集在司马光的马前，高声呼喊道：“司马公不要再回洛阳了，留在开封辅佐天子，这样才能让百姓活下去！”这件事杜撰的色彩很浓，无非是想说明司马光在洛阳百姓中享有崇高威望，即便真有此事，也是有人在暗中策划，为的就是为司马光造势。不管此事是真是假，高太后听闻此事后对司马光刮目相看。她派遣亲信宦官梁惟简专程慰劳他，很快又安排司马光知陈州，还要求他在赴任途中前来开封朝见自己。

元丰八年（1085年）三月，司马光给朝廷上《乞开言路疏》，他借此鼓励那些惨遭贬谪的旧党人士积极进谏，进而得到高太后的垂青，同时通过指斥新法施行后的种种弊端劝说高太后罢停新法，但是他的主张并未引起太大的政治反响。

司马光来到开封后并未前去朝见高太后，只是给高太后上书道：“岂独微臣之幸，抑亦天下之幸。”他希望不仅仅是自己而是更多的人，不管是有官职的，还是没有官职的，都能因勇于上书言事而得到高太后与皇帝的召见。淡泊名利的司马光让高太后对他愈加敬重。

五月十八日，六十七岁的左相王珪病逝，高太后本可以趁机更易宰执，但立足未稳的她还不敢公然与新党彻底决裂，只是小心翼翼地对宰执这个枢臣群体进行了微调。八天后，右相蔡确按照政治惯例升任左相，知枢密院事韩缜接任右相，门下侍郎章惇知枢密院事。在上述任命正式宣布之前，高太后询问过蔡确对右相继任人选的意见，虽然蔡确心中的理想人选是章惇，但他小心谨慎地说道：“如果按照政治排序，当由知枢密院事韩缜升任右相，但若是按照祖宗故事，东厅参政最合适！”

“祖宗故事”自然指的是选贤任能，但谁最贤能，却仁者见仁智者见智。高太后听后道：“还是按照政治排序依次升迁为好！”这其实只是高太后的说辞而已。韩缜事后被人揭发“交结张茂则、梁惟简以取宰相”。亲信宦官对高太后的影响自然很大，但高太后也想利用韩缜来钳制蔡确，因为韩缜出身名门，他的父亲韩亿为真宗朝参知政事，哥哥韩绛为神宗朝宰相。韩缜拜相后也正如高太后所愿竭力向旧党靠拢。

王珪的去世无疑给司马光带来了宝贵的政治机遇，他还没有来得及前往陈州赴任便被高太后火速提拔为门下侍郎。司马光却上表请辞，恳请高太后让他依旧前往陈州任职，而这不过是他的欲擒故纵之计罢了。

高太后赶忙派遣中使梁惟简给司马光送去手诏："再降诏开言路，须卿供职施行。"她承诺继续广开言路。司马光之所以对此事如此看重，是因为只有给那些反对新法的人一个宣泄控诉的机会，才能为接下来废除新法奠定坚实的舆论基础。高太后对此看得很清楚，于是便以此为条件要求司马光尽快履职。高太后将司马光当作自己的关键棋子，想通过他来撬动整个朝局。在四名副宰相之中，门下侍郎的政治地位最高，这为司马光接下来升任宰相做好了铺垫。

司马光是变法的坚定反对者。神宗去世不久，他便向朝廷进呈《乞去新法之病民伤国者疏》，认为新法"名为忧民，其实病民；名为益国，其实伤国"。他对新法没有丝毫的好感，自然也就不会体念神宗与王安石推行变法的初心与苦衷。在司马光的一再鼓动之下，高太后再次下诏鼓励朝野上下直言朝政阙失、民间疾苦。仅仅在当年七月间，抨击新法的人便多达数千，新党人士愈加真切地感受到危机即将来临。

在征召司马光的同时，高太后还征召了另外一位在旧党中颇有威望的人士——吕公著。元丰八年（1085年）六月二十一日，高太后如愿见到了吕公著。吕公著上奏了十件关乎朝政的大事，高太后看后颇为认同，称赞他忠勇可嘉，鼓励他继续上书言事。

这次会面后不久，也就是七月初六，高太后便任用吕公著为尚书左丞。随着两位旧党领袖相继成为执政，朝局发生了有利于旧党的重大变化。吕公著不同于司马光，他与新党领袖王安石私交颇深，王安石对他也颇为器重，曾经满怀赞赏地说："如若吕公著当了宰相，我们便可以安心退休了。"吕公著虽然也反对新法，但他并不像司马光那样全盘否定新法。

吕公著曾经进呈《论更张新法当需有术疏》，他认为新法内容众多，利弊优劣不可一概而论，况且新法已实施多年，百姓对其已经逐渐适应，如今最稳妥的办法就是对新法举措逐一分析利弊。如果是有百害而无一利，那么就果断废除；如若是利弊参半，只需对其中的弊端加以改正即可，不仅不能对新法一概而论，还不可在存废新法的问题上操之过急。

司马光与吕公著同为旧党，却分属激进派与温和派，如若高太后能更多地采纳吕公著的意见，或许她还不至于一步步走向新党的对立面，但是司马光对高太后的政治影响力远远超过吕公著，这也成为北宋不幸的开端。

风云再起

由于北宋的台谏官拥有极大的权力，高太后要想彻底掌控朝政，除了将司马光和吕公著安插进宰执群体之外，还需要任命旧党人士为台谏官，但她的这一系列政治操作引起了新党人士的警觉。

元丰八年（1085年）十月，高太后打算将知庆州范纯仁提拔为左谏议大夫，将知虔州唐淑问提拔为左司谏，将朝奉郎朱光庭提拔为左正言，将校书郎苏辙提拔为右司谏，将正字范祖禹提拔为右正言。按照惯例，任用谏官需要由两制官员进行荐举，由宰执进呈拟任用人员名单，然后再从名单中挑选合适的人员，但高太后却绕过宰执自行选拔任用谏官，新党人士当然不会答应。

当高太后征求诸位宰执的意见时，章惇愤愤不平地说道："臣不知您从何处得知了这五个人，恐怕是您身边的人推荐的吧？这显然有违程序，此风万万不可长！"

高太后阴沉着脸说道："这五人皆是大臣们推荐的，并非老身左右举荐的！"

章惇仍旧不依不饶地说道："如若真是大臣们举荐的，您为何不直接告诉诸位是何人举荐呢？"

高太后被章惇呛得无话可说，章惇继续抨击道："台谏官负责纠察宰执的不法之事，按照政治惯例，宰执任命之初，无论是他们的亲戚，还是之前被他们举荐之人，若是已担任台谏官，都要调整到其他职位。如今皇帝尚年幼，太皇太后垂帘听政，就应当遵循惯例，不可违背祖宗之法。"章惇的话指向性极为明确。吕公著平日里与范祖禹关系比较好，韩缜、司马光与范纯仁走动频繁，司马光时常以祖宗之法来抨击新法，章惇如今便以其人之道还治其人之身。

司马光自然不肯轻易就范，高声道："纯仁和祖禹出任谏官乃是众望所归，如若臣阻碍了朝廷选贤任能，臣恳请辞职。"

辞职是宋朝宰执要挟他人常用的手段，章惇不为所动地说道："韩缜、司马光和吕公著自然不会怀有私心，但他日万一奸臣执政，也以此为例，提拔自己的亲信至台谏之位，蒙蔽圣听，后果恐怕不堪设想！"

高太后只得妥协，原本应当出任左谏议大夫的范纯仁改任天章阁待制，原本应当出任右正言的范祖禹改任著作佐郎，其他三人因与宰执并无太过亲密的关系，仍旧出任台谏官。

这是哲宗即位后新、旧两党爆发的第一次激烈冲突，一向敢想敢干的章惇冲在了最前线，这也让高太后不得不有所收敛。身为新党领袖的蔡确在这场斗争中毫无作为，因为此时的他身陷政治危机而无法自拔。

神宗的陵墓修建完毕后，蔡确于元丰八年（1085年）十月初六护送先帝灵柩离开开封城，将其风风光光地安葬在陵墓之中。可就在他如释重负之际，那些旧党的台谏官却向他发动了进攻。

按照之前发布的诏令，诸位宰执以及负责葬礼事务的诸使当天都要在中书省值夜。侍御史刘挚抨击蔡确在灵车出发前的那天晚上没有留宿在中书省，不过蔡确辩称自己并非故意违抗诏令，尚书、门下两省设在皇宫之外，唯独中书省设在皇宫之内，宫门一旦关闭，照例不会再开启，由于他当晚去得有些迟，被挡在了宫门之外，但旧党人士根本不听他的任何解释，依旧恳请朝廷罢免他。

见高太后迟迟没有动作，刘挚接连上表弹劾，大有不罢免蔡确誓不罢休的架势。后来他又出面揭发，说当晚负责守卫宫门的士卒之所以没有放行，是因为蔡确准备携带其他人一同入宫，在未能如愿之后，他一怒之下扬长而去。刚刚履新的左正言朱光庭也将攻击的矛头对准了蔡确。朱光庭认为蔡确为神宗送葬理应如同人子护送慈父，寸步不离地守护在神宗的灵柩周围，但蔡确却先行骑马前往数十里外的驿站休息，对于灵车不管不顾。

这些弹劾让蔡确感到很是不安，于是屡次向朝廷递交辞呈，高太后却对他予以挽留。恰在此时，原本同为新党阵营的右相韩缜也对他落井下石。韩缜说蔡确时常在旁人面前吹嘘自己有所谓的定策之功，也就是宣称自己有拥戴年幼的哲宗顺利登基的功劳。这是高太后此生最忌讳的话题，蔡确最终惨死岭南便与此有着莫大的关联。

韩缜为了升任首相，处处与蔡确作对。葬礼结束后，蔡确照例请求高太后为自己的下属升官，想提拔高遵惠为待制、张璡为郎官、韩宗文为馆职。高太后征求韩缜意见时，韩缜坚决反对，说："高遵惠是太皇太后的族人，张璡是中书侍郎张璪的弟弟，韩宗文是臣的侄子，臣担心天下人会误以为我们偏袒亲属。"可见，韩缜宁肯牺牲侄子的利益也要与蔡确作对，彰显自己在朝中的话语权。

蔡确自此之后在政治上几乎无所作为，章惇却不似他那么谨慎，或许他早就看清了形势，既然朝中已然换了天，那么他无论怎么做恐怕都难逃被贬谪的命运。

见章惇如此活跃，监察御史王岩叟上书抨击他，说当初宰执们商议太皇太后垂帘听政的仪制，章惇竟然对众人说："待与些礼数。"当时王岩叟并不在现场，旧党领袖司马光和吕公著也还不是宰执，所以他要么是道听途说，要么就是新党中有人故意给他透露了消息。

王岩叟为高太后打抱不平道："您是先帝之母，当今陛下之祖母，可谓尊贵之极！您垂帘听政乃是奉先帝遗诏，况且此乃我朝惯例，我们这些做臣子的理应尊奉，岂能凭借个人喜好行事！”高太后对此隐忍不发，但对章惇的不满之情在心中积攒着。

在司马光的建议下，朝廷专门设置了看详诉理所，为那些在神宗在世时因反对新法而遭到惩处的官员恢复名誉和官职，这些人复职后自然会仇视新党，拥戴旧党。

以司马光、吕公著为首的旧党通过一系列操作，在不到一年的时间内便迅速攫取了朝廷权柄，贬谪了新党党首，安插了台谏官员，壮大了支持力量，操控了社会舆论，彻底废除新法只是时间问题了。

《论语·学而篇》记载：“三年无改于父之道，可谓孝矣。”也就是父母过世后，子女依旧要坚持父母生前固有的行为之道而不得随意变更，这才是孝道。孔子的这句话屡屡被新党人士引用，他们认为，神宗终其一生都在追求变法图强，如今他尸骨未寒，朝廷绝不能随意变更新法。司马光对这种论调嗤之以鼻，他认为无害于民、无损于国的事情，自然不必急着更改，但若是祸国殃民之举，朝廷又岂能坐视不管呢?

高太后也对外宣称神宗临终前就已经意识到新法的弊端，但还没有来得及更改便去世了，如今她支持旧党罢新法其实是在继承儿子的遗志，但这种说法很难被人所认同，所以旧党人士很快便抛出另外一个理论，即最终能拍板决定废除新法的是高太后而并非哲宗，也就是说这并非“子改父”而是“母改子”，在礼法上完全说得通。

司马光最痛恨免役法，免役法又称募役法，这项新法耗费了神宗很多心血。从秦朝开始，农民每年都要服徭役，也就是免费为官府劳动一段时间。官府的活不能没人去做，徭役也的确会耽误农民劳作，为了解决这个矛盾，王安石推行了免役法，农民可以选择交钱来代替服徭役，官府再用这些钱来雇人。免役法的初衷是为了发展农业生产，增加政府财政收入，那些原本享有免役特权的大官僚、大地主如今也需要缴纳免役钱，原来不用负担徭役的女户（没有男子的家庭）、寺观也要缴纳相当于正常数额一半的役钱，称为“助役钱”。这些利益受损的群体自然会激烈地反对新法。农民原本是既得利益者，官府允许他们自由选择，但由于免役法实施得过于仓促，出现了一系列的弊端，比如一些地方官为了在短时间内获得政绩，强迫辖区内百姓一律缴纳免役钱，致使这项政策变了味。

无论是之前实行的差役法，还是后来实行的免役法，都有着各自的优缺点，但免役法毕竟已经实行了很多年，当下最稳妥的办法自然是在保持政策稳定的前提下革除执行过程中的弊端，但对新法充满政治偏见的司马光力主废除，于是上了《乞罢免役行差役事札子》。

在免役法存废的关键时刻，蔡确、章惇等新党人士上书表示反对，遭到那些担任台谏官的旧党人士的抨击，监察御史王岩叟指斥两人为“奸臣之杰”。忠奸势不两立也就此成为他们攻击政敌最常用同时也是最强有力的武器。自此之后，无论哪一方掌权都会将另一方指斥为奸臣，并将其贬谪出朝。

就在旧党人士逐渐占据主动之际，身体每况愈下的司马光萌生了退意，他恳请朝廷授予自己宫观官之职，然而此时正倚重他的高太后自然不会同意。从正月二十一日开始，他便开始请病假，连续请了四个月。他在家养病期间，朝中政局发生了重大变化，新党遭遇了前所未有的政治危机，旧党也迎来了属于自己的高光时刻。

元祐元年（1086年）闰二月初二，四面楚歌的蔡确被高太后罢免了宰相职务，以观文殿大学士（从二品）出知陈州，高太后还对外宣称是他主动请辞的，算是让他体面离朝。

蔡确被贬后，章惇只得独自苦苦支撑。其实章惇是新党中难得的清醒派，他曾经对同僚说：“免役法当年施行速度过快，所以才会有今日之弊，如今贸然用原来的差役法来代替免役法，势必会引发新的问题，应当慎之又慎！”

章惇因为免役法与旧党人士在帘前激烈争辩起来，道理有时越辩越明晰，但有时越辩越模糊，因为双方在意的不再是是非而是得失。只有彻底否定新法，才能彻底打倒新党。等到哲宗亲政之后，章惇也以其人之道还治其人之身。

此时的章惇对旧党的所作所为无法接受，他咆哮道：“他日安能奉陪吃剑。”生性要强的章惇之所以不惜通过公然诅咒的方式来发泄心中不满，是因为他已经预见到政策剧烈变动给大宋带来的影响。在他的眼中，那些即将把大宋推入万劫不复深渊的人都罪该万死，他不愿为这些人陪葬。

端坐在珠帘之后的高太后还从未见过如此肆无忌惮的人，顿时勃然大怒。闰二月二十三日，蔡确被罢相二十一天之后，章惇以正议大夫（从三品）出知郑州。无论是蔡确还是章惇，其实都算是体面离朝。蔡确从从一品降为从二品，章惇从正二品降为从三品，虽然品级略有降低，但俸禄并未受到太大影响。

司马光一直都在休病假，但高太后仍旧对他寄予厚望，特地将他提拔为左相。已到暮年的司马光担忧自己的身体吃不消，想当面向高太后请辞，但高太后始终没有见他，还不断派遣使者催促他尽快上任。旧党另一位领袖吕公著接替司马光出任门下侍郎，高太后显然不想让他止步于此。四月初二，高太后罢免了韩缜的右相之职，让他出知颍昌府（今河南省许昌市），吕公著顺势升任右相。高太后还任命反对变法的老臣文彦博为太师、平章军国重事，此职位虽然实权不及宰相，但政治地位在宰相之上。自此之后，旧党人士彻底把持朝政。

在以司马光为首的旧党影响之下，高太后渐渐放弃了之前折中调和的想法，决定全面废除新法，政策的剧烈变动让很多官员无所适从，本就矛盾重重的新党与旧党就此不共戴天，从政策之争变为意气之争，进而演变为惨烈的权力之争。

韩缜罢相四天后，六十六岁的王安石病逝于钟山。王安石对神宗亦师亦友，还曾被神宗尊奉为“臣师”，不过他执拗的性格让他与神宗心生芥蒂，以至于在人生的最后十年，他一直闲居在江宁府。更让他难以接受的是，在生命的最后时刻，他不得不眼睁睁地看着自己当年推行的新法被全部废除。

听闻王安石的死讯后，司马光深感惋惜，他认为王安石有许多过人之处，只可惜两人政见不同。由于司马光当时还在休病假，他特地派人转告主持朝政的吕公著，朝廷应该在王安石死后给予其相应的褒奖。高太后对此也表示认同，于是追赠王安石为太傅。

高太后能够在新党的围追堵截中突围而出，说明她绝非寻常女子，她在很多事情的处理上很是得体。群臣给高太后上尊号时，有人提出参照刘娥上尊号时的流程，在文德殿举行仪式。当年刘娥中意的其实是正殿天安殿，但迫于重重阻力不得不改在偏殿文德殿，即便如此仍旧有违礼制。高太后不愿落下僭越的坏名声，于是命翰林学士撰写诏书专门申明此事。这份诏书由大才子苏轼负责起草，他早就看不惯刘娥当年的所作所为，草拟的诏书中透着贬斥之意。高太后看了诏书后，不禁眉头紧锁。刘娥毕竟是她的长辈，即便有什么僭越之举，她也不愿公开宣扬，于是命人重新撰写诏书，说她自己德行浅薄，比不得前人。通过贬损自己来维护长辈，此举让她得到了世人的称颂。

高太后是女子中的佼佼者，但她毕竟长期居于深宫之中，没有太多处理国事的经验，于是格外倚重司马光等人。司马光的人品与学识历来被后人称颂，但他的战略眼光与政治智慧往往遭人诟病。

神宗在位后期想检验一下自己多年来推行变法的成果，于是趁着西夏内乱之际对其发动了大规模战争，最终铩羽而归。然而，在这场战争中，神宗攻占了葭芦、米脂、浮图、安疆四寨。如今免役法等一系列新法均遭废除，朝廷财政收入锐减，有限的财力难以继续维持这些边塞堡寨的正常运转。

元祐元年（1086年）五月十二日，司马光的病情稍稍有所好转，他拖着病体上朝主持政务。司马光认为四寨孤悬在外，内地难以对其进行治理，当地土地颇为贫瘠，难以守御，宋得之无利，西夏失之为害。为了修复与西夏的关系，他主张将神宗用兵以来所得的西夏旧地悉数归还西夏。除了吕大防等极个别人外，旧党人士普遍主张通过割地来换取和平，只是割让区域不尽相同而已。

高太后一向对司马光言听计从，在此事上自然也不例外。然而毕竟事关重大，她迟迟没有下定决心，但年事已高的司马光已然撑不住了。九月初一，六十八岁的司马光因病去世。他从回朝到去世仅仅过了一年多的时间，却为高太后将近九年的垂帘听政生涯定下了政治基调，也为日后惨烈的党争种下了祸根。

得知司马光的死讯后，高太后悲痛欲绝，与哲宗前往他的府邸进行祭奠，追赠他为太师、温国公。在高太后的要求下，哲宗还特地赐给他一块名为“忠清粹德”的石碑。不过等到亲政后，哲宗却削去了司马光一切官爵，还特地命人推倒了这块自己当年赐给他的石碑。

元祐五年（1090年）二月，高太后正式将葭芦、米脂、浮图、安疆四寨归还西夏，但她希望看到的和平局面并没能到来。仅仅四个月后，西夏人便大举进攻北宋。高太后不仅不进行反省，反而因对西夏人心存畏惧而继续奉行妥协退让的政策。鄜延路都监李仪因抗击西夏而牺牲，不仅没能得到褒奖，反而因为抗旨被贬职。高太后的不抵抗政策让北宋军心涣散，士兵无心御敌，原有的战略优势荡然无存。

没有硝烟的战争

高太后重用旧党人士推行“元祐更化”，但她还没有决定对新党进行权力清洗，仍在试图调和新、旧两党之间的矛盾，她希望新党中的温和派能够为己所用，从而维系朝中的权力平衡。

元祐元年（1086年）闰二月十八日，蔡确被罢免十二天后，高太后将李清臣从尚书右丞提拔为尚书左丞。李清臣是新党人士，他的地位不及蔡确和章惇那样显赫，又一直奉行温和路线，所以与旧党人士的冲突较少，他的这次升迁并未引起旧党人士太大的反应。

闰二月二十七日，也就是门下侍郎章惇被贬四天之后，高太后将属于新党阵营的同知枢密院事安焘升为知枢密院事。安焘不同于李清臣，李清臣的升迁只是政治地位的提升，品级没有变化，权力也没有太大变化，但安焘从枢密院的副职升为正职之后，权力陡增，关键是他还曾公开支持章惇，反对司马光废除免役法，因此这项任命迅速在朝野间引起轩然大波。

旧党人士纷纷要求门下省封驳这道诏书，要求尚书省拒绝执行这道诏书。此时的高太后还不想彻底与新党为敌，所以才会对他们有贬有升，打算借此来分化瓦解新党，但旧党人士对此却并不认同。为了自身利益，旧党人士自然想要借机将新党人士一网打尽，彻底消除来自新党的政治威胁。

已经升任御史中丞的刘挚联合右司谏苏辙等旧党的台谏官，几乎每天都会上书朝廷攻击安焘，高太后不胜其扰，安焘也不得不面临空前的政治压力，接连向朝廷递交辞呈。

三月十五日，上任还不到一个月的安焘被降为同知枢密院事，但朝廷准予他的班位位居尚书左丞李清臣之上。这次人事任免的失败让高太后的威信大为受损，不敢再轻易任用新党人士，但她并没有彻底放弃调和路线。六月二十八日，在吕公著的提议下，高太后以哲宗的名义下诏："应今日以前有涉此事状者，一切不问，言者勿复弹劾，有司毋得施行，各俾自新，同归美俗。"这无疑是一道责令两党停战的诏书，但如今大权在握的旧党人士又岂肯善罢甘休？

旧党并非一个真正意义上的政治派别，只是反对变法的官员的泛称。在旧党人士中，德高望重的吕公著有着很大的政治影响力，但他要想将自己的意志推行下去依旧很艰难，很多旧党人士执意要将新党斩尽杀绝。七月十一日，高太后迫于巨大的政治压力，只得对上个月颁布的诏书进行了修改，删去了"言者勿复弹劾"这句至关重要的话，这道原本意在消弭党争的诏书最终沦为一纸空文，对新党清算也未就此停止。

当年九月，中书侍郎张璪被贬知郑州。次年四月，尚书左丞李清臣被贬知河阳，唯有安焘一直被高太后青睐，后来再度被提拔为知枢密院事。到了元祐四年（1089年）七月，安焘因母亲去世被迫丁忧回家。至此，宰执中已经彻底没有了新党的身影，这也让新党领袖蔡确的处境变得愈加凶险。

元祐二年（1086年）二月十五日，右谏议大夫梁焘控告蔡确的弟弟军器少监蔡硕盗用官钱。说蔡硕以制造兵器为名向朝廷申请了二十万贯钱，为了掌控这笔巨款，蔡硕特地举荐下属窦长裕、刘仲昕负责采买事宜。工部对此提出过异议，认为应当由吏部选派合适的官员负责此事，但当时身为宰相的蔡确蓄意袒护弟弟，最终导致蔡硕伙同窦长裕、刘仲昕等人大肆贪污的事情发生。梁焘如今翻出这件陈年旧事，恳请朝廷严惩蔡确兄弟。

次日，高太后以哲宗名义下诏将蔡确落职，也就是免去他观文殿大学士之职，将其贬知亳州（今安徽省亳州市），但梁焘认为朝廷对他惩处太轻，难以起到以儆效尤的效果。两天后，未及前往亳州赴任的蔡确被贬知安州（今湖北省安陆市）。安州也成为蔡确一生的伤心地。在游览安州车盖亭时，蔡确一时心血来潮写下了十首《夏中登车盖亭》，正是这十首诗给他招来了大祸，将他逼上了绝路，这一切皆是拜旧相识吴处厚所赐。

《宋史》记载蔡确早年追随吴处厚学习如何作赋，但《挥麈三录》记载蔡确闲居陈州期间向陈州通判郑獬学赋。郑獬是皇祐五年（1053年）进士科状元，吴处厚与郑獬同一年进士及第，前来拜访郑獬时结识了蔡确。蔡确当上宰相后，吴处厚便想凭借昔日情分获得高官厚禄，但蔡确并不认可他的才干，迟迟没有向朝廷举荐他。后来在王珪的举荐下，吴处厚才得以出任大理寺丞，自此之后他便投靠了王珪。

在新党中，御史中丞舒亶是一个惯于清除异己的狠角色，朝中官员大都对他畏惧三分，唯独尚书左丞王安礼敢于与他抗争，两人也不断交恶，互相攻讦。神宗一怒之下命大理寺同时对两人进行调查，身为大理寺丞的吴处厚深知王安礼与王珪过从甚密，于是便指控舒亶擅自盗用官烛。

见好友舒亶处境堪忧，蔡确暗中派人向吴处厚打招呼，希望他高抬贵手，不料却遭到了吴处厚的断然拒绝。蔡确自此之后便对吴处厚恨之入骨，想将他逐出朝廷，却一直都未能如愿。王珪奏请神宗授予吴处厚馆职时，蔡确说吴处厚是个反复无常的小人，吴处厚最终无缘馆职。王珪去世后，独掌大权的蔡确将吴处厚排挤出朝，他先知通利军（今河南省鹤壁市浚县），后知汉阳军（今湖北省武汉市汉阳区）。蔡确前往安州赴任后，州内驻扎有静江卒，原本应当换防到汉阳军，但他出面进行阻拦。吴处厚得知后新仇旧恨一起涌上心头，决意报复蔡确，又一时找不到合适的机会。

恰在此时，一位来自安州的举人吴某到汉阳贩米，县令陈当负责和籴之事，和籴就是政府强制收购民间粮食的官买制度。吴举人拜谒陈当时送给了他一本蔡确的诗集，其中就有十首《夏中登车盖亭》。陈当因忙于政务便将这本诗集放在自己的怀袖之中，打算等到闲暇时再拿出来读。

当晚，吴处厚在秋兴亭饮酒作乐，请陈当前来同饮，陈当赶来后解下衣带，准备与他痛饮一番，但吴处厚盯着他的怀袖问道："这似乎是一本书？"陈当赶忙道："此乃一个举人赠送给在下的蔡相的诗集。"

吴处厚听后一惊，当即便要过来翻看，当他翻到蔡确所作十首《夏中登车盖亭》时，顿觉如获至宝。其中一首诗是这样写的：

矫矫名臣郝甑山，
忠言直节上元间。
钓台芜没知何处？
叹息思公俯碧湾。

郝甑山是指唐朝名臣郝处俊，因曾被封为甑山公，所以被后世尊称为"郝甑山"。蔡确一时兴起思古幽情，写一首咏怀当地名人的诗句再正常不过了，但吴处厚认为他居心叵测。郝处俊曾经劝谏唐高宗不要将朝政交由皇后武则天处置，因此吴处厚认定蔡确是在用武则天来影射高太后，通过歌颂反对女人干政的郝处俊来抨击垂帘听政的高太后，他认为如此解释定然能引起高太后的重视。

蔡确在另外一首诗中写道：

纸屏石枕竹方床，
手倦抛书午梦长。
睡起莞然成独笑，
数声渔唱在沧浪。

蔡确这首诗描绘的是他出游时懒散闲适的生活，但吴处厚认为“独笑”实则是在嘲笑朝廷。

当年为了打压苏轼，新党就搞过文字狱，旧党人士原本对此嗤之以鼻，如今吴处厚却效仿之。因此，很多旧党人士并不认同他的所作所为，即便是与蔡确有宿怨的高太后一开始都不以为意。不过高太后也不想就此不了了之，于是让宰执们商议如何惩处蔡确，此时朝中宰执组成已经发生了很大的变化。

元祐三年（1088年）四月初五，由于年事已高的右相吕公著一再递交辞呈，高太后只能免去了他的右相职务，命吕大防、范纯仁分任左、右相。次年二月初三，七十二岁的吕公著便病逝了。随着两位旧党领袖的先后过世，属于吕大防的时代到来了。王安石变法期间，吕大防一直在州府充任主官，与新党人士并无太大恩怨。他出身寒门却能位至宰相，自然对不遗余力提携自己的高太后颇为感激，所以总会习惯性地与她在政治上保持一致。与吕大防共同执政的范纯仁是一代名臣范仲淹之子，也属于旧党，但他有着自己的是非判断，没有被党派纷争蒙蔽双眼，他始终认为蔡确无罪，是吴处厚在借机报复。

恰在此时，一个人的出现让高太后的态度发生了惊天变化。此人就是集贤殿修撰、知潞州梁焘，他恰巧被召回朝中担任左谏议大夫。路过河阳时，他与邢恕、司马康等人在一起宴饮。邢恕在席间提起了蔡确的策立之功，认为他这样的社稷之臣不应被长期贬谪在外。邢恕不会想到自己这番溢美之言后续竟然害得蔡确客死岭南，因为高太后最忌讳旁人自诩有定策之功，尤其是素来与她不睦的蔡确。

梁焘回京后，将酒席上邢恕的那番话添油加醋地禀告给高太后，高太后听后勃然大怒。

高太后当着诸位宰执的面询问当时的情景。梁焘将邢恕之言当众说了一遍，还说司马康可以为他作证。众人将关注的目光投向了司马康，可司马康却说自己并没有听到。梁焘有些急了，高声道：“就在我们喝第三杯酒的时候，你可曾想起来了？”司马康却推说：“我当时饥肠辘辘，正忙着喝肚羹，没听见你们在说些什么！”但他的矢口否认没能平息高太后心中的怒火。高太后责令安州当地官员搜集更多的罪证，尤其是要找到十首《夏中登车盖亭》的原稿，因为她知道仅凭那本诗集便给蔡确治罪恐怕难以服众。

安州的官员上奏说蔡确原本将那十首诗写在一块木牌上，不过他后来前往邓州赴任时派人折回来取走了那块木牌，洗去了上面的文字，然后将那块木牌归还公使库。没有了最关键的证据，高太后仍旧不肯善罢甘休。

元祐四年（1089）五月初二，高太后告诉诸位宰执蔡确还有很多党羽在朝中，右相范纯仁认为当下朝中并无蔡确的党羽，左相吕大防对他的说法予以反驳，还得到了中书侍郎的刘挚的声援。高太后看了看太师、平章军国重事文彦博，不悦地说道："如今蔡确之事竟然无人管，若司马光还在，势必不会如此！"高太后的盛怒让文彦博等人惶恐不安，以至于当日宰执们都不敢向宫内进呈奏章。此事仅仅十天后，惩处蔡确的诏书便正式下达了。

元祐四年（1089年）五月十二日，蔡确被贬为左中散大夫（从五品）、守光禄卿（从四品）、分司南京，他从地方大员沦为有职无权的虚职，品级也从贬谪之初的从二品降为从五品，可谓断崖式降职。尽管如此，左谏议大夫梁焘等人仍旧认为对他的贬谪太轻，上书恳请朝廷重新考虑对他的惩处，朝中一时间充斥着要求严惩蔡确的声音。高太后顺势与诸位宰执再度商议此事，范纯仁据理力争道："如今乃是圣朝，理应对朝臣宽容相待，不能仅仅因为几句意思含混不清的诗句便肆意贬谪大臣，一旦有此开端，其他人势必纷纷效仿，后果恐怕不堪设想！"

五月十八日，也就是蔡确被贬六天后，高太后召集宰执议事，以不容置疑的口吻说："蔡确罪大恶极，应当责授英州（今广东省英德市）别驾，安置在新州（今广东省云浮市新兴县）。"

宰执们听后面面相觑，无论是一贯逢迎高太后的吕大防，还是一向与蔡确为敌的刘挚，都认为此举太过了些。他们纷纷劝阻，说蔡确的母亲年事已高，前往新州的路途遥远难行，环境又复杂恶劣，恳请高太后不要将蔡确贬往岭南。

高太后听后不悦地说道："山可移，此州不可移。"见她的态度竟如此坚决，吕大防和刘挚随即识趣地闭上了嘴，唯独范纯仁不死心，还想再争取一下。众人奏事完毕退下后，范纯仁单独留了下来，竭力劝说高太后，但他的坚持触怒了高太后。次月，范纯仁被罢相后知颍昌府。

诏命发布之后，高太后担心蔡确会抗命，特地诏令宦官裴彦臣与外朝官马经一同押送蔡确前去上任。高太后还特意叮嘱他们，如若蔡确在沿途称病，那么就调集递铺（水陆交通沿线所设传递公文的机构）中的士卒，用兜轿抬着他前往新州。

高太后如此苛待前朝宰相，迅速引起了朝野间的巨大非议。高太后询问宰相吕大防外界对此事的看法，吕大防不便如实禀报，只得说："蔡确实属罪有应得，不过他的同党一直对此耿耿于怀！"

高太后专门召集三省与枢密院的高级官员，特地对贬谪蔡确之事进行说明，指责蔡确公然对外宣称自己有定策大功，说他借此来迷惑年幼的皇帝，以求东山再起。她越说越气愤，高声道："何以独更有定策功耶？此人他时若令再来，皇帝年少，如何制他？"慑于高太后的权势，几乎没人敢在她的面前为蔡确鸣冤叫屈，但其实很多人对她的所作所为心存不满。高太后亲手提拔的知枢密院事安焘迟迟不肯签发枢密院记录的"亲闻圣语"，也就是哲宗和高太后对一些重大问题的指示。可见安焘并不认可高太后蓄意抬高自己、贬损蔡确的做法，不过他也不敢公然触怒行事狠辣的高太后，只得通过消极怠工来进行无声的反抗。

在被贬新州四年后，蔡确在偏远之地孤独地死去。吴处厚起初因为弹劾有功而知卫州，但他很快便遭到士大夫们的抨击与谩骂，不久也郁郁而终。两位当事人都已故去，但关于蔡确是否有定策之功的争论并未就此平息，反而出现了戏剧性的反转。

哲宗亲政后为蔡确昭雪，还将其追赠为太师，特地命人将草草葬在新州的蔡确风风光光地重葬。在宰相蔡京的恳请下，徽宗更是手书"元丰受遗定策殊勋宰相蔡确之墓”赏赐给蔡家，还追封他为清源郡王，从官方层面彻底肯定了他的定策之功。北宋灭亡后，新党人士纷纷沦为众矢之的，朝廷重新编纂了《哲宗新录》，指斥蔡确不仅妄称有定策之功，还肆意诬陷高太后，蔡确再度从功臣沦为奸臣。由于高太后死后的谥号为“宣仁圣烈”，这桩历史公案也被称为“宣仁之诬”。正史关于此事的记载是这样的：

元丰七年（1084年）冬，神宗告诉诸位朝臣明年要册立皇储，还流露出让司马光和吕公著出任太子太师、太子太保的意思。这两位太子之师就是未来的帝王之师，政治前途不可限量，朝中官员绞尽脑汁攀附两人，即便是宰相蔡确，也倾力结交与两人颇为熟识的邢恕。

神宗病入膏肓之际，蔡确通过邢恕邀请高太后的侄子高公绘到府中一叙，不过却被高公绘婉言谢绝了。次日，在蔡确的授意下，邢恕对高公绘谎称自家的桃树开出了白花，还说这种颇为罕见的白花可以治愈神宗的疾病，邀请他到府上来观看白花。高公绘兴冲冲地赶来，映入眼帘的却是寻常的红桃花，随即不悦道：“不知白桃花现在何处？”

邢恕赶忙向他赔罪，拉着他的手热络地说道：“今日将您骗至此处，是因为蔡相有要事想与您商议。如今圣上病重，皇子年幼，朝廷应当早日立储。听闻雍王、曹王皆贤王……”

还未等邢恕说完，高公绘便面露惊恐之色，迅速打断他，并说道：“君欲祸吾家！”说完，高公绘便拂袖而走。

望着高公绘远去的背影，邢恕的心头充斥着不安与懊恼。为了防止他将此事说出去，邢恕索性倒打一耙。按照《哲宗新录》的说法，蔡确等人原本打算拥立雍王赵颢或曹王赵頵，在遭到高太后家人的拒绝后，他们为求自保才转而诬陷高太后和王珪，大肆鼓吹自己有拥立之功，借此向哲宗邀功请赏。

不过上述记载根本经不起推敲。司马光与吕公著均为旧党人士，即便神宗认可两人的才学与品德，也不大可能将培育皇储的重任交给素来反对变法的旧党人士。

邢恕并非传统意义上的新党，他先拜在理学大师程颢的门下，后来又时常出入旧党人士司马光和吕公著的府邸，还与旧党重臣文彦博过从甚密。当初神宗准备提拔邢恕时，蔡确还出面反对，因为邢恕抨击过新法。不过后来两人冰释前嫌。邢恕虽几经升迁，但当时只是小小的职方员外郎。身为宰相的蔡确与他这个正七品小官交往，主要是看重他的才华，当然也想通过他来争取当时在士大夫中久负盛名的司马光与吕公著对新法的支持，绝非要通过他来攀附两人。

神宗病重时，长子赵煦年仅十岁，赵煦的叔叔赵颢和赵頵难免会蠢蠢欲动，况且之前还有过赵光义成功上位的先例。蔡确等人与赵颢兄弟的关系并不密切，怎么可能会冒着灭族的风险贸然拥立他们呢？赵颢兄弟是高太后的亲儿子，若论关系亲密程度，高太后岂不是要比蔡确等人跟他们亲近许多？

蔡确被罢相后，当时掌权的旧党人士疯狂地对他进行抨击与构陷，从来没有人提及他试图诬陷高太后，直到南宋时才出现了这种说法，所谓的"宣仁之诬"应该是后人为了维护高太后而蓄意编造的，并不可信。

如果有人在神宗病危期间意图拥立赵颢或赵頵，那么这个人只能是高太后。从情感角度看，儿子自然要比孙子更为亲近，况且哲宗的生母朱氏仍旧健在，哲宗与她这位祖母的关系自然会疏远一些。不过从利益角度看，贸然废孙立子势必要承受极大的政治风险，即便成功了也可能会遭受后世的口诛笔伐，况且两个儿子如今都已成年，无论是谁，登基后势必都会将权力紧紧攥在自己手中，这显然是高太后不愿看到的。也正因如此，神宗病重期间，高太后内心的天平一直都摇摆不定。恰在此时，宰相蔡确奏请神宗将年幼的皇子赵煦册立为太子，高太后也彻底丧失了立储的主导权。

如果哲宗赵煦长大后得知了这些真相，势必会亲近蔡确而疏远高太后，所以高太后在听闻蔡确宣称自己有定策之功后，以雷霆手段将其贬谪到生存环境极端恶劣的岭南，最终将他迫害致死，只有这样高太后才能将拥立之功据为己有。后来又有人炮制出所谓的"仁宣之诬"，意图通过抹黑蔡确来洗白高太后。

“乳母案”

高太后推行的“元祐更化”无疑是对神宗一生的彻底否定。哲宗并不认同祖母的所作所为，但年幼的他也只能默默接受。

垂帘听政期间，高太后与哲宗一同坐在帘后，哲宗习惯由高太后出面处置一切军政事务，他只是坐着，一言不发。高太后就此质问过他：“对于大臣们上奏之事你为何总是沉默不语？”

哲宗冷着脸说道：“既然您已然处置了，我还有什么可说的呢？”

《铁围山丛谈》记载，高太后去世后，哲宗回忆起这段岁月，愤愤不平地说道：“朕只见臀背。”正常情况下，朝臣奏事时应当是面向哲宗，哲宗声称自己根本看不到他们的脸，只能看见他们的背影。对此只有一种解释，那就是他们在奏事时会不由自主将自己的身子稍稍偏向高太后一侧，所以他们的后背与臀部斜对着哲宗，由此可以看出当时哲宗面临的尴尬的政治处境。

高太后大权独揽让哲宗心生不满，后来发生了一件事让两人彻底结怨，那就是“乳母案”。刘安世出自司马光门下，一向以耿直闻名于世，他于元祐四年（1089年）十二月将这桩皇室丑闻揭露了出来。

根据《续资治通鉴长编》记载，由于嫂子刚刚分娩，刘安世想为她雇一名乳母，于是特意去寻找专门干这一行的牙媪王氏。可是一个月过去了，王氏始终未能寻到乳母。

起初刘安世觉得定是王氏不肯尽力，便找上门来兴师问罪。在刘安世的不断逼问下，王氏只得道出了实情，她说宫中有人也在托人找乳母，她实在无能为力。刘安世听完后便怒了，哲宗只有十三虚岁，尚未成婚，宫中怎么可能会有孩子降生呢？王氏苦着脸说此事千真万确，并说隶属入内内侍省的内东门司一次便索要了十名乳母，以至于开封城中的乳母极为短缺。见刘安世仍旧不信，她说负责此事的内东门指挥在开封府司录司立下了不将此事泄露出去的军令状。

此时的刘安世仍旧对这件事将信将疑，恰巧开封府司录曾镇是他的故交，于是便找曾镇询问此事，曾镇在纸上写下“有之”两个字。刘安世看后震惊不已，此时他若是及时收手便不会遭遇后面的悲剧，但他不愿就此收手，决意查个水落石出。他查出“雇乳母者为刘氏也”，随后怀着极为悲愤的心情给高太后上书：“陛下还没有娶皇后便亲近女色，实在不应该！”

宰相吕大防奏事时，高太后刻意提起刘安世上书之事，说其中有些误会，那些乳母的确是宫内所雇，是为神宗遗留下的小公主而雇，雇她们的人并不是年幼的哲宗。然而，神宗已经去世将近五年，即便他去世前留下了遗腹子，此时也已经断奶了。

吕大防是高太后的心腹，自然要为她排忧解难，不过按照惯例，宰相不能结交台谏官。给事中范祖禹正在负责修撰实录，吕大防与他同在门下省任职，他们私交很好。吕大防路过实录院时，恳请范祖禹出面劝一劝刘安世。

十二月二十七日，范祖禹将高太后希望刘安世收手的意思转达给他，谁知刘安世反问道：“吕相手中可有凭据，若是他假传圣旨怎么办？”范祖禹觉得他说得似乎有些道理，于是两人一起上书求证此事。高太后本想迅速平息这场风波，谁知这场风波因两人的上书而在朝中闹得沸沸扬扬。

起初高太后说是为神宗遗留的小公主雇乳母，不过她很快便意识到这个说法难以自圆其说，又改口说是为自己的娘家人雇乳母，但她一向对外标榜从不偏袒外戚，怎么可能会动用内廷机构公然为娘家人雇乳母呢？娘家人自行去宫外雇乳母岂不是更为便捷？高太后的说法并不太可信，但刘安世无法反驳，索性也就不了了之了。他指斥的“刘氏”并非寻常女子，应该是宋哲宗的第二位皇后刘氏，她死后被授予谥号“昭怀”，暂且称之为“刘昭怀”。

年轻貌美而又善解人意的刘昭怀遇到了郁郁寡欢的哲宗，两人情不自禁地偷尝禁果，不久刘昭怀便怀孕了。他们刻意对高太后隐瞒了此事，打算偷偷地将这个孩子生下来，谁知因雇乳母的事情在朝中引发了轩然大波。

为了维护哲宗的形象，高太后只得对外宣称并无此事，但如若刘昭怀此时生下孩子，高太后之前所有的努力都会功亏一篑。史书记载的哲宗的第一个孩子是福庆公主，出生于绍圣二年（1095年），此时距离“乳母案”已经过去了六年之久。因此，当时高太后要么偷偷处死了刘昭怀秘密产下的孩子，要么就是逼迫即将分娩的刘昭怀流产。

高太后通过这种极端残忍的方式维护了皇室尊严，却也给哲宗和刘昭怀带来了深深的伤害。或许正是因为对刘昭怀有所亏欠，哲宗对她宠爱有加，甚至不惜为了她而废黜自己的皇后。

“乳母案”的发生让高太后意识到哲宗已经长大了，于是挑选了一百余名官宦之女，并对其进行观察与教导。高太后起初看上的是名将狄青之子狄咨的女儿，但她是庶出。高太后召集宰执们商议此事时，签书枢密院事王岩叟便以此为由表示反对。高太后只得就此作罢，转而另寻他人。

经过千挑万选，高太后与儿媳妇向太后共同选中了端庄娴熟、能识大体的孟氏。孟皇后的祖父曾任眉州防御使（从五品），但她的父亲只是阁门祗候（从八品）。北宋中后期的后妃很少有身份显赫之人，要么家世寒微，如仁宗的宠妃张温成；要么出身于没落的勋贵之家，如仁宗的皇后曹氏、神宗的皇后向氏；还有就是生长于小官僚之家，孟氏便是如此。

元祐七年（1092年）五月，孟氏被册立为皇后。孟皇后婚后的生活起初还算惬意，但高太后去世后，孟皇后的命运也发生了翻天覆地的变化。

高太后的担忧

元祐五年（1090年）是一个极为特殊的年份。按照官员任免惯例，绝大多数职位任满三年都需要进行调整，如今三年之期已到，朝廷需要考虑如何安置那些被贬的新党官员。

宰相吕大防、中书侍郎刘挚、门下侍郎傅尧俞不约而同地主张起用新党人士，意在借此来弥合两派之间的政治裂痕。高太后起初对此持犹豫态度，但在众人的劝说之下，她的立场渐渐发生了变化。

当年三月初七，翰林学士承旨苏颂升任尚书左丞，翰林学士承旨的位置便空了出来。在傅尧俞等人的举荐下，高太后任命知亳州邓润甫为翰林学士承旨。邓润甫为了避高太后的父亲高遵甫之讳，以自己的字温伯自称。邓温伯曾在神宗朝担任过翰林学士，如今回朝出任翰林学士承旨本是顺理成章之事，谁知竟然遭到旧党人士的激烈反对。

其实邓润甫与旧党人士并无多大矛盾，因为他一直都游走于新、旧两党之间，他最多属于新党中的温和派，却依旧不被旧党所容。因为翰林学士承旨这个职务太关键了，担任此职务的人不仅是宰执的后备人选，还负责草拟重要诏书，也就是“内制”，旧党人士自然不允许不是同党中人的邓润甫担任如此重要的职务。

邓润甫的任命诏书，原本交由中书舍人王岩叟撰写，但他却封还了词头。词头是两制官员草拟诏书时所依据的摘由或提要，内容多为皇帝下达的有关人事任免的处理意见，如果他们对此有异议，可以交还词头，不予草拟诏书，称为“封还词头”。不过高太后的态度颇为坚决，命另外一位中书舍人郑雍草拟了邓润甫的任命诏书，但给事中郑穆封还了诏书。给事中如果认为诏书中的内容有不当之处可以要求进行修改，拒绝下发诏书，称为“封还”。御史中丞梁焘等人又不断揭出邓润甫的不堪历史。面对旧党人士接二连三的反对，高太后仍执意任用邓润甫。三月十四日，翰林学士承旨在空缺七天之后，任命邓润甫的诏书正式颁下，但那些担任台谏官的旧党人士仍旧纷纷上表弹劾。

四月初二，邓润甫还没有来得及回京赴任，不胜其扰的高太后便罢免了他的翰林学士承旨之职，将其改为提举醴泉观兼侍读。邓润甫看似从手握实权的翰林院最高官员沦为有职无权的宫观官，但侍读与侍讲可以经常陪伴在哲宗左右，为其诵读讲解经史著作，还可以充当他的顾问。鉴于这个职位的重要性，王岩叟再度封还了词头。这让高太后很是恼火，她随后召集诸位宰执商议此事，主动提出让邓润甫离朝知南京，打算借此彻底平息这场政治争端。她冷着脸对宰执们说：“你们今后可要留意此人，记得给他升迁！”

这其实是高太后以退为进的一着妙棋。吕大防等人觉察到了高太后的愠怒，也深知将邓润甫贬往南京并非她的本意。恰在此时，中书舍人郑雍上表责问道：“一旦邓润甫成为侍读，便可日日陪伴在陛下左右，对陛下影响之大不言而喻，臣实在不知此番职务调整是因为他奸邪而对他进行贬谪，还是因为他一直无过而对他进行重用？”

吕大防将郑雍的表章进呈给高太后，趁机提出既然邓润甫改任新职依旧惹来如此之多的非议，还不如让他官复原职的建议，这其实正中高太后下怀。邓润甫的新任命发布仅仅四天后便被废除，郑雍之前撰写的任命邓润甫为翰林学士承旨的诏书仍旧存放在阁门之内，高太后特地命人将其取出来交给刚刚回京的邓润甫，让他尽快履新。

通过这件事可以看出高太后的政治智慧，也可以看出她的诸多无奈，即便是任用邓润甫都会惹来如此之大的政治麻烦，若是任用章惇等树敌甚多的新党人士，极有可能会引发朝廷动荡，所以她才不得不渐渐放弃了调和两派的想法，因此绝大多数新党人士的处境并没有实质性改变。

高太后深知自己的年岁越来越大，哲宗终有一日会亲政，到时他会对变法持什么态度，她很难预料。若是新党人士再度掌权，极有可能对她进行政治清算，因此在所剩不多的时间里，她急于弥合当下的政治裂痕。高太后陆续将旧党中的激进派贬出朝去，比如命右相刘挚罢知郓州、签书枢密院事的王岩叟知郑州，同时重用旧党中的温和派，从而减轻新党人士对朝廷的敌意。

当年讨论如何惩处蔡确时，范纯仁因触怒了高太后而被罢相，他也成为如今为数不多的可以调和新、旧两党之间矛盾的关键人物之一。元祐八年（1093年）七月初一，高太后特地将范纯仁召入朝中，再度任命他为右相，这其实是在为自己的身后事做准备。元祐八年（1093年）八月十六日，高太后的病情开始加重。病重期间，高太后拖着孱弱的病体单独召见了范纯仁，带着恳求的语气对他说："令尊范仲淹是我大宋的忠臣。当年明肃皇后垂帘时，他劝明肃太后尽母道；明肃太后去世后，他劝仁宗尽子道。爱卿应当效仿令尊啊！"

在行将就木之际，高太后似乎已经预见到了自己死后将会发生什么，所以才会希望范纯仁能适时规劝哲宗，不要将事情做得太绝。听她说完之后，范纯仁哭着说："微臣不敢不尽忠！"

等到高太后的病情稍稍缓解，吕大防、范纯仁等人来到崇庆殿向她问安，高太后对他们说道："老身与诸位相公相伴的日子恐怕不多了，不过老身也没有什么可悲伤的，见诸位悉心辅佐官家，老身就是不在了，也没有什么可牵挂的！"

众人问完安后，高太后示意范纯仁单独留下，但哲宗却让众人全都留了下来。高太后见状道："老身受神宗所托，与官家一同处理政事。在这九年间，老身可曾偏袒过高家？老身受命辅政以来一心为公，老身的一儿（三子赵颙）一女（德宁公主）去世时，老身都未能见他们最后一面！”

高太后说着说着流下了眼泪，吕大防赶忙道：“近日听闻太后圣体稍安，还望太皇太后按时服药，切勿思虑过重。”

高太后摆摆手道：“老身的身子骨老身自己最清楚！老身走了以后，势必有人向官家说老身的坏话，你们可不能坐视不管！不过你们最好早早请辞，也好让官家另外选择可心的人。”

当年仁宗亲政后，在一天之内几乎罢免了所有宰执，高太后料定哲宗也会这么做，所以她才会规劝那些亲信早日隐退为好，以免给他们自己招惹是非，只有他们安然无恙，当危机来临时，他们才会竭力维护死去的高太后。

高太后随后用极为虚弱的语气询问身边人是否给吕大防等人赐了社饭，众人听后一惊，因为宋人通常只会在社日（立春后第五个戊日）祭祀社稷（土神与谷神）时才会吃社饭。高太后用满是悲凉的语气说道：“公等回府之后务必要吃一吃老身赐的社饭，等到明年吃社饭时，你们可莫要忘了老身！”

当年九月初三，太后高滔滔崩逝，享年六十二岁。哲宗任命她生前最信赖的吕大防为山陵使，按照皇帝陵墓标准为祖母修建山陵。绍圣元年（1094年）二月初七，哲宗将祖母风风光光地与英宗合葬在永厚陵，但她下葬还不到一个月，吕大防便被罢免了左相职务，出知颍昌府，还没有来得及赴任便改为知永兴军（今陕西省西安市），从此再也未能回朝。紧接着，右相范纯仁也被罢知颍昌府，门下侍郎苏辙、知枢密院事韩忠彦等一大批旧党人士也陆续被贬出朝。哲宗对旧党人士的政治清算拉开了帷幕。

当年四月，哲宗决意继承父亲遗志，继续高举变法大旗，特地改元“绍圣”，“绍”为继承之意，“圣”指的自然就是他的父亲神宗。章惇、曾布、蔡卞等新党骨干要么刚刚回朝，要么正在回朝的路上。他们听到改元的消息后振奋不已，意识到属于他们的春天已然到来了。

神宗朝时，反对新法的旧党人士纷纷被贬出朝，新党人士往往并不会下狠手，但蔡确的无辜惨死让新党人士义愤填膺，他们再度执政时也将会以其人之道还治其人之身。旧党的两位领袖司马光和吕公著都已故去，但身后追赠荣誉被贬降；吕大防、刘挚等仍旧健在的旧党核心人物也像当年的蔡确那样被贬往环境恶劣的岭南。吕大防死在了贬谪的路上，刘挚病死在了荒凉的贬谪地。

高太后临终前的忧虑还是变为了现实，她垂帘听政期间推行的“元祐更化”被哲宗全盘否定，就像当初她全盘否定自己的儿子神宗那样。不过那些旧党人士又岂肯彻底地退出历史舞台？随着向太后的强势崛起，他们又看到了逆风翻盘的机会。

第四章

隐在历史深处的向太后

神宗的皇后向氏一直隐在婆婆高太后的光环之下，但机缘巧合之下，她在暮年迎来了属于自己的高光时刻。

向氏是真宗朝宰相向敏中的曾孙女，神宗还是颍王的时候，向氏便嫁给了他，被封为安国夫人。不同于唐朝，宋朝的王妃不再属于外命妇，亲王、嗣王、郡王的妻子通常会被封为国夫人。向氏比神宗大两岁，两人之间的关系还算融洽。神宗登基后，她被正式册立为皇后，但神宗早早离世，她从四十岁起便开始守寡。

一贯强势的婆婆高太后去世后，向氏仍旧保持着低调，因为哲宗不是她的亲生儿子，其生母朱太妃还健在，哲宗自然与生母更为亲近。向氏继续隐在深宫之中，几乎不在人前议论政事，即便是眼睁睁地看着哲宗否定了“元祐更化”，她也始终不发一言。不过当看到自己与婆婆一同为哲宗挑选的孟皇后被废黜，她感到很是意难平。后来哲宗竟然还打算废黜祖母高太后，她再也无法置身事外了！

被废的皇后

在新党与旧党斗得你死我活之际，孟皇后一直刻意保持着中立态度，但树欲静而风不止，她毕竟是高太后亲自选定的皇后，这是她一生都难以撕去的身份标签，也造成了她日后的悲惨命运。

孟皇后不仅不幸地卷入了新旧党争，还在后宫中遇到了她一生的宿敌，此人就是哲宗最爱的女人——刘昭怀。恃宠而骄的刘昭怀一直觊觎着皇后之位，自然将孟皇后视为眼中钉、肉中刺。绍圣元年（1094年）冬至，孟皇后率领诸位嫔妃前往隆祐宫朝见向太后。在等待召见时，刘昭怀发现只有孟皇后坐的椅子上有金饰，此时她只是个婕妤，却刻意在众人面前摆出一副与孟皇后平起平坐的架势，于是吩咐宦官去寻一把与孟皇后一模一样的椅子来。这显然是僭越之举，可那个小宦官又不敢得罪她，只得硬着头皮为她更换了一把与孟皇后同等规格的椅子。

刘昭怀心满意足地坐到带有金饰的椅子上，脸上露出了得意的神情。她刚刚坐下，有人高声说道："皇太后驾到！"众人赶忙起立行礼，刘昭怀刚起身，她屁股下的那把椅子就被人偷偷抽走了，但她浑然不知。众人落座时，她重重地摔在了地上。她本想在众人面前扬眉吐气，谁知却当众出丑，当即恼羞成怒，哭着去找哲宗，让他为自己做主，但她逾越礼制在先，即便哲宗有心偏袒她，也不便说些什么。

绍圣二年（1095年）十月，朝廷将已故的太皇太后高滔滔的神御（肖像画）供奉在景灵宫徽音殿。迁奉礼结束后，孟皇后坐下休息，妃嫔们纷纷侍立在她的两侧，刘昭怀却背对着她站在帘下。孟皇后的侍女陈迎儿看不惯她的行为，呵斥她不要太过放肆，但刘昭怀依旧我行我素。刘昭怀随后在哲宗面前大肆构陷陈迎儿，说她总是在背后挑拨是非，多行不法，哲宗将陈迎儿杖责一顿之后逐出宫去。自此之后，孟皇后和刘昭怀两人便势同水火。

刘昭怀一直都在默默等待着时机，意图扳倒孟皇后，可孟皇后一直谨小慎微，没有给她兴风作浪的机会。恰在此时，孟皇后的女儿福庆公主突然患上了重病，眼见着女儿的病情迟迟不见好转，孟皇后心急如焚。孟皇后的姐姐略懂些医术，曾医好过孟皇后的病。得知外甥女病重的消息之后，她在情急之下携带道家治病的符水入宫。姐姐在无意间犯了宫中的大忌，大惊失色的孟皇后赶忙命姐姐将那些符水藏好，以免让外人得知此事。尽管如此，孟皇后还是惴惴不安。等哲宗前来探视福庆公主时，孟皇后主动坦白了此事，还当着丈夫的面焚烧了那些符箓。哲宗安慰她这是人之常情，并没有怪罪她。

孟皇后以为此事就此结束了，谁知在刘昭怀的推波助澜下，这件事在宫中传得沸沸扬扬。刘昭怀还打探到孟皇后的养母听宣夫人燕氏、尼姑法端与供奉官王坚曾为孟皇后“祷祠”，“祷祠”是为了求得福报而进行的祭祀活动，这些带有神秘色彩的宗教活动很容易授人以柄。刘昭怀随后联合左相章惇在哲宗面前诬陷孟皇后，说孟皇后暗中诅咒哲宗。哲宗命入内内侍省押班梁从政和勾当御药院苏珪负责调查此事。很多御史担心让宦官来审理此案可能会酿成冤案，纷纷上书恳请哲宗将此案交给司法部门，但哲宗对他们的请求置之不理。

梁从政与苏珪迫不及待地想坐实孟皇后的罪行，她身边的三十多名宦官宫女全都惨遭逮捕，这些人起初并不愿诬陷孟皇后，但他们被打得体无完肤，实在受不了非人的折磨，所以只得被迫做出了违心的供述。

鉴于此案案情重大，哲宗命侍御史董敦逸对此案进行录问，录问是在案件审理完成但尚未正式判决前，由与原审讯机构没有交集的官员对犯人、证人等涉案人员重新进行讯问。只有在他们查阅该案的卷宗，核实无误后，审讯机构才会对犯人进行判决。如果在录问过程中发现存在重大问题，此案往往还会被移交给其他审讯机构重新审理。孟皇后的命运如今就攥在负责录问的董敦逸的手中。董敦逸录问时，那些作为重要证人的宦官宫女已经被折磨得奄奄一息，几乎说不出话来。不过经过细致调查，他发现了诸多疑点。恰在此时，宦官郝随前来威胁他。他自然知道郝随的主子是谁，担心自己会无端受到牵连，只得无奈地上奏，说此案并无异议。

此事最终的结果就是为孟皇后祈福的燕氏、尼姑法端被判处斩，王坚被判杖毙，孟皇后也于绍圣三年（1096年）九月二十九日被废，迁居瑶华宫，号“华阳教主”“玉清妙静仙师”，法名“冲真”。

随着时间的推移，哲宗渐渐了解到一些真相，觉得如此对待自己的结发妻子有些太过冷酷无情，不过为了自己深爱的女人刘昭怀，他也不得不将错就错。

意想不到的皇位人选

少年登基的哲宗一直生活在祖母高太后的阴影之下。由于长时间生活在极端压抑的环境下，他的身体一直都不太好，从少年时便患有咯血等宿疾。高太后去世后，他没了掣肘，生活不加节制，让本就孱弱的身体渐渐不堪重负。

元符二年（1099年）八月初八，贤妃刘昭怀为哲宗生下了他唯一的儿子赵茂，不过朝野间一直在盛传赵茂的生母不是刘昭怀而是身份卑微的卓氏，说刘昭怀依仗哲宗的宠信，将尚在襁褓中的赵茂夺为己有，还有人指控她为了掩盖真相不惜残忍杀害了卓氏。由于当事人卓氏已经死去，这个传闻究竟是真还是假一直众说纷纭，以至于后来徽宗不得不专门下诏澄清此事。

此后不久，大喜过望的哲宗力排众议册封刘昭怀为皇后。九月二十七日，皇后册封大典隆重举行。不过天有不测风云，刘昭怀随后接二连三地遭遇噩耗。当年闰九月二十六日，小皇子赵茂不幸夭折。哲宗怀着极其悲痛的心情辍朝三日。谁知仅仅两天后，他年仅三岁的小女儿懿宁公主也暴病而亡，哲宗不得不再度辍朝三日。儿女的相继离世对本就身体孱弱的哲宗打击之大可想而知。

元符三年（1100年）正月十二日，年仅二十五岁的哲宗驾崩于福宁殿。由于他生前未能留下子嗣，死后引发了一场新的皇位争夺战。哲宗的生母朱氏虽出身寒门，但很得神宗的宠爱，她先后生下了哲宗赵煦和简王赵似两个儿子，还生下了五个女儿。

哲宗病重期间，朱太妃想将她的另外一个儿子赵似推上皇位。赵似是神宗第十三子，比端王赵佶小一岁，在年龄上没有什么优势，不过他却是哲宗唯一的同母弟。

根据《曾公遗录》记载，朱太妃曾对卧病在床的哲宗说："只十二哥是姐姐肚皮里出来，你立取十二哥即稳便。"宋人有个很有趣的习惯，母亲习惯自称为"姐"，称呼自己的儿子为"哥"。对于母亲的请求，哲宗"自此气不复语"，不知是他不认可母亲的话，还是因为病得太重无法说话，对于母亲的提议，他毫无反应。

哲宗弥留之际，入内内侍省都知梁从政将朱太妃居住的圣瑞殿内的椅子搬到福宁殿寝阁前。在哲宗生命的最后时刻，谁守在他的身旁，谁就可以占得先机。

政治嗅觉敏锐的向太后旋即想到了不久之前发生的一件事。她曾对梁从政说："如今官家已经病成这副模样，你觉得应该选谁当下一任？"梁从政说："您可以去问章惇。"向太后试探道："如果他说现在还不是讨论这些的时候，我们又该如何呢？"梁从政说："他是宰相，您如今只能去问他。"见向太后的脸色变得阴晴不定，梁从政借故离开了。向太后很快便听到了关于宰相章惇的一则小道消息：章惇下马时，有人送给他一个金盒，这个盒子一看便知是宫中之物，但里面究竟装了些什么，外人便不得而知了。向太后就此认定朱太妃暗中勾结宰相章惇，意在推自己的儿子赵似上位。

与出身寒微的朱太妃有所不同，向太后家门显赫，她的曾祖父向敏中为真宗朝宰相，向敏中与仁宗曹皇后的四伯父曹玮、英宗高皇后的曾祖父高琼属于同一政治阵营。三家子弟一直相互提携，对北宋朝廷有着很大的政治影响力。向太后自幼便耳濡目染，进宫后又经历了无数的风雨洗礼，寻常女流之辈自然难以与之匹敌。

哲宗病重期间，向太后开始秘密地寻找合适的继任人选。神宗虽有十四个儿子，但其中八人早早夭折，只有六个儿子存活下来，分别是哲宗、申王赵佖、端王赵佶、莘王赵俣、简王赵似与睦王赵偲。哲宗去世后，最年长的皇子就是赵佖，他的生母武美人仍旧健在，一旦他登基称帝，自然会与生母更为亲近，于是向太后将目光投向了另外三人。

赵俣和赵偲的生母林氏是真宗朝三司使林特的孙女、司农卿林洙之女。林氏病逝于元祐五年（1090年）正月，生前为婕妤，后来被哲宗追封为贤妃。赵俣和赵偲出身较为高贵而且年龄相对较小，在这场皇位争夺战中，他们的竞争力相对比较弱。经过一番权衡，向太后最终锁定了神宗的第十一子端王赵佶。由于皇十子仪王赵伟在出生次日便去世了，时常被人无视，所以很多宫人直接称呼赵佶为“十大王”，甚至在一些诏书中也称其为“皇十子”。

赵佶的生母陈氏出身不显，名位不高。神宗去世后，陈氏陷入巨大的悲痛之中。元祐四年（1089年）六月，陈氏不幸病逝，当时赵佶年仅八岁。由于在宫中变得无依无靠，他一向与嫡母向太后走得很近，时常前来慈德宫向她问安。向太后膝下一直无儿无女，自然格外关爱赵佶这个时常来看望自己的乖巧懂事的孩子。

就在哲宗去世的那天清晨，左相章惇、知枢密院事曾布、中书侍郎许将、尚书左丞蔡卞等人急匆匆地从内东门进宫，行至会通门时见到了宦官梁从政。梁从政将诸位宰执直接带至福宁殿东阶。向太后端坐在帘后，梁从政高声喊道：“皇太后已坐。”

章惇等人进殿后一同向向太后行礼，帘子后面传来了向太后的哭声，她对众人说道：“先帝已弃天下，未有皇子，我等又当如何？”曾布等人听后面面相觑，不敢轻易表态，章惇厉声道：“依照礼典律令，简王为先帝同母弟，应当册立简王。”

向太后当即反驳道：“应当册立端王！在神宗诸子之中，申王虽年龄最长，但患有眼疾（推测为幼时惊风导致的斜视），端王的年龄仅次于申王。”

章惇说道：“论长幼之序，则申王为长，论礼典律令，则先帝同母弟简王当立。”

向太后不悦地说道：“申王以下皆为神宗之子，他们之间又有什么区别呢？应当册立端王！”

宋朝宰相对皇位继承往往有着很大的话语权。太宗去世后，李皇后想拥立自幼养在自己身边的楚王赵元佐，宰相吕端成功地揭穿了他们的阴谋，最终拥立真宗。神宗去世前后，高太后在儿子赵颢与孙子哲宗之间摇摆不定，但宰相蔡确拥立了哲宗。不过真宗和哲宗在父亲去世前便已被册立为太子，简王赵似既没有被册立为太子，又比赵佶小。虽然他是哲宗的同母弟，但是并不能像嫡子那样拥有优先继承权。因此，章惇力挺他显然难以得到众人的支持。

正当向太后与章惇僵持不下之际，本就与章惇有宿怨的知枢密院事曾布主动站了出来，说道：“章惇并不曾与众人商量，皇太后圣谕极为允当。”

在决定新皇帝人选时，中书侍郎许将始终唯唯诺诺，尚书左丞蔡卞在不同文献中表现不一。曾布撰写的《曾公遗事》记载，曾布当时附和地说道：“在皇太后圣旨。”《哲宗实录》却记载他当时这样说：“皇太后为宗庙社稷大计诚是，当依圣旨。”众人已经决定拥端王赵佶为新皇帝后，章惇仍旧坚持征召五王一同入宫，蔡卞怒不可遏地驳斥道：“太后圣旨已定，更有何拟议？”

《哲宗实录》是蔡卞的哥哥蔡京主持撰写的，显然有美化弟弟的嫌疑。蔡卞是章惇的死党，当时只是担心继续追随章惇日后恐怕会遭到清洗，就算他迫于形势不得不违心地支持向太后，也绝不可能当面斥责章惇。《曾公遗事》的记载应该更为客观真实。

向太后与诸位宰执议事时，一百余名宦官恭敬地等候在殿外。众人议定之后，梁从政赶忙将众人引到慈德宫南廉司饰阁前临时搭建的帐篷中稍事休息。曾布让梁从政速速召端王赵佶入宫，谁知内侍回来说端王赵佶请假了。时间在一点一点地流逝，可他们仍旧未能见到赵佶的身影，曾布变得有些焦躁不安，他也曾经听闻梁从政与章惇在暗中谋立简王，可如今除了一再催促之外，他也无计可施。

好在赵佶终于来了。众人领着他前往福宁殿。向太后坐在帘后对赵佶说："先帝已弃天下，又没有子嗣，端王当立。"

赵佶赶忙推辞："万万不可，申王居长，我怎敢造次？"

向太后说："申王患有眼病，你是除他之外最年长的皇子，无须再推辞！"

宰执们赶忙劝道："此乃宗社大计，端王不可再推辞！"

梁从政缓缓卷起帘子，引赵佶来到帘子后面，随后帘子又慢慢垂下。向太后耐心地劝导赵佶，曾布等人隔着帘子听到向太后对他说："国计不可辞。"

等到帘子再次被卷起时，赵佶已经头戴御帽，身穿黄背子（一种直领对襟的外罩），端坐在御座上，就此开始了自己长达二十五年的执政生涯。

在向太后的拥立之下，原本与皇位无缘的赵佶戏剧性地成为北宋最后一位皇帝，也就是徽宗。此时徽宗已经十九岁了，早就不是不谙世事的小孩子了，但他仍旧恳请向太后垂帘听政。曾布在《曾公遗录》中一语道破了他这么做的用意："陛下践祚，内外皆有异意之人。上识虑高远，以此坚请太后同听政。不然，谁冀与为助者。"在这场皇位争夺战中，简王赵似看似已经败下阵来，但他的支持者宰相章惇在朝中的势力一时还难以撼动，都知梁从政是入内内侍省的长官，在宦官中有着很大的政治影响力。反观徽宗，他在朝中并无根基，宰执中没有与他关系亲近之人，他的母亲本就出身寒门，又去世多年，外戚中也没有他可以倚仗的人。孤立无援之际，他唯一可以依靠的只有一手将他送上皇位的向太后。

虽然曾布颇为理解徽宗这么做的苦衷，但他并不愿意向太后像昔日高太后那样过多地干预政务。太后垂帘听政有两种模式。第一种是仁宗朝刘娥的模式，太后与皇帝共同在前殿听取百司奏事，共同裁决军政事务；第二种是英宗朝曹太后的模式，太后不去前殿，百司也不向她奏事，臣僚不向她上表章，尚书、中书、门下三省以及枢密院的长官在内东门向她请示军国大事。宰执们商议垂帘听政的方式时，曾布认为徽宗已经长大成人，力主采用曹太后模式，这也让向太后的权力受到了极大的限制。向太后是一个权力欲很强的人，权力一朝在手便要按照自己的意志行事，很快便与徽宗在蔡京去留这个问题上产生了严重分歧。

蔡京的去与留

在讨论垂帘听政方式时，知枢密院事曾布提出了限制向太后权力的垂帘听政模式，但向太后没有怨恨他，反而对他颇为倚重。曾布曾是新党领袖王安石的左膀右臂，但他在调查市易务案时并未庇护新党，因此触怒了王安石，很快便被贬谪到地方任职。回朝后，曾布刻意与新党人士保持着距离，与大权在握的章惇等人颇为不睦。

如今新党人士把持着朝政，向太后对游走于新、旧两党间的曾布格外看重，不遗余力地对他进行示好与拉拢。向太后看似将曾布视为自己的心腹，其实这不过是她的权宜之计罢了。也正因如此，原本关系融洽的两人有了一场激烈的交锋。

元符三年（1100年）三月十七日，知太原府郭知章来都城开封述职。韩忠彦提议将他留在朝中，并提出顺势将翰林学士承旨蔡京外放为端明殿学士兼龙图阁学士、知太原府，这个提议当即得到了曾布的支持。两人一同向徽宗面陈此事，此时的徽宗对蔡京并无多少好感，当即批准了他们的请求。就在两人认为大功告成之际，事态却发生了转折。

四月初二，徽宗很是无奈地告知两人：“皇太后疑蔡京不当出，欲且留修史。”曾布和韩忠彦没有想到，一向厌恶新党的向太后居然会如此看重蔡京，以修神宗朝国史为名将他强行留在朝中。韩忠彦对此选择了沉默与观望，但曾布不甘心，他认为自己此前一直与向太后相处和睦，便独自前去找向太后理论，可让他万万未曾料到的是向太后的态度居然会如此坚决，丝毫不顾及两人之前的情谊。

曾布说："如若太后继续坚持己见，我恐怕很难继续待在这个位置了！"见他以辞职相要挟，向太后仍旧不肯让步，反问道："蔡京去留与你又有何干？"

曾布随即搬出宋代政争的惯用话术，说道："君子与小人不能同处一室！"

向太后当即反驳道："先帝在时你们便在一起共事，当时你为什么不提及此事呢？"

面对向太后的诘难，曾布辩解道："其实我早就有去意，但自从皇太后听政、圣上即位以来，政事颇合人心，微臣便勉强留了下来。如今此事一出，微臣心中甚是惶恐，恐怕不敢再待在这个位置上了。"

曾布再度将自己的去留当作砝码，向太后却依旧不为所动，说道："我只是让蔡京去修国史，这恐怕不关你的事吧！如今天色已晚，你还是先行退下吧！"

向太后之前倚重曾布是为了对抗咄咄逼人的章惇。章惇担任宰相六年之久，党羽众多，权势煊赫。哲宗在位时，曾布多次恳请章惇举荐自己出任宰相，但章惇担心他拜相后会分走自己手中的权力，于是便将他死死地束缚在枢密院，曾布自然对他颇为不满。

在向太后看来，敌人的敌人便是自己的朋友，不过随着旧党人士相继出任要职，向太后的手中已经拥有了更多的政治砝码。章惇的政敌韩忠彦和黄履如今分别担任门下侍郎、尚书右丞，曾布这枚棋子的重要性已然大不如前了。

向太后之所以会如此袒护蔡京，是因为两人的关系不一般，善于政治投机的蔡京一直在不遗余力地巴结逢迎向太后。为了悼念夭折的女儿延禧公主，向太后派遣宦官裴彦臣修建慈云寺，当时身为户部尚书的蔡京为修寺大开便利，甚至不惜强拆了附近百姓的房屋。根据《上徽宗论向宗良兄弟交通宾客》记载，随后蔡京被人告发，哲宗诏令御史调查此事，蔡京最终被要求交纳罚金。为了拓展向氏的墓地，蔡京抢夺百姓田地，东窗事发后，他不得不再次通过交纳罚金的方式来抵罪。为了向家的事，蔡京不惜以身试法，宁愿背负骂名，也在所不惜，向太后自然对他心存感激。

除此之外，向太后还有着更深的政治考量。垂帘听政时，三省、枢密院的长官要定期向她上奏公事，可她已承诺，一旦哲宗祔庙，她就要撤帘，到了那时如若朝中没有自己的耳目，她的权势势必会大为受损。身为翰林学士承旨的蔡京再向前一步便是宰执，此人虽然树敌很多，但人脉很广，唯有将他推上宰执之位，向太后才能继续维持自己的政治影响力。

元符三年（1100年）四月初八，门下侍郎韩忠彦被提拔为右相，徽宗与向太后显然要借助他来制衡左相章惇。由于章惇支持过简王赵似，如今弹劾他的声浪一浪高过一浪，他的宰相之位变得岌岌可危，即便是原本与他关系亲密的蔡卞、蔡京等人也开始刻意与他保持距离。世人都说“谋发于蔡卞之心，事成于章惇之手”，蔡卞这个“笑面夜叉”比章惇更为阴险可怕，所以徽宗与韩忠彦、曾布等人早就达成了共识，决意先行剪除蔡卞。可就在这个关键时刻，蔡京即将出任宰执的传言突然在朝中传得沸沸扬扬，若是当真如此，他们之前所有的努力都会化为泡影。

五月十七日，韩忠彦在面见徽宗时特意提及此事，徽宗无奈地说自己本无意重用蔡京，还向他暗示向太后才是决定蔡京去留升迁的关键人物。心领神会的韩忠彦赶忙前去求见向太后，向太后这次的表现与上次截然相反，不仅没有动怒，反而心平气和地说：“既然朝廷已经决意贬谪蔡卞，怎么可能还会重用他的哥哥蔡京呢？相公且安心，并无此事。”

韩忠彦听后如释重负，他万万没有料到此事竟然如此轻松地解决了。性格执拗的向太后绝非轻易妥协之人，此事背后其实另有隐情。

在向太后的呼吁下，徽宗即位后陆续为仍然健在的旧党人士昭雪，不过并未涉及已经故去的司马光、吕公著、文彦博等旧党领袖，这些人是当年“元祐更化”的标志性人物。就在五月十七日这天，韩忠彦向徽宗呈送了一份奏章，要求恢复司马光等人的官爵，当天便得到了徽宗的批准。

向太后其实是用蔡京的前途与韩忠彦等人秘密达成了一桩政治交易。当年高太后之所以能够全面否定神宗推行的新法，是因为她是神宗的亲生母亲，具备了“以母改子”的条件。向太后不是哲宗、徽宗的亲生母亲，更重要的是新法是她的丈夫神宗推行的，“以妻改夫”从法理上根本说不通，所以她巧妙地回避了新法与旧法之争，通过为司马光等旧党领袖昭雪来肯定“元祐更化”。为了达到这个政治目的，她势必要做出一定的妥协。

之前向太后因蓄意偏袒蔡京已经闹得满城风雨，如若她再强行将蔡京提拔为宰执，势必会面临更大的政治压力，在权衡利弊之下，她只得有所取舍。此事过后两天，也就是五月十九日，尚书左丞蔡卞被贬出朝，知江宁府。蔡卞被贬之后，章惇愈加清晰地意识到自己恐怕在劫难逃了，多次上表请求辞职，但被徽宗虚情假意地驳回了，其实徽宗是在等待合适的时机。

朱太妃的自救

成功斗倒孟皇后的刘昭怀是一个很有政治野心与政治手腕的女人，可令人颇感意外的是，她在徽宗即位前后居然一直无所作为，反倒是她的两个婆婆向太后与朱太妃频频在暗中角力。或许是刘昭怀隐藏得太深，或许是至亲接二连三去世，她陷入巨大的悲痛中而难以自拔，过起了与世无争的生活，不过她很快便再度活跃起来。

元符三年（1100年）四月，宫中一个年仅十五岁的私身因与旁人争夺养娘而起了争执。只有攀上一个好养娘才有可能会在宫内出人头地，所以她们为了争夺养娘往往会不择手段。那个私身在争夺养娘失利后一气之下焚烧了宫殿。

宫中失火本就是件大事，此事又偏偏出在朱太妃居住的圣瑞殿中。徽宗登基以来，朱太妃与她的儿子赵似本就处境堪忧，如今他们又授人以柄，好在徽宗并没有借题发挥，因为章惇仍旧在位，向太后又迟迟不肯放权，此时还不是进行政治清算的时候。徽宗最终将那个胆大妄为的私身打了一顿之后许配给车营务的一个下人，没有牵连朱太妃。

尽管如此，朱太妃还是惶惶不可终日，便去寻儿媳妇刘昭怀商议对策。经过两人的一番商量，她们认为只有积极自救才能顺利度过这场政治危机。

就在纵火案发生的当月，刘昭怀将一个美艳女子送到了徽宗身边，此人在死后被追赠为“明达皇后”，我们姑且称她为“刘明达”。在正史中，刘明达是徽宗第二位皇后郑皇后的养女，但郑皇后只比刘明达大八岁，当然收养与自己年龄差距小的女子不是完全不可能。刘明达就收养过一个刘姓女子，后来被徽宗被追封为“明节皇后”，我们姑且称之为“刘明节”，两人仅仅相差两岁。当时刘明达已经是贵妃，刘明节只是个普通宫女，她要想出人头地只能借助刘明达之力。

前文提到，哲宗在位时发生过一桩奇案“乳母案”。综合分析史料，应该是当时尚未成婚的哲宗与刘昭怀初尝禁果之后意外有了孩子。为了掩盖这一丑闻，在高太后的干预之下，刘昭怀要么被迫流了产，要么她生下来的孩子被人杀死。据此推理，痛失孩子的刘昭怀为了寻求心理安慰，将在襁褓中的刘明达收为养女，为了赢得徽宗的好感，刘昭怀特地将养女刘明达献给了他。由于涉及皇室丑闻，史书对此大多语焉不详。

此时刘明达还只是个并无品级的御侍，但她赶上了千载难逢的好时机。就在不久前的四月十三日，王皇后生下了皇长子赵桓，也就是后来的钦宗。次年九月二十八日，郑氏（后来的郑皇后）生下了皇次子兖王赵柽，但小皇子次日便夭折了。十一月，王氏（后来的王贵妃）生下了皇三子郓王赵楷。当时后宫之中肯定还有其他嫔妃，但有姓名可考的只有上述三位，她们要么处于哺乳期，要么处于孕期，肯定不能再服侍徽宗了。刘明达的到来恰逢其时，所以她“入宫，即大幸”。

刘明达接连为徽宗生下了三个儿子，分别是济阳郡王赵棫、祁王赵模和信王赵榛，还有三个女儿茂德帝姬赵福金、安淑帝姬以及洵德帝姬赵富金。徽宗在位时将公主的称谓改为帝姬，但北宋灭亡后，又迅速改回公主。生育能力出众的刘明达也从并无品级的御侍一路晋升为正一品的贵妃。

刘昭怀将刘明达进献给徽宗不久，朱太妃也有所行动。元符三年（1100年）五月初四，内侍省高品白谔以徽宗生下皇子为由恳请向太后撤帘。按照惯例，宦官不能讨论国家政事，他却铤而走险率先要求向太后撤帘，这个行为看似有些不自量力，但其实他是受人指使。“谔乃圣瑞殿中人，简王之师父也”。圣瑞殿是朱太妃的寝殿，白谔不惜冒着触怒向太后的风险也要恳请她还政于徽宗，定然受到了主子朱太妃的授意。眼见着向太后与徽宗因为争权而产生了裂痕，一直在寻找自保的朱太妃准备借此来向徽宗纳投名状。

白谔特殊的身份让他成为恳请向太后撤帘的不二人选，如若是徽宗的亲信首先提出此事，难免会让人觉得此人是受到了徽宗的指使。朱太妃此前一直站在徽宗的对立面，由她手下的人挑明此事无疑可以撇清徽宗与此事的关系。

既然连白谔这样的宦官都开口了，朝中官员自然也就无法继续保持沉默了。元符三年（1100年）五月初八，也就是白谔上书四天之后，曾布单独面见徽宗，说道：“外面议论陛下已经生子，太后有了孙子，自然也就没有继续垂帘的道理了。”《曾公遗录》记载，曾布随后又说道：“臣下亦颇有愧于谔。”不过徽宗并不急于敦促高太后撤帘，说：“垂帘之事并非向太后主动提出来的，而是朕恳请她老人家一同听政，她已经降下手诏，在先帝祔庙后就会还政，距离现在也不过才一两个月的时间，还是耐心等待为好！”

徽宗不急于让向太后撤帘，除了感情因素之外，其实还有政治考量。企图拥立赵似的章惇如今还在宰相之位，徽宗担心章惇一党会借助安葬哲宗之机发动政变，因此在此之前，他要通过忍让、妥协广结众力。宦官白谔的价值在于迫使向太后履行哲宗祔庙后还政的承诺，虽然他后来被编管于唐州（今河南省南阳市唐河县），但是成功地帮助自己的主子朱太妃暂时度过了政治危机。

就在朱太妃认为自身险恶处境稍稍有所改善之际，他的儿子赵似突然遇到了麻烦。元符三年（1100年）九月，也就是哲宗被安葬的次月，他的儿子赵似正式出阁，从皇宫中搬了出来，在自己的府邸居住。《九朝编年备要》记载，府中书吏邓铎为了表达对他的忠心，写了九个大字：“随龙人、三班借职邓铎。”将近一年之后，此事被人揭发出来，邓铎当即被逮捕，徽宗下令彻查此案。负责此案的开封府推官吴师礼却不想将事态扩大化，只是将邓铎处死，赵似丝毫没有受到牵连。徽宗对案件审理结果有些不满，但又担心继续深究可能会引发朝局动荡，最终只得作罢。

这时已过知天命之年的朱太妃早已沦为惊弓之鸟，再也禁不住政治风波的侵袭。崇宁元年（1102年）二月十六日，此案结案后不久，朱太妃便病逝了，享年五十一岁。母亲去世后，赵似更加肆无忌惮地纵情于酒色之中，因为他不知道明天与意外哪个会先来临。崇宁五年（1106年）三月，年仅二十四岁的赵似暴病而亡，最终为自己的放纵付出了生命的代价。

并存的皇后

向太后始终有一个心结，那就是她与婆婆高太后一同为哲宗精心挑选的儿媳妇孟皇后，哲宗不仅废了孟皇后，还册立一向桀骜不驯的刘氏为皇后。向太后一直想调查清楚其中的隐情，但又力不从心。如今她大权在握，于是开始着手调查此事，结果查出了一桩惊天秘闻。

册立皇后之事事关重大，哲宗下诏前照例应当取得向太后的首肯。就在刘昭怀被正式册封前几日，一份向太后的手诏被送到了翰林学士院，上面写着："非此人其谁可当。"翰林学士蒋之奇见到这份手诏后，在草拟册封皇后的诏书时特地写道："谅非斯人，谁可为后。"向太后向当时起草诏书的蒋之奇询问此事时，却似乎对那份手诏毫不知情，惊愕不已的蒋之奇赶忙命人速速取来手诏验看。手诏被拿来之后，向太后只看了一眼，便认出这份手诏是旁人伪造的，紧接着伪造太后手诏的刘友端便被揪了出来。

蒋之奇赶忙解释道："微臣当时得到您的手诏后，误以为您同意了此事，万万未曾料到事情居然会是这样！"

向太后说道："当年九月初二，先帝的确来到老身殿中，说章惇等人请求册立新皇后，还说当时已经议定，准备在九月初七下诏，之后的事老身便不得而知了。”向太后越说越气愤，咬牙切齿地说道：“友端、郝随辈误先帝多矣。”

《曾公遗录》记载，曾布向当时主政的章惇追问此事，章惇听后不禁大惊失色，赶忙辩解道：“先帝云已得两宫旨，令撰此手诏大意进不？”章惇承认曾经参与此事，却又撇清了自己的责任。首先，他坚称对此事并不知情，因为哲宗自称已经得到了向太后与朱太妃的首肯，将所有责任都巧妙地推到了死无对证的哲宗的身上；其次，他说自己当时只是奉命撰写了框架与大概意思，究竟是谁炮制了那份假手诏，自己并不知道。

曾布与章惇有宿怨，此番又岂肯轻易绕过他，高声质问道：“你敢说‘非此人其谁可当’这样的话不是出自你的手笔？你恐怕不只是撰写了大意吧？”面对诘问，曾布这样记述章惇的反应，“惇云‘是’，众莫不骇之”。

一些学者认为曾布有可能出于私怨诬陷章惇，不过当时还有旁人在场，他应该不会凭空地冤枉章惇。刘友端书法水平尚可，写作能力却很有限，那份手诏能够骗过见多识广的蒋之奇等人，应该是章惇写好之后交由刘友端，让他仿照向太后的笔迹进行誊抄。

随着假手诏风波的持续发酵，刘昭怀的地位也一时间摇摇欲坠。恰在此时，一位布衣百姓上书为无端被废的孟皇后鸣不平。向太后意识到是时候为孟皇后恢复皇后名号了。徽宗与孟皇后并无私人恩怨，如今为了报答向太后的拥立之恩，他自然要全力支持。

元符三年（1100年）五月初四，宰执们奉徽宗之命商议为孟皇后复位之事。其实在正式商议之前，韩忠彦已经专门派人探听过曾布的口风。由于当年力主废黜孟皇后的章惇仍旧是首相，如果他与曾布无法达成一致，此事恐怕会不了了之。

曾布原本对此事心存抵触，按照宫中惯例，皇后一旦被废黜便不能复位，最多只是在死后被追封为皇后，比如仁宗的第一位皇后郭皇后。况且如今刘昭怀健在，一旦恢复了孟皇后的皇后名号，势必形成两位皇后并存的尴尬局面。

最关键的是，徽宗并非孟皇后的丈夫，只是她的小叔子，他为孟皇后恢复名号似乎有悖于礼法。

当日，诸位宰执在都堂商议此事时，之前一贯强硬的章惇一反常态，说孟皇后曾经打算使用厌魅法与雷公式，因方法不当而没能成功，言外之意就是孟皇后可以被从轻发落。厌魅法是一种利用法术与咒物诅咒伤害别人的妖法，比如制作小人指代自己仇恨的人，天天用针扎。雷公式是一种神秘的占卜术，历朝历代都禁绝此术。

见昔日的加害者如今假惺惺地为被害人孟皇后鸣冤叫屈，曾布一时间怒不可遏，当即呛声道："既然如此，当初讨论如何处置孟皇后时，你为什么没有提及这些呢？难道当时你不是宰相吗？当初我建议依照郭皇后旧例，将孟皇后降为妃，可你们依旧不依不饶。后来你们又想贬谪录问此案的董敦逸，当时只有我一人反对，他这才得以幸免。如今你又口口声声说当初对孟皇后处置不当，这又是谁的过错呢？"

见章惇被批驳得哑口无言，曾布继续说："之前那些是是非非我们暂且不论，如今皇上和太后想恢复孟皇后之位，这一切都是因为刘氏得位不正，当初那份太后手诏是刘友端蓄意伪造的，太后对此并不知情！"

宰执们对恢复孟皇后名号很快便达成了一致，不过向太后并不满足，她不仅仅要让孟皇后复位，还想趁机废掉一向狂妄自大的刘昭怀。由于刘昭怀进献的养女刘明达如今获得了徽宗的宠爱，徽宗自然要设法护刘昭怀周全。不过他也不便直接出面反驳向太后，只能寄希望于宰执们。

心领神会的曾布当即表态道："如若废掉刘皇后，无异于向世人表明先帝有错，况且陛下以叔废嫂恐怕不符合礼法。"

徽宗听后赞赏地点了点头，并希望诸位宰执前去面见向太后并讲明其中原委。

众人惴惴不安地来到帘前，他们还未步入正题，向太后便先给他们上了一课。向太后说："自古以来，一帝一后乃是万世不变之法，相公们皆是饱读诗书之人，对此自然心知肚明。老身垂帘听政以来，一直如履薄冰，我们所议之事皆是关乎朝廷的大事，应当慎之又慎！”

古代一直是一夫一妻多妾制，帝王也是如此，所以一位帝王不能同时册立两位皇后。向太后所言句句在理，众人一时间无法反驳，场面一度陷入了尴尬。此时身处政治险境的章惇早就没有了当初硬怼向太后的魄力，只得说道：“太后所言极是，我等还需再商议商议，等商议出更为稳妥的法子再向您禀报！”

章惇表面上是因慑于向太后威严而不得不有所妥协，但实际上他这是以退为进的好计策。如若向太后继续坚持废黜刘昭怀，他们便索性一直拖下去，这样对于孟皇后无疑是极为不利的，但对地位岌岌可危的刘昭怀无疑是最为有利的，这显然是向太后不愿意看到的！

眼见着陷入了僵局，曾布只得硬着头皮主动站了出来，他与刘昭怀和孟皇后的关系都不亲近，因此他的意见也相对比较客观。

曾布说：“一帝一后乃是常理，我等对此颇为认同。刘皇后得位不正，太后对她不予认同，也属人之常情。两位皇后并存，虽不稳当，却是当下唯一可行的举措！”

见向太后并没有立即反驳，曾布继续说：“此事本末，误先帝者，皆惇也。”曾布指斥宿敌章惇是导致孟皇后被废的始作俑者，也正是因为他，大家才会面临如此两难境地。曾布贬损政敌章惇夹杂着私怨，但他这么做也是为了让向太后消气，进而希望她可以认同折中方案。

曾布说章惇企图拥立赵似以及参与伪造向太后手诏都属于大罪，不过曾布并不主张深究此事，一旦深究势必牵涉到死去的哲宗。废黜刘昭怀之事也是如此，虽然这么做无可厚非，但毕竟有损于哲宗的颜面。徽宗只是刘昭怀的小叔子，又并非她的丈夫，他这么做未免名不正言不顺。

曾布的高明之处在于，他在礼法层面完全认同向太后，同时又委婉地指出在实际执行层面存在着诸多不便，两位皇后并立不太符合礼制，但他们又一时找不到更好的办法。

见曾布说得合情合理，向太后也觉得继续僵持下去恐怕是双输的局面，不如先恢复孟皇后的名号，至于废黜刘昭怀的事情只能从长计议。向太后也认为这是当前政治困境下唯一能够平衡各方利益的做法。既然她暂时还没有足够的理由废黜刘昭怀，那么就必须要做好与她长期共处的准备，于是开始试图挽回彼此的关系，特地解释说除了伪造手诏之外，其实刘昭怀并无其他罪过。

向太后显然想借章惇之口转告刘昭怀，如果她安分守己，不再犯错，向太后绝不会为难她。不过伪造手诏依旧是时刻悬在刘昭怀头顶上的利剑，她如若继续一意孤行，那么向太后将与她新账旧账一起算！

元符三年（1100年）五月初九，一身道士装扮的孟皇后乘坐牛车悄然返回皇宫。走到内东门的时候，向太后特地差人给她送去皇后冠服，令她换去道衣，风风光光地回宫。她一时间感慨万千，颇有几分恍如隔世之感。

徽宗下令在东宫内增设八十间房屋，朝臣私底下纷纷议论他有意将两位前朝皇后安置在自己居住的东宫之中，这引起了曾布的不安。曾布为此专门询问过徽宗，但徽宗说准备将孟皇后安置在西宫，他这才放下心来。延福宫因位于开封宫城最西端而被称为西宫，与皇帝居住的东宫相对，时常用来安置前朝太后。

其实向太后也有过类似考虑，两位前朝皇后与徽宗是叔嫂关系，三人的年纪又都有些敏感，当时徽宗十九岁，孟皇后二十八岁，刘昭怀二十二岁。为了避免招致流言蜚语，他们不宜频繁见面，只在大型典礼、重大节日、重要宴会时，两位皇后才会获准出席，其他活动她们一概不参加，与徽宗保持适当的距离。

次日，翰林学士院撰写并下发了恢复孟皇后名号的诏书。由于刘昭怀被称为“元符皇后”，为了加以区分，孟皇后被尊为“元祐皇后”。两人同为皇后，但毕竟孟皇后是哲宗的结发妻子，地位在刘昭怀之上，因此向太后责令刘昭怀要先拜孟皇后，孟皇后再向她答拜。向太后还说，哲宗下葬时，孟皇后追随灵驾前往陵墓，刘昭怀只参加“迎虞主”的活动，也就是将已经下葬的哲宗的牌位迎回开封城中，最终将其供奉在太庙。

刘昭怀对向太后的安排颇为不满，但也只能默默接受。哲宗去世后，一向恃宠而骄的她便失去了靠山。作为哲宗的嫡母，向太后操控着她这个儿媳未来的命运，所以刘昭怀只得小心行事。

孟太后出生于士族之家，本就性情温顺，在嫁给哲宗之前，又在宫内受教过很长时间，所以她的行为举止全都符合礼制要求。虽然她对仇敌刘昭怀恨意难消，但不会做落井下石之事。在此后的日子里，两人看似相安无事，其实是因为她们都对向太后有所忌惮，一旦向太后去世，这种微妙的平衡势必被打破，两位皇后并存的局面也定然难以长久！

向太后的妥协

令徽宗始料未及的是，朝中官员关于蔡京去留的争论迅速转变为关于向太后是否继续垂帘的热议。向太后因袒护蔡京而招致强烈谴责，如今白谔又率先恳请她提前撤帘，所以向太后与徽宗的关系迅速恶化。

元符三年（1100年）五月底，殿中侍御史龚夬和左正言陈瓘带头弹劾蔡京。徽宗耐心地劝诫他们，还设法为蔡京开脱，但那些言官仍旧不依不饶。无计可施的徽宗只得征召曾布，希望他出面对那些言官稍加开谕，但曾布说按照政治惯例宰执不得与言官交往，对于皇帝所托，他表示自己无能为力。

徽宗当时就怒了，说道："他们都是你的人，你以为我不知道吗？"虽然他为了袒护蔡京不惜对曾布动怒，但朝中弹劾蔡京的暴风骤雨并未就此停止。六月十六日，徽宗得知龚夬再度抨击蔡京，认为这一切都是曾布在暗中指使，但曾布认为这是徽宗身边的人在故意诋毁他，声称自己是被冤枉的。龚夬的确与曾布过从甚密，曾布知瀛州（今河北省河间市）时，龚夬是他的僚属，他能回朝出任殿中侍御史也得益于曾布的推荐。陈瓘是龚夬的好友，两人共同弹劾蔡京，曾布是否从中推波助澜，恐怕只有他自己最清楚。不过这件事让徽宗对曾布心生芥蒂，曾布也背上了结党的罪名。

根据《曾公遗录》记载，次日，与曾布关系亲密的给事中龚原特意来找他，听到外人议论曾布“无震主之功，而有震主之威”。龚原认为如今右相韩忠彦和门下侍郎李清臣全都对贬谪蔡京之事噤若寒蝉，曾布没有必要充当出头鸟。龚原还从陈瓘那里探听到一个对曾布很不利的消息，那就是徽宗曾经刻意对人谈起曾布与宦官刘友端一同共过事，这无疑是一个极度危险的信号！

元祐元年（1086年），曾布以龙图阁学士的身份知太原府，当时刘友端也在那里担任走马承受，负责对当地官员进行监督并随时将本地重大情况上报给皇帝。一个路通常会设置一至二员走马承受，通常一人为宦官，另一人为武将。曾布与刘友端在一起共事了三年，但曾布坚称自己并未蓄意结交宦官。曾布回朝之后一直执掌枢密院，专门负责军务，与刘友端在工作上并无交集，刘友端监修土木工程时，反倒是与宰相章惇等人频繁接触。曾布自嘲道：“若我结交刘友端，我早就当上宰相了！”

尽管如此，曾布也深知此事对自己造成的负面影响。此时的刘友端因为蓄意伪造向太后手诏而沦为众矢之的，曾布又偏偏在不久前建议此事不宜声张。如今别有用心之人刻意翻出他与刘友端曾在一起共事的旧事，很容易让徽宗误认为他这么做是为了袒护刘友端。

元符三年（1100年）六月二十一日，徽宗召集群臣议事时，右司谏孙愕认为朝廷没有罢黜蔡京是“赏罚未明”。徽宗在即位之初刻意塑造“求直言”的良好形象，在朝臣面前保持着克制与谦逊，但这次他却颇为罕见地动怒了，指斥孙愕“乱道”。见徽宗如此说，孙愕当即便要拂袖而走，却被众人拦了下来。

徽宗对待蔡京的态度之所以会出现如此之大的转变，既是因为他不想过度刺激向太后，想竭力保持政局稳定，也与蔡京近两个月来紧锣密鼓的政治运作分不开。蔡京在四五月间结交了徽宗身边的亲信宦官冯说，通过他得知了徽宗有恢复变法之意。

当时蔡京正在奉命编纂《五朝宝训》，也就是太祖、太宗、真宗、仁宗、英宗五朝皇帝的言论诏谕，蔡京投其所好地向徽宗恳请将变五朝为六朝，也就是加上神宗朝，将其变为《六朝宝训》，还向徽宗大肆鼓吹变法的好处。虽然徽宗对此颇为认同，但也表示再度推行变法需要得到向太后的首肯，让蔡京等待合适的时机，但自此之后对蔡京的态度大为改观。

向太后没有想到自己挽留蔡京居然会遭受如此猛烈的抨击，只得于七月初一提前还政于徽宗，但这不过是她以退为进的计策而已。她虽然撤了帘，但不肯放弃手中的权力。此时他们共同的敌人章惇仍旧在位，徽宗只得一味地选择忍让。

哲宗去世后，身为首相的章惇被任命为山陵使，负责哲宗陵墓修建与安葬事宜，他不得不时常去墓地监工，因此次相韩忠彦趁机攫取了很大的权力。八月初八，哲宗被顺利地安葬在永泰陵，至此章惇的使命也算是完成了。在护送灵柩前往墓地的路上，装载灵柩的车子陷入泥沼之中，众人忙活了一宿才将车子从泥沼中移出来。随后，御史们在这件事上大做文章，疯狂地弹劾章惇，此时的章惇就如同当年的蔡确那样沦为众矢之的。

九月初八，距离哲宗安葬仅仅过去了一个月的时间，章惇便被贬为知越州（今浙江省绍兴市），随后再被贬为武昌军节度副使、潭州（今湖南省长沙市）安置。崇宁四年（1105年），章惇改任舒州团练副使、湖州（今浙江省湖州市）安置。当年十一月二十五日，七十一岁的章惇病逝于湖州。

章惇被贬谪之后，徽宗与向太后本就存在的矛盾日益凸显。向太后撤帘后仍旧大肆干预朝政，徽宗对她的所作所为极为不满，却又有些无可奈何。正史之中对此并无记载，因为徽宗不希望将此事传扬出去，但这场政治风暴的引发者陈瓘，其七世孙陈宣子根据陈瓘遗留下来的史料编纂成《陈了翁年谱》，《陈了翁年谱》成为后人了解那段真实历史的重要文献。

根据《陈了翁年谱》记载，曾布曾经询问徽宗向太后撤帘后是否继续干预政事，徽宗苦着脸说：“外间差除自不与，唯禁中及内臣事必须关白，凡章疏亦须呈单子来取看，稍不如意，煎迫极甚。”意思是虽然外朝政务不再需要向向太后禀报，但与内廷、宦官有关的事务仍旧需要得到她的恩准。徽宗还需要将单子，也就是朝臣的章奏目录交给她审阅，她不仅仅是浏览，还时常会发表意见。当两人发生意见分歧时，她总是试图强迫徽宗做出让步。

徽宗以为向太后撤帘之后，他便可以大展拳脚，但这不过是他的想象罢了，他只得巧妙地利用朝臣对向太后蓄意袒护蔡京行径的不满而不断地向她施压。

元符三年（1100年）九月十六日，刚刚升任右司谏的陈瓘再度上奏，此番他攻击的矛头不再局限于蔡京，他直斥向太后的两个弟弟向宗良、向宗回与蔡京相互勾结，还揭发他们通过宦官裴彦臣向宫内传递消息，干预政事。陈瓘此举彻底触怒了向太后，以至于她“哭泣不食”。徽宗以平息太后怒火为名将陈瓘贬谪，原本宰执们建议将陈瓘贬为知州，但徽宗认为贬谪太轻，最终将他贬为添差扬州粮料院，负责看管粮食草料，发放官俸及军饷。徽宗表面上是在为向太后出气，但实际上却使向太后与她一向倚重的旧党人士渐渐离心离德。

听闻陈瓘被贬谪的消息后，曾布的弟弟曾肇在九月二十一日上书朝廷，试图营救他。徽宗看到曾肇的上书后，特地将他召来，意味深长地说：“抑文字但救陈瓘，无补于事，当更论东朝事，乃有补耳。”徽宗说得很直白，要想营救陈瓘必须猛烈地攻击向太后，当焦头烂额的向太后自顾不暇的时候，陈瓘自然也就得救了。

徽宗还在不经意间提到了他的哥哥曾布。就在曾肇不理解徽宗意欲何为之际，一旁的驸马王诜主动开口说道：“你的哥哥要有所作为！”徽宗的用意很明显，就是希望借助曾氏兄弟之口规劝向太后不要再干预政事。曾布并不想贸然卷入这场政治纷争之中，但既然徽宗已然明示，他也无法再继续保持沉默了。

曾布在给向太后上书时，着实费了一番脑筋，因为既要切中主题，又要委婉含蓄。向太后看后，勉强接受，并未动怒，只是向徽宗发了几句牢骚，曾布顿觉如释重负。徽宗之所以执意要求曾布出面，就是因为他在朝中地位仅次于宰相韩忠彦，他的一举一动都有着政治风向标的作用。

陈瓘因直言进谏而惨遭贬谪本就让朝中官员群情激愤，如今见曾布率先上书，与他亲近之人自然纷纷响应，即便是御史中丞丰稷、殿中侍御史陈师锡等旧党人士也纷纷加入抨击向太后的阵营之中。

根据《续资治通鉴长编纪事本末》记载，丰稷和陈师锡毫无顾忌地说："陛下持万乘权威，何惮一蔡京不能去，无乃为圣母有主张之意乎？"按照常理，徽宗应当竭力为向太后遮掩，断然否认此事，但他却说："此事牵涉到太后，你们一定要出言谨慎！"徽宗等于默认了此事。如此一来，那些言官们对向太后展开了更为猛烈的抨击。

向太后原本竭力拉拢旧党人士为己所用，可如今他们纷纷选择与她为敌，她愈加真切地感受到自己已经陷入了四面楚歌的境地，只得有所妥协。原本已经转危为安的蔡京不得不再度被裹挟进政治风暴之中。

见贬谪陈瓘达到了预期效果，徽宗为了拉拢人心，开始对陈瓘予以适当的优待。九月二十四日，正当陈瓘悻悻地前往扬州赴任时，徽宗突然将他改知无为军（今安徽省无为市）。按照惯例，陈瓘应当向徽宗谢恩，但他在奏疏中指斥蔡京误以为徽宗在政治上颇为稚嫩，不会独掌权力，所以才会不遗余力地攀附向太后，从而巩固自身地位。陈瓘的话无疑直接击中了徽宗的痛处。

如今满朝上下全都密切关注着蔡京的去留，这早已不再是一次普通的官员任免，而是关系到皇帝与太后之间的权力博弈的输赢。徽宗只有将蔡京贬出朝去才能彰显他这位新皇帝的权威，否则在众人眼中他永远只是一个政治傀儡。

年事已高的向太后因为接连遭受抨击变得心力交瘁。元符三年（1100年）下半年，向太后已经明显感觉到身体状况大不如前，自然也就没有心力再去争权，蔡京也就此无奈地沦为了弃子。

元符三年（1100年）十月初三，翰林学士承旨蔡京以端明殿学士的身份知永兴军。端明殿学士为馆职，翰林学士承旨离任时多带此职，但为了表示对他的惩戒，徽宗不再让他兼任龙图阁学士。

在离任前夕，蔡京草拟的最后一道诏书内容是右相韩忠彦接替之前被贬的章惇升任左相，这道诏书是在十月初四正式下发的，政治嗅觉敏锐的蔡京小心翼翼地问道："不知陛下打算专任一相还是分命两相？"

徽宗显然对蔡京心存戒备，故意骗他说："专任一相！"如果真如徽宗所言，那么便只有韩忠彦的政治地位有所提升，权力格局不会有实质性变化，蔡京听后心中不免有些窃喜，这也就意味着他的死对头曾布拜相的希望再度破灭了。这恰恰是徽宗的高明之处，他要通过蔡京之口将此事散播出去，如此一来新、旧两党中反对曾布拜相的人势必有所松懈。他还特地让曾布的弟弟翰林学士曾肇草拟任命他哥哥为右相的诏书。诏书颁下之后，朝中大臣才意识到徽宗手腕之高明！

其实徽宗一直都有恢复新法之意，他要构建新、旧两党相互制衡的权力格局，不会让旧党出身的韩忠彦独掌相权。如今蔡京被贬已成定局，章惇在朝中的势力也几乎被清除殆尽，曾布拜相时机已然成熟了。

蔡京被贬后怨天怨地，赖在开封迟迟不肯前去赴任，徽宗只得将他从西北调到了江南。十一月初一，蔡京改知江宁府。物华天宝的江宁是个休养的好去处，王安石的晚年就是在那里度过的。就在五个月前，蔡京的弟弟蔡卞也被贬去了江宁府。

不过心有不甘的蔡京仍在借故拖延，希望此事有所转机，谁知他因此接连遭到弹劾，不仅被免去了端明殿学士之职，还从知江宁府改为提举杭州洞霄宫，从手握实权的地方官被贬为有职无权的宫观官，蔡京就此远离了权力中枢。他原本应当沉寂在历史深处，但历史发展往往充满了戏剧性。

东山再起的蔡京

元符三年（1100）十一月初八，徽宗突然下令明年将改元“建中靖国”。太宗赵光义的第一个年号为太平兴国，他与赵光义都是北宋“兄终弟及”的皇帝，所以他总在有意无意地模仿赵光义，选择年号时也是如此。建中是指建立中正之道，靖是安定、安宁之意。此时的徽宗还想探索一条折中的路，试图调和新、旧两党之间的矛盾，避免再度发生惨烈血腥的党争。

左相韩忠彦是旧党人士，不过并未深度参与“元祐更化”，属于旧党之中的温和派。曾布曾是新党的核心成员，但后来因市易务案与变法派领袖王安石彻底决裂，此后一直游离于新、旧两党之间。如若徽宗可以一如既往地保持中立，北宋的历史或许会被改写。

建中靖国元年（1101年）正月十三日夜，五十六岁的向太后溘然长逝。向太后病重期间，徽宗一刻不离地伺候在她的床前，俨然一副孝子的模样。她去世后，徽宗为她举办了隆重的葬礼，还在哀册中将她比作炼石补天的女娲，对她的感激之情溢于言表。

之前两人发生的那些不快，徽宗不再向旁人提及，既是因为他一直感念向太后的拥立之恩，也因为他担心传言会有损自己的权威，因此正史中对向太后多持褒扬之词。向太后死后，徽宗便可以随心所欲地处理政事了，也渐渐显露出了轻佻的本色。

谪居杭州的蔡京失去了政治靠山，就在世人认为他仕途彻底无望之际，他却被徽宗召回朝中，还被委以重任，甚至四度为相，执政将近十九年之久，其中的原因很是耐人寻味。

《宋史》《四朝国史》《东都事略》等史书均认为蔡京能复出得益于宦官童贯。徽宗痴迷于书法绘画，在杭州设立了明金局，明金局专门负责搜罗古玩字画和奇珍异宝。明金局由宦官负责管理，身为供奉官的童贯因此来到杭州，还住了一个多月。身为提举杭州洞霄宫的蔡京没日没夜地陪在他身旁，还将自己画的屏风、扇面全送给了童贯。蔡京在当时可是颇负盛誉的书画名家，童贯对他的作品自然爱不释手，回京后将其呈送给徽宗，同样酷爱书画的徽宗将蔡京视为寻觅许久的知音，于是将他召回朝中出任要职。

上述记载是史学界的主流观点，但恐怕经不起推敲。建中靖国元年（1101年）十二月十二日，蔡京从毫无实权的虚职提举杭州洞霄宫改知定州（今河北省定州市），兴冲冲地北上赴任。根据《皇宋十朝纲要校正》记载，直到次年三月，内供奉官童贯才动身前往杭州搜访书画珍玩，并监察东南事务，此时蔡京已经离开杭州两个多月了，两人恐怕连见面机会的都没有，攀附之事自然也就无从谈起了。由此可见，蔡京能回朝并非因为童贯，但他的确借助了宦官之力。

《三朝北盟会编》卷四十六记载，绍圣三年（1096年）七月，蔡京“为翰林院学士承旨，交纳内侍郝随、刘瑗”。仅仅两个月后，孟皇后被废，郝随恰恰是构陷她的罪魁祸首之一。孟皇后被废后，刘贤妃被册立为皇后，在此过程中出力甚多的郝随成了刘昭怀的铁杆亲信。身为左街道箓的道士徐知常经常以送符水的名义出入刘昭怀的寝宫，与徐知常交好的太学博士范致虚又恰恰是蔡京的亲信。

史书中没有留下蔡京勾结刘昭怀的记载，但蔡京一贯结交逢迎嫔妃权贵，郝随与徐知常又都是可以接触到刘昭怀的关键人物，蔡京不可能不通过他们攀附刘昭怀。不过此事极为隐秘，又事涉宫闱，大概是出于这个原因，史书中才没有留下直接记载，只说“已而宫妾、宦官合为一词誉京”。

朱太妃与刘昭怀携手度过了徽宗即位初期的那段艰难岁月，但她们依旧觉得朝中要有在关键时刻可以为自己说话的关键人物，所以她们与善于逢迎巴结的蔡京一拍即合，暗中襄助他早日回朝。当然，蔡京能顺利回朝也与他的亲信们不停地为他奔走呼吁有着密切关系。

建中靖国元年（1101年）十一月二十三日，徽宗发布了《建中靖国元年南郊改来年崇宁元年赦天下制》：“奉神考（宋神宗）初行之志，绎绍圣申讲之文。”他抛弃了“建中靖国”这个仅仅使用了一年的年号，改元“崇宁”，也就是“崇尚熙宁”之意，就此彻底放弃了中立的想法，决意继承父兄遗志，全面推行变法，随之而来的是更为剧烈的政局变动。也正因如此，蔡京迎来了东山再起的机会。

蔡京的亲信起居舍人邓洵武曾经对徽宗说：“韩忠彦是韩琦之子，当初韩琦就坚决地反对变法，如今他的儿子身居宰相之位，如若陛下继续推行新法，他又怎会真心拥护呢？”见徽宗快被说动了，他趁机说如果要推行变法只能重用蔡京，因为他是当下仅存的“元丰侍从”。

北宋前期，只有诸殿阁大学士、学士、直学士、待制才可以被称为“侍从”。元丰改制后，翰林学士、给事中、六部尚书、六部侍郎也被归入“侍从”的行列，中书舍人、起居郎、起居舍人等与皇帝关系密切的中低级别官员被称为“小侍从”，地方官带待制以上馆职被称为“在外侍从”。蔡京曾经在神宗朝任龙图阁待制、知开封府，正是“元丰侍从”这个特殊的政治身份成为他走向人生巅峰的重要砝码。

建中靖国元年（1101年）十二月十二日，也就是宣布改元“崇宁”后不久，蔡京被任命为龙图阁学士、知定州，后来改知大名府，蔡京距离都城开封已经越来越近了，朝廷也就此变得触手可及。

此时朝中的形势也发生了有利于蔡京的变化。韩忠彦虽是首相，但他遇事总是唯唯诺诺，反倒是次相曾布办事雷厉风行，大有取而代之之势。韩忠彦为此感到惴惴不安，为了制衡越来越咄咄逼人的曾布，他决意重新起用曾布的老对手蔡京。

蔡京重新回朝担任翰林学士承旨，不过令韩忠彦始料未及的是，蔡京不仅不知感恩，还在暗中策划着将他与曾布全都排挤出朝。崇宁元年（1102年）五月六日，韩忠彦被罢免了宰相职务，知大名府。十天之后，与曾布关系亲密的陆佃被罢免了尚书左丞之职，接任尚书左丞之位的正是蔡京，这也是他首次跻身执政的行列。蔡京深知要想独揽大权必须将职位更高、资历更老的曾布排挤出朝，此时的曾布还没有意识到危机即将来临，轻易地授人以柄。

曾布想提拔陈佑甫出任户部侍郎，曾布的女婿陈迪恰恰是陈佑甫之子，难免给人留下任人唯亲的印象。蔡京得知后，当着徽宗的面说道："爵禄乃是陛下之爵禄，怎么能允许宰相私自授予自己的亲戚呢？"

见蔡京公然揭短，曾布当即与蔡京争吵起来，他的情绪越来越激动，声调越来越高，出言也越来越不逊。虽然徽宗当时并未表态，但他对曾布的所作所为很是不满，认为明明是他有错在先，却不仅不知悔悟，还百般狡辩。

崇宁元年（1102年）闰六月九日，曾布被罢免了宰相之职，以观文殿大学士知润州（今江苏省镇江市）。蔡京随即接替他出任右相。次年正月，他又如愿升任左相，并且是朝中唯一的宰相。

蔡京能有今日的地位离不开刘昭怀的提携，他在如愿以偿后自然要投桃报李，孟皇后的地位再度变得岌岌可危。

第五章

野心皇后的悲剧人生

北宋历史上发生过一起未遂的宫廷政变，始作俑者便是野心勃勃的刘昭怀，她在徽宗病重期间想要垂帘听政，谁知徽宗后来奇迹般痊愈了，她也为自己的野心付出了生命的代价。

史书对于这件事大多语焉不详，以至于当时究竟发生了什么也成了一个难解的谜团，下面我们就一同走进那场波谲云诡的政变。

两位皇后的争斗

孟皇后复位之后，刘昭怀幸运地保住了皇后之位，但她却身陷夺子杀母的丑闻中。当年为了阻止刘昭怀成为皇后，右正言邹浩给哲宗上了一道札子，上面赫然写着："杀卓氏而夺之子，欺人可也，讵可欺天乎！卓氏何辜哉，得不愈于桀、纣也！"不过《宋史》认为这道劄子是后来蔡京授意亲信蓄意伪造的，想借此来陷害邹浩。不管邹浩是否指斥过刘昭怀杀母夺子，但他的确曾经言辞激烈地反对册立刘昭怀为皇后。他随后被编管新州，因敢于直谏而闻名于世。

徽宗即位之初想给世人留下从善如流的良好印象，于是特地将邹浩召回朝中，重新任命他为右正言，后来又将其升为左司谏，左司谏主要负责进谏。徽宗很佩服邹浩当时不畏强权、敢于直言的魄力与勇气，主动向他谈及当年他曾力排众议反对册立刘昭怀为皇后之事，还问他是否还留有那道劄子的草稿，但他却说草稿早就焚毁了。

事后，邹浩将此事告诉给了同为谏官的好友陈瓘，陈瓘忧心忡忡地说道："你恐怕离大祸不远了！你对圣上说草稿已被焚毁，如若那些奸人以你的名义伪造一道劄子，恐怕你怎么都无法摆脱嫌疑了！"

陈瓘的担忧很快就变成了现实。《宋史》记载："蔡京用事，素忌浩，乃使其党为伪疏。"这道伪造的劄子以邹浩的口吻直斥刘昭怀为了夺取赵茂不惜杀害卓氏的行为，还将哲宗比作夏桀、商纣那样的亡国之君，徽宗看完后自然龙颜大怒。

即便这道劄子是蔡京授意手下人伪造的，刘昭怀杀母夺子的传闻也不是他一手炮制的，因为这个传闻早就在朝野上下传得沸沸扬扬。

《续资治通鉴长编拾补》记载，崇宁元年（1102年）闰六月十八日，也就是蔡京升任执政的第三十二天，徽宗特地下诏澄清此事："元符之末，是生越王，奸人造言，谓非后出……其时两宫亲临抚视，嫔御执事在旁，缘何外人得入宫禁，杀母取子，实为不根。为人之弟，继体承祧，岂使沽名之贼臣，重害友恭之大义，诋诬欺罔，罪莫大焉！"邹浩获罪后被流放昭州（今广西壮族自治区桂林市平乐县）。

随着这道诏书的下发，这条沸沸扬扬的杀母夺子传闻也就此盖棺论定。当年八月，徽宗发布了《加崇元符皇后诏》："元符皇后实受遗训，故定策之际，钦成皇太后（朱太妃）深所付托。"徽宗将自己顺利即位归功于刘昭怀忠实地履行了哲宗去世前留下来的遗训，同时说她没有辜负哲宗生母朱太妃的殷切嘱托。这显然是在歪曲事实，朱太妃真正想拥立的是自己的儿子赵似而不是他，不过在刘昭怀的积极运作之下，朱太妃之前已经纳了投名状，成功获得了徽宗的原谅，乃至信任。徽宗不仅不再追究她们的过往，还要借助她们的力量来强化自身皇位的正统性，营造他是众望所归的政治假象。

当年十二月，徽宗追赠刘昭怀死去的儿子赵茂为皇太子，还特地赐予其"献愍"的谥号；次年二月五日，刘昭怀被破例尊为"崇恩太后"。太后尊号通常只会授予皇帝的嫡母，即便是皇帝的亲生母亲也只是被尊为太妃，徽宗却对自己的嫂子如此尊崇，这离不开蔡京的积极运作。

在刘昭怀受到尊崇的同时，失去婆婆向太后庇佑的孟皇后的处境却日渐堪忧，因为狠辣任性的刘昭怀不愿让她位居自己之上，不遗余力地想再度废黜她。当时徽宗正任用蔡京为相积极推行新法，孟皇后的身上被贴上了旧党的标签，所以她难逃再度被废的噩运。

崇宁元年（1102年）九月，也就是《加崇元符皇后诏》发布次月，此时蔡京从执政升任宰相还不到两个月，他便联合御史中丞钱遹等人共同上书，请求朝廷废黜孟皇后的皇后之位，同时还要求贬斥那些曾经支持孟皇后复位并密谋废黜刘昭怀的韩忠彦、曾布等人，他们的请求很快便得到了徽宗的批准。

其实蔡京与孟皇后并没有什么恩怨，他这么做只不过是按照刘昭怀的旨意行事罢了，当然蔡京也想借机打压自己的政敌。随着孟皇后再度被废，当初支持她复位的十七名官员全都惨遭贬谪，其中韩忠彦被降职为太中大夫，在怀州（今河南省沁阳市）居住。曾布被降为司农卿，分司南京。

蔡京自然不会轻易放过老对手曾布，打算坐实他贪污受贿的罪名，于是逮捕了他的儿子并对其进行刑讯逼供。曾布也因此被一路降为廉州（今广西壮族自治区北海市合浦县）司户，后来升任太中大夫、提举崇福宫。大观元年（1107年），曾布在润州（今江苏省镇江市）郁郁而终，享年七十二岁。

在享受了两年四个月的皇后殊荣之后，孟皇后不得不再度返回冷清的瑶华宫。她前前后后在那里居住了三十年，将自己宝贵的青春都留给了这座冷宫。但历史发展往往极富戏剧性，二十五年后，历史的滚滚洪流将这位早已被世人遗忘的废后推上了历史舞台的最中央，她也在荣耀中走完了自己的一生。

随着孟皇后被废，刘昭怀拥有了令人艳羡的一切，但她并不是一个安分守己之人。蔡京的小儿子蔡絛听父亲蔡京提及过一桩牵涉刘昭怀的盗窃案，特地将这件事写入了《铁围山丛谈》。

“由寝殿北，过后殿而西南，历诸嫔御阁又南，直崇恩太后宫而出。”崇宁年间（1102年—1106年），在一个月黑风高的夜晚，一名身手矫捷的“偷儿”秘密潜入守卫森严的皇宫大内，直到第二天天亮，此事才被人察觉，徽宗责令彻查此案。

这个窃贼来无踪去无影，追查起来难度极大。就在负责调查的部门焦头烂额之际，经验丰富的宰相蔡京为他们指明了破案的方向。这个窃贼能够成功地躲避巡逻人员，那么他定然对皇宫极为熟悉，绝非普通百姓。蔡京认为此人极有可能出自仪鸾司。仪鸾司专门负责管理皇家仪仗队，可以凭借职务便利出入皇宫。

蔡京随即找来仪鸾司的长官，向他询问本司是否有善于使用软梯并且近期消失不见的人。长官随即便想起了单和，因为案发之后，他再也没有到司。蔡京听后，当即下令搜捕单和。三天之后，单和在雍丘（今河南省开封市杞县）被捕。当时他全身上下挂满了金器，负责调查的官员随即对他进行了讯问，他见无法抵赖，只得交代了所犯罪行，说自己当晚用绳子将木棍连接起来制作成软梯，通过软梯悄无声息地潜入皇宫中。

这看似是一起普通的盗窃案，但细细品来会发觉其中另有蹊跷。不知为何，蔡絛将寡居的刘昭怀单列出来，写其他嫔妃时用的是“历”字，也就是经过的意思，但写到刘昭怀时却用了“出”字。蔡絛没有写单和如何潜入，而是直接写他从刘昭怀的寝殿内大摇大摆地出来。如若单和是为偷盗钱财而来，他为何偏偏只对刘昭怀一人下手呢？

细细品来，蔡絛用的极有可能是曲笔，他似乎在暗示刘昭怀与单和偷情，行迹败露之际，单和被迫选择逃亡，他身上那些价值不菲的金器其实不是他偷来的，而是刘昭怀赐给他的。由于涉及皇室丑闻，蔡絛自然不敢如实记述。

徽宗得知此事后极为恼怒，但为了皇室颜面，他只得将此事隐瞒下来。谁知刘昭怀不仅不知收敛，还在放纵的不归路上越走越远。

刘昭怀的阴谋

徽宗赵佶册立的第一位皇后是德州刺史王藻的女儿。元符二年（1099年）六月，王氏嫁给了当时还是端王的赵佶，被封为顺国夫人。元符三年（1100年）二月初十，王氏被册封为皇后。当年五月二十三日，她生下了皇长子赵桓，也就是后来的钦宗。这个孩子也成为徽宗与向太后角力的重要砝码，当时很多人以皇帝已经有了皇子为由迫使向太后撤帘。

建中靖国元年（1101年）正月十三日，向太后病逝。次年正月，朱太妃也离开了人世。因此，王皇后的册封典礼被一拖再拖。直到崇宁二年（1103年）六月，向太后大祥（死者两周年祭）之后，册封典礼才得以举行。

典礼一日不举行，王氏的皇后之位便一日不稳固，这也给了那些别有用心之人可乘之机。《宋史》记载："郑、王二妃方亢宠，后待之均平。巨阉妄意迎合，诬以暗昧。"郑氏和王氏原本是向太后殿内的"押班"，也就是负责管理宫女的小头目。由于生母死得早，端王赵佶时常来嫡母向太后居住的慈德宫问安，郑氏和王氏也因此与他熟络起来，时间长了彼此间暗生情愫。赵佶登基之后，向太后索性便将两人赐给了他。

"巨阉"指的是品级很高的大宦官，只有这样的人才有能力、有胆魄与王皇后为敌，他们在徽宗面前控告王皇后“暗昧”。“暗昧”这个词共有三个意思：第一个意思是昏暗不明，第二个意思是蒙昧愚陋，第三个意思是隐秘、不公开。昏暗不明与蒙昧愚陋有着强烈的主观色彩，难以准确地进行界定，因此这些宦官当时控告的应是王皇后有一些不可告人的秘事。徽宗随即命人调查，他并未像哲宗那样将此案交由宦官，而是交给了经验丰富的刑部侍郎周鼎。经过一番细致的调查，周鼎上奏查无实据，此事最终也不了了之。

王皇后虽一肚子委屈，但见到徽宗后却没有一句怨言，仿佛什么都没有发生过似的。徽宗不免有些愧疚，始终待之如初。

此事究竟发生于何时，《宋史》没有明确记载，不过主办此案的周鼎却有迹可查。元祐八年（1093年）正月，周鼎从左朝请郎升任刑部员外郎，此后一直从事刑部相关工作。五年后，也就是元符元年（1098年）正月，他升任大理寺少卿，即大理寺的次官。元符二年（1099年）三月，身为大理寺少卿的周鼎主持审理了当时震惊朝野的蹇序辰出使案，举荐他的人正是知枢密院事曾布。徽宗即位后，曾布因有拥立之功而获得了重用，周鼎也得以从大理寺少卿升任刑部侍郎。不过周鼎此后却是厄运连连。建中靖国元年（1101年）七月十七日，他从朝散大夫被降为朝奉大夫，却依旧担任刑部侍郎。事情的起因是一些罪犯原本已经按照元丰年间的法律被判处刺配，但周鼎依照元符年间的法律重新进行审理，将他们所受惩罚从刺配降为编管。“实体从旧”原则至今都是法律中的一项重要原则，也就是按照审理时的法律进行定罪量刑，案件审结之后，即便所依据的法律被废止或者变更，也不会影响判决的法律效力。

当年十二月十一日，刑部侍郎周鼎以直龙图阁的身份知齐州（今山东省济南市）。次年，也就是崇宁元年（1102年）八月十三日，他被“落职”，也就是被免去馆职直龙图阁，同时改知郢州（今湖北省钟祥市）。周鼎此番降职显然受到了曾布的牵连，因为就在两个月前，曾布被罢免了宰相职务。

通过梳理周鼎的人生轨迹，可以推断出王皇后被诬陷的事情只能发生在建中靖国元年（1101年）十二月十一日之前，因为周鼎被贬后便再也没有担任过刑部侍郎。

政治斗争极为讲究时机，在即位首年，也就是元符三年（1100年），刚刚登基的徽宗根基尚未稳固，还面临着复杂多变的政治局面。他既要防止赵似一党发动政变夺权，又要平稳有序地铲除章惇及其党羽，还要在不撕破脸的前提下夺回被向太后攫取的权力，可谓心力交瘁，此时的他根本没有时间与精力理会后宫的争斗。政局日渐平稳后，向太后又突患重病，徽宗时常因为照顾她而辍朝。建中靖国元年（1101年）正月十三日，向太后崩。当年五月初六，徽宗将向太后连同自己已经死去十二年之久的母亲陈太妃共同安葬在神宗的陵墓永裕陵。在此期间，丧礼诸多事宜都需要他亲力亲为，此时控告王皇后显然也不合时宜。因此，诬陷王皇后之事应该发生在丧事结束之后。

虽然《宋史》暗示郑贵妃和王贵妃是诬陷王皇后的罪魁祸首，但实际上并非如此。建中靖国元年（1101年）年初，郑贵妃便怀孕了。九月二十八日，她生下了皇次子兖王赵柽，但赵柽次日便夭折了，此后郑贵妃一直沉浸在丧子的悲痛之中。郑贵妃怀孕不久，王贵妃也怀孕了，于当年十一月顺利生下了皇三子郓王赵楷。两个待产的孕妇怎么可能精心策动废黜皇后的阴谋呢?

郑贵妃的族侄郑居中的确与徽宗的潜邸旧臣们交往密切，这些“随龙人”有的追随徽宗多年，有的深受徽宗器重。蔡京第一次拜相后，与徽宗君臣相得，但随着两人之间矛盾日益凸显，徽宗开始重用那些自己信得过的“随龙人”。诸王府记室参军温益是潜邸旧臣中第一个成为执政的人。温益名义上是诸王府记室参军，但当时开府的藩王只有申王赵佖、端王赵佶、莘王赵俣三人，赵佖患有眼疾，赵俣不谙文墨，唯有赵佶酷爱读书，因此温益实际就是端王府记室参军。

正是因为这层特殊关系，建中靖国元年（1101年）十一月初三，温益被徽宗任命为尚书右丞，次年六月升任中书侍郎。虽然郑居中与温益交往密切，但诬陷王皇后之事发生时，主政的是宰相韩忠彦与曾布，温益此时在朝中的话语权其实很有限。

崇宁二年（1103年）正月十二日，中书侍郎温益病逝。在此之后，徽宗开始重用另一位诸王府记室参军何执中，何执中还曾任端王侍讲，也因此赢得了“帝师”的美名。绍圣四年（1097年）前后，郑居中与何执中同为太学博士，两人由此结下了深厚的友谊。何执中先后受教于曾巩、曾布兄弟，郑居中则与曾布联姻，两人因为曾布的缘故关系又近了一层。

崇宁四年（1105年）二月十五日，何执中被任命为尚书左丞，自此成为执政。两年后，郑居中也在他的举荐下升任同知枢密院事，但此时距离王皇后被诬陷已经过去了四年之久。由此看来，当时想扳倒王皇后的人并非郑贵妃和王贵妃，应该是刘昭怀和刘明达母女。看到皇后册封典礼一再被推迟，刘昭怀便想趁着这个难得的机会将王皇后彻底拉下马，从而为养女刘明达日后的进封扫清障碍。

自从向太后去世后，刘昭怀便再也没有什么可以忌惮的了，徽宗又不断尊崇她，让她有些忘乎所以。虽然此时与她关系亲密的章惇及其党羽几乎都被贬出朝廷，但章惇毕竟担任宰相六年之久，在朝中势力可谓盘根错节，一时间难以彻底清除。此时蔡京虽然还在地方任职，但在朝中仍旧有许多亲信。刘昭怀意图借助他们的力量故技重演，像当年扳倒孟皇后那样扳倒王皇后。

不过他们策动的这场阴谋最终却被曾布的亲信周鼎成功挫败，此案也可以视为曾布与章惇、蔡京斗争的延续。秉公执法的周鼎随后频频遭遇算计，最终被贬为中奉大夫、提举杭州洞霄宫，只享受待遇，毫无实权。

大观三年（1109年）七月初五，何执中拜相仅仅一个月后，朝廷再度重用贬谪在外的周鼎，命其知应天府。应天府是当时的四京之一，政治地位极其重要，如若不是何执中竭力举荐，此等美差怎会突然落到周鼎的头上，由此可以看出他与何执中并非敌对关系。如若当年那场针对王皇后的阴谋是郑贵妃及其支持者策划的，与何执中关系密切的周鼎又怎会从中作梗呢？这也从侧面印证主谋应该就是刘昭怀和刘明达母女。

那场诬陷风波过后，王皇后表面上装作若无其事，但那件事成为她心头永远都挥之不去的梦魇，她不知道什么时候会再度遭遇政治危机，更不知道还会不会有周鼎那样的忠臣来保护自己，自此之后便一直闷闷不乐。大观二年（1108年）九月二十六日，年仅二十五岁的王皇后在不安与惶恐中走完了自己的一生。皇后之位终于空了出来，郑贵妃和王贵妃有了机会。但此时刘明达日渐得宠，接连为徽宗生下了两位皇子。郑贵妃却只生有一子兖王赵柽，还早就夭折了。在这一点上郑贵妃处于下风，但此时朝中发生了有利于她的变化。

大观三年（1109年）六月初四，蔡京二度被罢免了宰相职务，悻悻地离开了都城开封，黯然前往杭州，那里曾是他重返朝廷的起点，如今却再度成为他新一轮贬谪的起点。

十一月二十九日，徽宗册封蔡京为楚国公，同时责令他提前退休，当时几乎所有人都认定蔡京会就此彻底退出政坛。

就在蔡京离朝四天后，尚书左丞何执中被任命为左相，一跃成为朝中新任首相。有了何执中的支持，郑贵妃认为自己距离皇后之位又进了一步，孰料她前面的路其实并不平坦。

《宋会要辑稿》记载，大观三年（1109年）八月二十二日，在王皇后小祥（死者的周年祭）之期将近之际，何执中奏请徽宗另立新皇后，说道："长秋虚位，宜登崇贤淑，以慰安四海。"徽宗拒绝了何执中的请求。王皇后出殡那天，徽宗亲自将她的灵柩送至端门外，依依不舍之情溢于言表。他表示自己将会效法"祥符故事"，当年，为了表示对故去的郭皇后的缅怀，真宗在郭皇后去世五年后才册立刘娥为新皇后。

此番努力失败之后，何执中和郑居中只得无奈地选择等待，但朝中的政治格局正悄然发生着改变。大观四年（1110年）二月二十四日，张商英被任命为中书侍郎，重新回到执政的行列。当年六月初八，他又升任右相，在朝中的地位仅次于左相何执中。新任宰相张商英与刘昭怀和刘明达母女交往颇深。道士徐知常时常给刘昭怀送符水，刘昭怀觉得他送来的符水颇为灵验，便对他青睐有加。徐知常的好友范致虚不仅与蔡京交好，还与张商英过从甚密，于是成为刘昭怀与张商英沟通联络的中间人。

蔡京的小儿子蔡絛在《宣和殿记》中记载过这样一件事。崇宁二年（1103年）的一天，徽宗前来探望当时还是才人[①]的刘明达，忽然发现她头顶的冠与钗之间别着一张小纸条，他伸手取了下来，饶有兴趣地打开一看，上面写着一行小字：“张商英乞除右仆射。”

徽宗的脸色顿时阴沉下来，厉声说道：“我跟你说过多少遍了！不要干预外朝政事！”估计这张小纸条是刘明达的亲信刚刚送来的，刘明达还没来得及看，徽宗便突然来了，她仓促间只得将其藏在发间，但最终还是被发现了。

张商英与蔡京同属新党，又都是章惇的亲信，两人关系原本就较为亲密。蔡京的拜相诏书便出自张商英之手，诏书文辞优美，意蕴悠长，蔡京看后叹为观止。在蔡京的举荐之下，张商英先后出任尚书右丞、尚书左丞[②]，但他并不甘心就此止步。曾布被罢相之后，朝中只有左相蔡京一员宰相，因此张商英想借机升任右相，于是便积极寻求当时正得宠的刘明达的帮助，谁知不慎弄巧成拙。

徽宗将那张小纸条交给蔡京，蔡京看后不禁冷汗直流。张商英经他的举荐才位至执政，可如今却瞒着他暗中勾结后宫嫔妃谋求升迁，还被徽宗逮了个正着。蔡京在愤怒之余也感到惶恐不安，此事一旦被政敌得知，他们势必会趁机弹劾他。蔡京只得规劝徽宗不宜深究此事，因为此事事涉宫闱，若是不慎传扬出去，恐怕会有损皇家颜面。徽宗最终将此事压了下来，找了个其他事由将张商英罢知亳州。

自此之后，蔡京便与张商英彻底分道扬镳，后来两人甚至还反目成仇。为了让张商英永世不得翻身，蔡京将他列在专门为旧党人士打造的石碑上，也就是元祐党籍。蔡京第一次罢相后，朝廷特地将张商英从元祐党籍中去掉，谁知

---

① 原文为贵人，应为才人。

② 原文记述他从尚书左丞升任中书侍郎有误，混淆了他前后两次担任执政的经历。

蔡京很快便得以复相，张商英也很快被再度免去实职，先后安置在归州（今湖北省治秭市归县）、峡州（今湖北省宜昌市）。不过天有不测风云，东山再起的蔡京第二次被罢免了宰相职务，张商英也终于迎来了自己的出头之日。上次刘明达未能帮他实现拜相的愿望，但在蔡京倒台之后，闲居峡州的张商英被迅速召回朝政出任要职，这中间定然少不了刘昭怀和刘明达母女的助力。

张商英拜相之后，何执中、郑居中等人认为册立皇后之事已然刻不容缓，如若此时郑贵妃不能顺利上位，一旦张商英站稳了脚跟，或许郑贵妃此生都与皇后之位无缘。

大观四年（1110）九月十五日，宰相何执中等人在王皇后大祥之期即将来临之际，再度恳请徽宗尽快册立皇后，依旧遭到了徽宗的拒绝。按照“三年之丧”的礼制，如今皇子们仍在为嫡母王皇后服丧，因此徽宗认为此时不宜立后。

再度被拒绝之后，何执中等人并未像上次那样选择等待而是接连上表，恳请徽宗“顾以宗社为重，以义断恩，俯徇群情”。他们将册立皇后一事提升到为了稳定江山社稷的新高度，但实际上他们就是想推动郑贵妃立为新皇后，这样他们可以从中受益。

徽宗岂会看不穿他们的政治算计，可他不仅没有恼怒，还特地写下手诏：“卿等以宗社为重，请建坤仪，陈义甚高，深嘉诚意，勉以从之。”他决意不再效仿“祥符故事”，而将册立皇后之事正式提上议事日程。

徽宗在立后这件事上态度之所以发生如此之大的转变，不是被何执中等人那番话语感动了，而是因为当时他已然身不由己了。

失算的太后

大观四年（1110年）二月初二，徽宗接见了刚刚从峡州返京的张商英，当即任命他为资政殿学士、中太一宫使。此时徽宗已经染病，直到政和元年（1111年）七月十一日，他才基本痊愈，整个患病历程长达一年半。此时徽宗诸子尚年幼，一旦徽宗像哥哥哲宗那样暴亡，那么早就蠢蠢欲动的各方政治势力势必展开激烈的权力博弈，最令他不安的还是野心勃勃的嫂子刘昭怀，所以他才不得不做最坏的打算。

在政治气氛日趋紧张之际，徽宗只得同意册立新皇后。皇后之下是“四妃”，贵妃的政治地位最高。当时被封为贵妃的共有三人，其中资历最深的是郑贵妃。崇宁三年（1104年）二月初二，她在生下皇六女寿淑帝姬后被封为贵妃，比刘明达早了五年。大观元年（1107年）四月，王氏也被册封为贵妃。直到两年后，刘明达才被册封为贵妃。

尽管在三位贵妃中刘明达入宫时间最晚，获封贵妃时间也最迟，但她有养母刘昭怀的强力支持。为了实现自己的政治野心，刘昭怀自然要竭尽全力将养女送上皇后之位，但她私底下的小动作让徽宗渐渐对她起了猜忌之心，于是彻底放弃了刘明达，开始在郑贵妃和王贵妃之间进行选择。郑贵妃获得了何执中和郑居中的支持，在声势上要超过王贵妃，但王贵妃的生育能力超强，为徽宗生下了五子三女。在五个儿子之中，仅有荆王赵楫一人夭折，郓王赵楷、肃王赵枢、徐王赵棣、相国公赵梴全都长大成人。在三个女儿之中，则唯有崇德帝姬得以成年。

郑贵妃所生独子兖王赵柽不幸夭折，其他五个孩子均为女孩，但这个劣势如今却成了她最大的优势。若是徽宗册立王贵妃为皇后，那么太子便只能从她所生的儿子中产生，这显然是他不愿看到的。

由于皇次子兖王赵柽早夭，关于太子人选，徽宗在皇长子赵桓与皇三子赵楷之间摇摆不定，正因为如此，徽宗在新后的人选上放弃了赵楷的亲生母亲王贵妃，选择了没有儿子的郑贵妃。如此一来，他可以继续对两人进行考察，从而在适当的时候做出取舍。大观四年（1110年）十月初二，徽宗正式下诏册立郑贵妃为皇后，但这场后位争夺战并未彻底落下帷幕，因为刘昭怀并不是一个轻易认输的人。

刘昭怀将逆风翻盘的希望寄托在了张商英的身上。拜相两个月之后，张商英推荐邓洵仁出任尚书右丞，还举荐侯蒙同知枢密院事。虽然侯蒙并非张商英一党，但两人的很多政见都很一致。次年三月，张商英又推荐王襄同知枢密院事。此时蔡京的党羽余深、林摅、薛昂等人相继被逐出了朝，他推荐的人占据了宰执的半壁江山，这引起了左相何执中的警觉，所以当张商英准备举荐亲信石公弼为执政时，遭到了何执中的坚决反对，最终未能如愿。

如今张商英一党日渐得势，刘昭怀决意在政和元年（1111年）二月皇后册封典礼正式举行前发动绝地反击，一举废掉郑皇后，然后再立自己的养女刘明达为新皇后。这显然是何执中、郑居中等人不愿看到的。为了打压张商英一党，何执中、郑居中等人不停地搜集他们的罪证，最终将唐庚作为彻底击败张商英的突破口。

唐庚是张商英的心腹幕僚，素有“小东坡”之称，他无论是诗歌风格还是人生际遇，都与苏轼很像。唐庚当时提举京畿常平，提举常平司是推行新法的核心部门，不仅地位重要而且职责繁重，很容易授人以柄，即便是小小的工作失误都可能会被别有用心之人加以利用。踌躇满志的唐庚因受到打压而被贬往惠州（今广东省惠州市）。

何执中与张商英两派的激烈交锋给原本已经被边缘化的蔡京再度出山创造了机会。《续资治通鉴长编拾补》记载，蔡京的亲信御史中丞张克公趁机大肆抨击张商英“比中宫建立，阴怀异志”，指责他意图更换皇后，同时恳请徽宗尽快召回蔡京主持大局。

政和元年（1111年）三四月份，徽宗再度病倒后便一直卧床不起，休养了三个多月才渐渐好起来，其间甚至几度传出病危的消息。一直蠢蠢欲动的刘昭怀误以为徽宗气数将尽，便在暗中紧锣密鼓地筹划着。她究竟做了些什么，史书中语焉不详，不过《皇朝编年纲目备要》记载，徽宗痊愈后对蔡京说：“朕前日大病，那个便有垂帘意。”

其实刘昭怀一直都幻想着自己有朝一日能够超越刘娥。《皇朝编年纲目备要》，她曾带着一丝不屑地说道：“章献明肃大误矣，何不裹起幞头，出临百官！”她心中真正崇拜的是君临天下的武则天，但历史并没有给她将野心变为现实的机会。刘昭怀也看得很清楚，只有皇帝的嫡母或者嫡祖母才有这个资格，作为皇嫂，她难以实现垂帘听政的梦想，所以她只能不遗余力地将养女刘明达推上皇后之位。刘昭怀首先要做的便是将郑皇后拉下马，虽然徽宗已经下诏册立她为皇后，但册立典礼还没有举行，她还不能算真正意义上的皇后。这段空窗期也是她们最后的机会。

一旦刘明达被册立为皇后，那么她的儿子便可以凭借嫡子身份被优先立为太子。徽宗病故之后，年幼的太子登基，刘明达顺理成章地垂帘听政，刘昭怀便可以躲在幕后操控一切。或许刘昭怀还有更为疯狂的想法，那就是将刘明达所生的儿子过继给故去的哲宗，如此一来她便可以以嫡母身份直接垂帘听政。

在何执中、郑居中等人的大肆渲染下，刘昭怀一党的异动让徽宗感到深深的不安与恐惧。为防不测，徽宗在卧床养病期间特地命亲信宦官持剑守护在寝殿门口。除了他下令宣召的人之外，其他人一律不见，谁要是胆敢擅自闯入殿内，一律格杀勿论。

刘昭怀误以为徽宗此番挺不过来了，因为自从英宗入继给仁宗之后，他们这一支子孙活得都不算长。徽宗的祖父英宗三十六岁时病故，父亲神宗三十八岁时驾崩，哥哥哲宗二十四岁时早逝。不过让刘昭怀始料未及的是，政和元年（1111年）七月十一日，一直卧病在床的徽宗奇迹般痊愈了，还多活了二十四年。即便是在“靖康之难”后，他被金人掳掠到了寒冷的东北，仍旧顽强地生活了九年之久。

徽宗病愈后自然要惩处那些在他患病期间心怀异志之人，但他担心可能会引发朝廷的动荡，于是想起了已经退休的老臣蔡京，准予蔡京落致仕，落致仕类似于今天的退休返聘。政和元年（1111年）六月二十三日，蔡京被任命为太子少师，随后又升任太子太师。在其同党中人的摇旗呐喊之下，希望他再度拜相的呼声越来越大。

政和元年（1111年）八月二十七日，张商英被罢免了右相职务，出知河南府。张商英举荐的执政们也相继被贬出朝。政和元年九月十八日，同知枢密院事王襄被罢免；政和三年（1113年）四月十二日，尚书右丞邓洵仁被罢免；政和七年（1117年）十月二十四日，已经升任中书侍郎的侯蒙被罢免。不知是巧合还是有人刻意为之，三人被贬出朝后全都不约而同地被派往亳州。

政和元年（1111年）十月，张商英责授崇信军节度副使，在衡州（今湖南省衡阳市）安置。与此同时，王襄、范致虚等八名他的亲信全都被贬为虚职宫观官。宣和三年（1121年），七十九岁的张商英郁郁而终。

张商英被贬也敲响了刘昭怀覆亡的丧钟。其实大病初愈的徽宗原本并不想立即对她进行严惩，但何执中、郑居中等人不愿轻易放过她，因为只要她还活着，随时都有可能会危及郑皇后。

政和三年（1113年）二月初九，天空中弥漫着浓浓的黄色雾霾，似乎预示着这是非比寻常的一天。徽宗与左相何执中商议如何惩处刘昭怀，何执中想出了一招借刀杀人之计。他建议徽宗派遣信得过的宫女宦官前往刘昭怀居住的殿内，名义上是侍奉，实际上是恫吓，逼迫她自行了断。如此一来，徽宗既能彻底铲除这个政治威胁，又不至于背负杀嫂的骂名。徽宗听完此番话，一脸惊愕地看着何执中。徽宗虽然极为痛恨刘昭怀，但她毕竟是自己的嫂子，他不想将她逼上绝路，便推说自己先考虑考虑，晚上再商议此事。夜幕降临后，诸位宰执如约而至。可就在众人进行商议时，他们突然听到了刘昭怀自杀的消息。

刘昭怀大概是感受到危机即将来临，那些之前对她十分尊敬的宦官宫女们如今变得傲慢无礼，便意识到徽宗要对自己动手了。在极度恐惧之下，她用帘钩自缢身亡，享年三十九岁。

其实刘昭怀若是能像孟皇后那样选择默默地承受一切，屈辱地活下去，或许还会有一线生机，但她接受不了如此之大的身份落差，所以通过自杀的方式为自己赢得最后的体面。

刘昭怀的死让徽宗深受触动。如今孟皇后已经被废，如若他再将已经自杀的刘昭怀废黜，黄泉之下的哲宗恐怕真的要沦为孤家寡人了，所以他思虑再三后，最终选择放过她。政和三年（1113年）五月二十七日，徽宗以皇后之礼将刘昭怀安葬在哲宗所在的永泰陵，祔太庙哲宗室，仿佛什么事情都没有发生过。刘昭怀通过自杀的方式保住了自己生前的所有荣耀。

“一门三后”

自从养母自杀之后，刘明达便一直生活在惶恐不安中。《宋史》记载，那日，望着自己亲手种下的芭蕉，她突然说道：“是物长，吾不及见矣。”她当时只有二十七岁，却说自己等不到那株芭蕉枝繁叶茂的那一天了。此后不久，刘明达便病倒了。徽宗起初不以为意，对她颇有些不闻不问。原本得宠的刘明达此时已经很难再见到徽宗了。在众人的劝说下，徽宗才动身前去探望刘明达，不过他去时刘明达已经死了。

年纪轻轻的刘明达从发病到去世中间的时间极为短暂，最奇怪的是她似乎早就知道自己大限将近。她死于政和三年（1113年）七月二十二日，此时距离她的养母刘昭怀去世仅仅过去了半年时间。刘明达之所以会早逝，要么是因为她一直生活在极度痛苦之中，以至于积忧成疾，要么就是在巨大的心理压力之下自尽。否则她怎么可能会事先预知自己的生死呢?

刘明达离世后，伤心不已的徽宗赐给他四字谥号“明达懿文”。按照惯例，只有垂帘听政的皇后死后才会获得四字谥号，比如刘娥的谥号为“章献明肃”、高太后的谥号为“宣仁圣烈”、向太后的谥号为“钦慈献肃”。刘明达的养母刘昭怀虽也是皇后，但没有垂帘的机会，所以只能获得两字谥号

“昭怀”。

徽宗想效仿当年仁宗追封张贵妃为温成皇后的先例，但他的心中有些顾虑，虽然他竭力掩盖刘昭怀企图垂帘听政之事，但朝中依旧有很多人知晓，所以他只得竭力掩盖刘明达为刘昭怀养女的身份。

《宋会要辑稿》记载，政和三年（1113年）八月十九日，郑皇后对徽宗说：“妾有养女故贵妃刘氏……愿赐讨论，别议追崇之礼。”刘明达就此从刘昭怀的养女变成了郑皇后的养女，徽宗顺势将她追封为皇后。之前已经分析过，两人之间的收养关系根本经不起推敲。

刘明达死后获得如此哀荣，一方面是因为徽宗对她的死感到痛心，另一方面则与她的养女刘明节日渐得宠有关。刘明节出生在一户穷苦人家，他的父亲刘宗元是酒馆里的伙计。绍圣五年（1098年），年仅十岁的刘明节入宫成为宫女，后来被分配到刘昭怀居住的崇恩宫，自此之后服侍刘昭怀达十五年之久。刘昭怀自杀后，崇恩宫内的宫女几乎都被遣散出宫，无依无靠的刘明节只能暂时寄居在宦官何䜣家中，但何䜣对她并不好。就在刘明节最迷茫的时候，她生命中的贵人宦官杨戬出现了。杨戬一见到她便被她的美貌深深吸引，于是将她重新带回宫中，坚定地认为她只有回到皇宫才会有出人头地的机会。

刘明节此前在深宫中耗费了十五年的青春，依旧只是个小宫女，所以她对出人头地没有抱太大的希望。恰在此时，她遇到了自己的第二个贵人刘明达。刘明节是罪人刘昭怀近前的宫女，旁人唯恐避之不及，刘明达却毫不顾忌地将她收为自己的养女。刘明达非常清楚徽宗的喜好，觉得养女刘明节就是他喜欢的那种女子。在刘明达的举荐下，刘明节终于有机会服侍在徽宗近前。此时刘明达与徽宗的关系已经大不如前，她想通过进献刘明节的方式度过政治危机，就像当年养母刘昭怀将她进献给徽宗那样。

政和三年（1113年）闰四月，二十五岁的刘明节被徽宗封为才人。仅仅两个月后，她的养母刘明达便去世了，但徽宗如同当初宠爱刘明达那般继续宠爱她。根据《碧湖杂记》的记载，皇宫保和殿西南侧的堂屋名为玉真轩，轩内有玉华阁，那里便是刘明节的住处。当时道士林灵素极为得宠，夸赞徽宗是长生帝君，还说刘明节为九华玉真安妃，乃是天上仙女下凡。貌似神通广大的林灵素时常为徽宗表演降神大戏，每次都会摆放刘明节的牌位，悬挂她的画像。刘明节也极为配合，每次降神时，她就仿佛喝醉酒一般。徽宗越发觉得刘明节并非寻常女子，对她愈加宠爱。

蔡京还特地为刘明节赋诗："保和新殿丽秋晖，恩许尘凡到绮帏，雅兴酒酣添逸兴，玉真轩内见安妃。"她在保和殿侍宴时，徽宗还特意让她给蔡京劝酒。由此可见，刘明节的得宠绝非偶然，从刘昭怀到刘明达，再到刘明节，蔡京始终与后宫保持着千丝万缕的联系。

宣和三年（1121年）四月初二，已经晋升为贵妃的刘明节因病去世，年仅三十三岁。

病重期间，她特地吩咐身边人说："我有遗嘱写在领巾[①]上，等我去世后你们再交给官家。"她去世后，徽宗用颤抖的手拿起那条领巾，上面用蝇头小楷写了数百字，大致意思是她出身卑贱，有幸得到陛下宠信，如今不幸与陛下分离，还望陛下以江山社稷为重，不要为她的死而悲伤。自此之后，徽宗每每见到这条领巾便会想起她，悲痛之情顿时涌上心头。徽宗破例追册她为皇后。他一生册立过两位皇后，即王皇后与郑皇后，还追册过两位皇后，即刘明达和刘明节。徽宗生性好色，后宫之中有着各式各样的美女，但他对刘明达和刘明节尤为钟爱。刘昭怀、刘明达、刘明节三人全都享受着皇后待遇，堪称后宫奇迹。

刘昭怀试图垂帘风波过后，蔡京奇迹般三度出任宰相。此时的徽宗变得异常敏感，几乎对所有人都失去了信任，将权力牢牢地掌控在自己手中，几乎所

① 女子系在脖子上的丝棉织物。

有政事都自行处分，即便是宰相蔡京都沦为可有可无的摆设。

人都有犯错的时候，况且徽宗又并非才能卓著的明君，在满朝文武违心的赞赏声中，他开始忘乎所以，将北宋一步步推向覆亡。

第六章

被战乱拯救的废后

废黜皇后在历朝历代都是关乎江山社稷的大事，皇后一旦被废下场通常都会极为悲惨，复位往往是一个遥不可及的梦。孟皇后却是一个特例，缔造了“两废三立”的传奇，最终在无上荣耀中走完了自己的一生。

多变的命运

孟皇后被废后在冷清的瑶华宫艰难度日，她与外界的联系几近中断。在长达二十四年的时间里，没有人知道她的苦，更没有人在意她的痛。

就在孟皇后渐渐被世人遗忘之际，外面的世界正在发生着翻天覆地的变化。宣和七年（1125年）十月，两路金军分别从如今的山西、河北地区南下。完颜宗翰（粘罕）率领的西路军被阻挡在太原城下，但完颜宗望（斡离不）率领的东路军却在几乎没有遇到太大抵抗的情况下杀到了开封城下。

局势危急之际，惊慌失措的徽宗将皇位禅让给了长子赵桓，随后仓皇南逃。钦宗赵桓任命坚决主战的兵部侍郎李纲死守开封，金军一时间难以攻克，各路勤王大军又相继赶来。孤军深入的完颜宗望无心恋战，便同意了北宋议和的要求。北宋朝廷同意割让太原、中山、河间三镇并支付巨额战争赔款，还按照金人要求选派一位亲王与一员宰相为人质。钦宗指定康王赵构前往金营，陪他一同前去的是少宰（右相）张邦昌。赵构本应成为政治牺牲品，谁知机缘巧合地成了笑到最后的人。

赵构硬着头皮来到金营充当人质，他与金国皇族子弟一起射箭时，射出的三支箭全都正中靶心，他精湛的射术让金人对他的身份生了疑。金人觉得他不像是生长在深宫中的皇子，而像是将门子弟，于是要求北宋换人。钦宗只得用肃王赵枢来代替康王赵构。赵枢的同母哥哥郓王赵楷曾是钦宗最大的竞争对手，如今大权在握的钦宗自然要借机报复。

二月初九，金军开始陆续北撤，肃王赵枢再也没能回来。张邦昌被金军放回，还升任太宰（左相）。

就在金军撤军前后，瑶华宫突然失火了，孟皇后不得不迁居延宁宫。但正是因为这场突如其来的大火使得她再度被人记起，她的命运也迎来了转机。

金军来袭时，徽宗将皇位交给儿子钦宗后便仓皇南逃。金军北撤后，徽宗返回开封，钦宗便将他软禁起来。为了缓解当下的政治危机，钦宗急于做出改变，甚至到了为了否定父亲而不择手段的地步。既然孟皇后是被父亲废黜的，那么他为了泄愤，或许还夹杂着一丝怜悯，试图再度恢复孟皇后的皇后之位，不过却遇到了极大的阻力，

当初徽宗为她复位时便饱受争议，因为废黜她的人是哲宗，作为弟弟的徽宗无权否定哥哥的决定，不过当时向太后仍旧健在，向太后是哲宗的嫡母，自然可以名正言顺地纠正哲宗的错误。可如今向太后已经故去多年，作为侄子的钦宗为孟皇后复位名不正，言不顺，所以钦宗便将此事搁置下来。与此同时，政治局势再度变得紧张起来。

金军撤兵之后，钦宗开始后悔割让太原、中山、河间三镇。朝廷内部围绕交割三镇也是争论不休，因此金人认定北宋言而无信。靖康元年（1126年）八月，金太宗以北宋不守约为由，再次兵分两路南下攻宋。这次西路军统帅完颜宗翰顺利攻下了太原府，东、西两路金军终于可以齐头并进，焦头烂额的钦宗自然无暇顾及为孟皇后复位之事。

由于之前与金人打过交道，康王赵构于十一月十六日奉钦宗之命出使河北，向金人求和。赵构此番北上风险莫测，但他正是利用这次出使的机会逃离了开封这座即将沦为人间炼狱的都城。十一月二十日，赵构抵达位于黄河岸边的磁州（今河北省邯郸市磁县），知磁州宗泽拦住了他。如今肃王赵枢一去不

复返，宗泽不想再看到赵构以身涉险，知相州（今河南省安阳市）汪伯彦闻讯后也赶来劝阻。赵构最终选择留在相州，决定根据局势变化再选择何去何从。

仅仅五天后，金军东路军便率先抵达开封城下。闰十一月初二，西路军也赶来与其会合，将开封城围得水泄不通。经过二十三天的激战，开封外城被金兵攻破，开封内城危如累卵，上至钦宗，下至普通士卒，全都无心再战，只想着屈辱求和。金人勉强接受了北宋提出的议和条件，但要求徽宗亲自来金军大营进行谈判。徽宗早就被吓破了胆，自然不敢前去。闰十一月三十日黎明，钦宗鼓足勇气代替父亲前往军营，金人向他漫天要价，此时他已经沦为他人刀俎之下的鱼肉，只得硬着头皮暂且答应下来。随后，金人将开封城中的金银搜刮殆尽，依旧不肯收手。金人责令钦宗再来军营谈判，这次他再也没能回去。

此时开封城中已然是一副末日景象，即便是一向不关心时局的孟太后都生出了朝不保夕之感。金人的悍然入侵使得孟太后复位的希望彻底破灭，但她也因祸得福。金人按照嫔妃名册将后宫中有封号的嫔妃全都搜罗一空。孟太后被废黜多年，并非徽宗和钦宗的嫔妃，又已经被世人所遗忘，这才幸运地逃过了一劫。

十二月初一，赵构自称大元帅并在相州置府，开始招兵买马，他的麾下士卒很快便激增至一万余人。宗泽力主率军南下，截断金军退路，从而解开封之围，但赵构与汪伯彦却拒绝了他的建议，因为他们没有胆量与金军一战，于是率军退入山东境内。靖康二年（1127年）二月二十三日，赵构退到济州，各路宋军、义军相继前来投奔他，他一时间号称拥有兵马百万，但对近在咫尺的徽宗和钦宗置之不理。

赵构抵达济州四天后，延宁宫又发生了大火，孟太后只得徒步前往相国寺方向，寄居在侄子通直郎、军器监孟忠厚的府上。此时北宋灭亡已经进入了倒计时。

三月初七，金人主持仪式册立张邦昌为新皇帝，但张邦昌的脸上没有一丝一毫喜悦之情。张邦昌颤巍巍地上了马，来到西府门时摇摇晃晃，似乎将要从马上摔下来，他赶忙勒住马，休息了一会儿，才哭着继续前行。张邦昌来到宣德门西阙下，走进早已架设好的帷帐内，此时金人已经备好御衣、红伞等御用物品。他无奈地穿上御衣，走出帷帐，向着金国方向行拜舞大礼，缓缓跪下。金国使臣开始宣读金国皇帝的册书："咨尔张邦昌，宜即皇帝位，国号大楚，都金陵。"

册封仪式结束后，张邦昌步行来到文德殿，接受文武百官的朝拜。此时他的心中充斥着无尽的忐忑，不敢坐在大殿正中的龙椅上，而是坐在了旁边的一把小椅子上，也不敢坐着接受官员们的朝拜，而是恭恭敬敬地站着，他苦着脸说："我不是有意窃取皇帝之位，而是我不想看到生灵涂炭，才不得不如此。"

三月二十七日，张邦昌率百官来到南薰门五岳观，望着眼前的金军大营，默默祝福着被金军扣留的徽宗与钦宗。众人一时间痛哭不已，意识到这次与他们分别极有可能就是永别。当天，金军东路军统帅完颜宗望押送着徽宗及其皇后郑氏，还有各位亲王、妃嫔乘坐牛车向北驶去。四月初一，金军西路军统帅完颜宗翰押送着钦宗、其皇后朱琏以及太子赵谌，还有官吏、工匠、宦官等一行人踏上了北上的路。

金人撤军之前原本打算留下一支部队来保卫势单力孤的张邦昌，但权佥书枢密院事吕好问却说："南北方差异很大，留下来的军士很可能难以适应中原风土，反而会生出事端。"金人说不必担心，他们将会派一位贝勒来统领留守金军。吕好问说："贝勒可是贵国极为金贵的大人物，万一有个什么闪失，我们的罪过可就大了！"正是在吕好问机智巧妙的应对之下，金军才全部撤走。

吕好问是当时城中为数不多的清醒之人，金军走后，他对伪皇帝张邦昌说："相公您是真的想当这个皇帝，还是迫不得已才与金人逢场作戏呢？"

张邦昌望着他不解地问："不知你这是何意？"

吕好问说："相公应该清楚民心所向，全城军民只不过是迫于金军淫威才不得不向您屈服，如今金军已经撤走了，难道您就不考虑考虑自己的未来吗？”

其实这些天张邦昌也陷入极度焦虑之中，他虽有野心，但又对自己的能力不太自信，一时间不知如何是好。吕好问对他当下的困境看得很清楚，趁机对他说：“如今大元帅赵构在城外，孟皇后在城内，唯有还政于赵氏方能转危为安。”

张邦昌听后，也认为这是万全之策。四月初五，张邦昌将寄人篱下的孟皇后迎到延福宫，特地降下手书将她尊为宋太后。四月初七，张邦昌派遣自己的外甥吴何与赵构的舅舅韦渊一同前往济州，还带去了他的一封亲笔信，详细阐述了自己称帝的无奈，说自己没有以身殉国就是想要完成最后的使命。他还说如今已经封存了府库，殷切期盼着赵构尽快前来。

赵构盛情款待了吴何和韦渊，给予两人丰厚的赏赐，以此来向张邦昌示好，但他并未贸然返回暗流涌动的开封城。

监察御史马伸上书恳请张邦昌脱下龙袍当回宰相，将军政事务交由孟太后处置，同时派遣使者奉迎赵构回京，如此一来才能消除众人对他的猜忌。四月初九，张邦昌彻底放弃了自己的皇帝梦，恳请孟太后垂帘听政。世人听到这个消息后无不欢欣鼓舞，因为他们心心念念的大宋还有继续存续下去的希望。为了不留后患，他赶忙将几天前下发的册立孟太后为宋太后的手书收缴上来销毁掉了。

靖康二年（1127年）四月十一日，孟太后驾临内东门小殿，并在那里垂帘听政，张邦昌以太宰身份退居资善堂，结束了自己惶恐不安的三十三天的伪皇帝生涯。如今开封城中没有了皇帝，在京的文武百官们纷纷恳请赵构即位，但赵构先予以推辞，因为此时他还不太了解开封城中的真实情形，尤其是还不知道垂帘听政的孟太后的政治态度。

四月十五日，孟太后颁布手书昭告天下：“汉家之厄十世，宜光武之中兴；献公子之九人，唯重耳之尚在。”孟太后将康王赵构比作中兴汉室的光武帝刘秀和重振晋国雄风的晋文公重耳，将复兴大宋的希望寄托在了他的身上。

接到孟太后的手书后，赵构一时间欣喜不已，承诺会尽快返回开封城中拜谒太庙，还说会一直等待着钦宗平安归来，在钦宗缺位的这些日子里，自己将代为处理军政事务。

身在开封的孟太后一直期盼着赵构可以尽快回京，但赵构心中对开封有着深深的阴影，认为那里是不祥之地。金人随时可能会打回来，城内各派政治势力也是暗流汹涌，因此他不敢贸然回去。在权衡利弊之下，赵构最终选在应天府登基。五月初一，兵马大元帅康王赵构在南京应天府即皇帝位，就在同一天，完成历史使命的孟太后正式撤帘。高宗赵构尊钦宗为渊圣皇帝，尊孟太后为隆祐太后。

在山河破碎之际，赵构理应竭尽全力重整山河，可他却在登基次日便迫不及待地下诏为高太后正名。在新党的诋毁攻讦之下，高太后虽然并未遭到废黜，却已然是形象尽毁。赵构从官方层面承认高太后有大功于社稷，还将那些攻讦她的新党人士认定为奸臣，责令国史院重新撰写高太后的事迹并公开发布。

孟太后与高太后关系密切，与新党人士不共戴天，这是尽人皆知的事情，赵构此举显然是在主动向孟太后示好。在当前时局之下，孟太后对赵构的重要性不言而喻。由于赵构的父亲与兄长仍旧健在，他这个皇帝从一开始就有些得位不正。虽然孟太后被废黜多年，但她毕竟是哲宗的原配妻子。徽宗的皇位便继承自哥哥哲宗，只要孟太后认可他，他这个皇帝便具有了合法性。

在尊崇孟太后的同时，高宗并未忘记被金军掳掠到东北的亲生母亲韦贤妃，将她遥尊为宣和皇后。赵构的原配夫人嘉国夫人邢秉懿也被金人掳走，此时的他并不知道妻子是死是活，依旧将她册立为皇后。陪伴在赵构身边的只有宫人潘氏，她由于没有获得任何封号而没被金军掳走，这些日子她一直不离高宗左右，因此赵构进封她为贤妃。六月十三日，高宗即位一个多月后，潘贤妃为他生下第一个儿子，也是他唯一一个儿子赵旉。

高宗在登基之初任用主战派大臣李纲为相，但其实他早就被金人吓破了胆，一直不敢与金人一战，李纲也渐渐看清他的真面目，最后无奈地离去。高宗随后任命黄潜善为左相、汪伯彦为右相，两人只知一味地妥协求和，致使越来越多的将士对高宗离心离德，甚至后来不惜发动兵变迫使他退位。

高宗认为应天府并非久留之地，急切地想要逃到南方，特地派遣官员奉迎如今仍在开封的孟太后前来应天府。高宗与朝臣坦率地说自己与被废黜多年的孟太后并不相识，可如今他们都需要彼此。失去了孟太后的政治支持，得位不正的高宗便难以号令天下；失去了高宗的尊崇，孑然一身的孟太后就难以在乱世中立足。

高宗带着孟太后一行人来到了风光秀丽的扬州，但他们平静的生活即将被金军的铁蹄所打破。建炎二年（1128年）秋冬之际，左副元帅完颜宗翰率领金军兵分三路渡过黄河大举南侵。侍御史张浚认为高宗应当先安顿好六宫，再图天下，高宗深以为然。十月十三日，高宗任命武功大夫、鼎州团练使苗傅为扈从统制，护送着孟太后、嫔妃以及皇子前往杭州。金军要想追至杭州需要跨越淮河、长江与钱塘江三道天堑，因此那里暂时是比较安全的。

十二月初五，经过将近两个月的跋涉，孟太后一行人终于抵达杭州，大将苗傅率领八千士卒屯驻在奉国寺。此时的孟太后还不会想到，一路拱卫自己来杭州的苗傅在不久的将来在杭州掀起了一阵腥风血雨。

再度垂帘

在金军大举南侵之际，宰相黄潜善和汪伯彦却不积极组织抵抗，仍旧幻想着通过妥协投降来换取苟安。直到金军逼近扬州之后，他们才意识到危险已经近在咫尺了。

向德军节度使、御营都统制王渊管辖着皇帝身边的御营诸军，但他无心抵抗金军，与宦官康履护送高宗仓皇渡江南逃。奉国军节度使刘光世未能赶上护驾，他担心高宗会怪罪于他，于是便在他面前哭着说王渊主管江上船只，故意不让他的兵马渡江，以至于他麾下数万将士被俘，甚至还有传言说王渊在大敌当前时用那些船只运送自己搜刮来的金银财宝。

王渊的能力并不出众，很多人认为他之所以能升迁至高位，是因为结交了康履等宦官，因此很多将领本就不服他。如今随着负面传闻持续发酵，他与麾下诸将愈加离心离德。

建炎三年（1129年）二月十三日，高宗以南巡为名抵达杭州，先期抵达的孟太后前来迎接圣驾。随着高宗的到来，杭州城的宁静即将被彻底打破。自从登基以来，高宗没能取得像样的胜利，只知一味地避敌锋芒。此番他从扬州一路溃逃到杭州，致使淮南、江南大片地区生灵涂炭，个人威望就此一落千丈。

高宗迫于巨大的政治压力，只得罢免了黄潜善和汪伯彦的宰相职务，任命朱胜非为右相。

身为御营都统制的王渊原本也应对战败负责，但在宦官康履的积极运作下，他不仅没有被问责，反而因为护驾有功而升任同签书枢密院事，仍旧兼任都统制，这引起了苗傅等很多禁军将领的强烈不满。苗傅是将门之后，早在高宗登基前，苗傅便投到他的麾下，自认为立功很多，如今却只是个遥郡团练使。遥郡官不同于正任官，只是个荣誉性职务，并不会改变官员的品级。

不得志的苗傅遇到了同样不得志的刘正彦，刘正彦的父亲刘法曾在政和年间（1111年至1118年）担任过熙河路经略使，也就是该路最高军政长官，不过后来战死了。王渊曾是他父亲的部将，因此他特地前来投奔王渊，升任御营右军副都统制，也就是御营右军的副长官。刘正彦的阶官为武功大夫（正七品）、威州刺史（从五品），属于遥郡刺史，官阶仅为七品。其实在王渊的关照下，刘正彦晋升的速度并不算慢，但他曾经的谋士刘晏的快速升迁让他心中感到越来越不平衡。刘晏原本是辽国人，后来投降了北宋，因为出谋划策能力出众便从通直郎（正八品）升任朝请郎（正七品），与刘正彦品级相当。

当时刘光世、张俊、韩世忠等诸位大将率兵驻扎在各处战略要地，杭州城内的部队几乎都是苗傅和刘正彦的部属，因此两人决定利用这个有利时机发动兵变，废黜识人不明的高宗。

建炎三年（1129年）三月初五，正值神宗的忌日，高宗率领百官前去行香。仪式结束后，高宗任命检校少傅、奉国军节度使、制置使刘光世为检校太保、殿前都指挥使，负责统领殿前司兵马。在宣布诏书的同时，刘正彦率兵等候在行宫北侧的桥下。王渊退朝后，刘正彦等人一拥而上，将他从马上拽了下来，历数他勾结宦官蓄意谋反等诸多罪行，随后将他斩杀。后来他们又包围了宦官康履的府邸，但未能成功将其捕获，于是便在城中大肆搜捕宦官，只要见到没有留胡须的人就格杀勿论。

苗傅带人在闹市张贴榜文，抨击王渊勾结宦官祸国殃民。他随后前往行宫北门与刘正彦会合，守卫宫门的卫士严阵以待，不惜与他们决一死战，所以他们一时间不敢贸然发动进攻。

高宗闻讯后紧急征召宰相朱胜非等人前来商议对策。恰在此时，负责守卫北门的将领吴湛派人传来口信说苗傅与刘正彦已经诛杀了王渊，如今又兴兵来到行宫前。高宗惊愕不已，不自觉地站了起来。在此危急时刻，朱胜非主动请缨提出要去会一会他们，急匆匆向宫门口走去。

见宰相来了，守将吴湛赶忙迎过来，听说朱胜非准备出宫找叛军谈判，吴湛苦着脸说："宫门一旦打开，后果将不堪设想！"

朱胜非只得登上了城门楼，见叛军用竹竿挑着王渊的人头。他望着城下的苗傅和刘正彦，质问他们为何要擅杀大臣。苗傅派遣使者进入城内，对朱胜非说："苗傅不负国家，只是为天下人除害罢了！"

将近中午时分，高宗才下定决心出面平息事态，于是登上了双门。权主管殿前司公事王元高声呼唤："圣驾来！"

城外苗傅等人见到皇帝的黄色伞盖后，山呼下拜。高宗询问他们为何要起兵，苗傅说道："陛下信任宦官，赏罚不公，军士有功者不赏，那些宦官却可以轻而易举地获得高官厚禄。王渊遇敌不战，只因交结宦官康履便登上高位。臣自陛下即位以来，立功不少，却仅仅是遥郡团练使。臣已将王渊斩首，城内宦官也被屠杀殆尽，恳请陛下将康履等人诛杀以谢三军。"

高宗说道："宦官若是有罪，最多只是流放海岛。朕心中有数，还望卿等速速率军归营。"

苗傅自然不肯轻易回去，高宗见此情形只得说："朕知道卿等皆是忠义之士，苗傅可升任承宣使、御营都统制，刘正彦可升任观察使、御前副都统制，卿等麾下军士皆无罪。"

苗傅却不以为意地说道："我等要是想升官，只需选几匹良马送给宦官即可，何必要如此兴师动众呢？"

就在事态陷入僵局之际，军器监叶宗谔劝道："陛下为何要爱惜这区区一个康履呢？姑且委曲求全以慰三军。”

高宗虽然心有不舍，但如今局势紧急，只得命吴湛前去抓捕康履，最终在清漏阁天棚上将康履擒获，随后将其送交苗傅。苗傅当即在楼下将康履腰斩。

高宗以为满足了他们的要求后便可以平息事态，但苗傅等人又岂肯善罢甘休，苗傅说道：“陛下不当即大位，若是将来渊圣皇帝（钦宗）归来，你又将何去何从呢？”

苗傅犀利的话语正中高宗的软肋，得位不正一直是他的一块心病。他虽气恼至极，但也无言以对，只得派遣朱胜非出城与叛军谈判。

苗傅深知日后高宗定然不会轻易放过自己，于是恳请孟太后出面垂帘听政，然后派遣使臣与金人议和。高宗当即允诺，随即颁布诏书，恭请孟太后垂帘听政。百官携带诏书出城宣旨时，苗傅和刘正彦傲慢之极，并未下拜，说：“还望陛下遵从太上皇故事，将皇位禅让给皇太子。”

百官听后无不大惊失色，返回后只是说苗傅和刘正彦不肯下拜。当高宗询问缘故时，他们都面面相觑，不肯开口直言，但高宗已然猜出了几分，说道：“速速去请太后前来收拾残局。”

初春时节的杭州依旧很是阴冷，北风劲吹，城楼上的门前并无帘帷，冷风透过门缝不停地吹入屋内。高宗坐在一张没有垫子的竹椅上，感受到了彻骨的寒冷。见孟太后迈着略显蹒跚的步子走上城楼，高宗赶忙起身前去迎接，毕恭毕敬地站在她的身旁。高宗深知自己如今众叛亲离，便将稳定政局的希望寄托在孟太后的身上。孟太后简要询问了外面的形势，随后便转身离开了。

孟太后坐上黑竹舆，在四位老宫监的簇拥下，准备离开行宫当面劝谕叛军，但守卫宫门的将士却不敢放行，随即飞报高宗。高宗一时间也不知如何是好。执政们纷纷规劝他出面拦阻孟太后，担心她一旦被叛军掠去，后果会不堪设想，唯独宰相朱胜非说道：“他们不敢！”

朱胜非随后率诸位宰执一同护送孟太后出宫。苗傅和刘正彦见到孟太后之后，躬身下拜，说道：“如今百姓生灵涂炭，还望太后为天下人做主。”

孟太后道："太上皇任命蔡京、王黼等奸党，擅自变更祖宗法度，童贯穷兵黩武，这才酿成今日之祸，与当今陛下又有何干？况且陛下并无失德之事，只是一时被奸臣所蒙蔽，你等为何要一再逼宫呢？"

苗傅却说："臣等已议定，岂可再犹豫？"

孟太后无奈地说道："遵从你们所请，老身与陛下一同听政！"

苗傅等人再度提出拥皇子提前即位，但孟太后却说："如今皇子尚且年幼，即便是天下太平之时，拥立幼主都绝非易事，更何况如今强敌环伺，此事万万不可！"

刘正彦坚持说道："如今大计已定，还望太后应允，否则我等宁可一死！"

孟太后苦着脸说："如今皇子才三岁，老身以妇人之身在帘前抱着三岁小儿，何以号令天下！若是让金人得知，岂不是会更加轻视我们？"

见孟太后态度坚决，他们不免有些急躁，招呼麾下将领，带着挑衅的口吻高声说道："太后不应允我们的恳请，我们只能乖乖等死！"他们随后解开衣襟，露出后背上一条条伤疤，想借此迫使孟太后就范。

孟太后有些不知所措，质问苗傅："统制也算是出身名门，为何如此不晓事理？今日之事，老身实难从命！"

其实此时苗傅已然没有了退路，说道："我手下将士从早晨到现在还没有吃饭，若是此事久拖不决，我担心生出事端，到时恐怕我们都无法收场！"

苗傅看向朱胜非，急切地问道："相公为何一直沉默不语，今日之事需要大臣当机立断！"朱胜非知道此乃生死攸关的大事，不敢轻易表态。就在双方僵持不下之际，高宗派人传来最新旨意，决定遵从他们所请，恳请太后即刻宣谕天下。苗傅等人如释重负，但孟太后仍旧有些犹豫不决，推说此事事关重大，还需回宫与高宗商议后再昭告天下。

孟太后急匆匆回宫去见高宗，高宗理解她的一片苦心，不过却说如今事情紧急，他只能禅位以安天下。

朱胜非哭着说："臣身居宰相之位，自当以身许国，恳请陛下允许臣再度出宫责问二凶。"

高宗说："如今他们气焰正嚣张，已经杀了王渊，若是再害了爱卿，朕又将依赖何人呢？"

高宗随即屏退左右，对朱胜非悄悄说道："我们需要从长计议！"高宗授意他出面去找苗傅与刘正彦商谈四件事：第一件事是要像之前尊奉徽宗那样尊奉高宗，不得苛待刁难高宗；第二件事是高宗禅位之后，军政大事由太后与幼君处分；第三件事是高宗退位诏书颁布后，他们必须率领将士们回营；第四件事是严禁麾下军士趁机劫掠、杀人与纵火。

朱胜非再度出宫与叛军进行谈判，苗傅等人承诺定会努力做到这四件事。高宗随后命人草拟退位诏书，但旁人都借故推脱，他只得亲自执笔，写好后命人站在宫门城楼上当众宣读。

苗傅等人见目的已经达到，于是整备军马移驻祥符寺，在撤军过程中大声呼喊："天下太平也！"

当天晚上，高宗将朱胜非留在宫中。朱胜非泣不成声，孟太后也是悲伤不已。高宗却不似两人那么悲伤，低声说道："康履等宦官肆意凌辱诸将，时常在他们面前吆五喝六，这才招致今日之祸！"

高宗提出从明日开始他便不再上朝，自此之后政事全都交由孟太后决断。他随后离开行宫前往显忠寺居住。苗傅派人严密监视着他的一举一动，唯恐他会绝地反击。

建炎三年（1129年）三月初六，孟太后与高宗年仅三岁的儿子赵旉一同垂帘听政，将显忠寺改为睿圣宫，给已经退位的高宗留下十五名宦官，剩下的宦官全部编管到外地州府。

孟太后随即大赦天下，等于给那些一直惶恐不安的叛军们吃了一颗定心丸。此时她可以依靠的唯有宰相朱胜非等区区数人，很多机密之事都需要与他们密谋。为了不引起苗傅等人的疑心，她下诏每日只召见一人。孟太后召见苗傅时，对他勉励了一番，苗傅不禁喜出望外。此后孟太后再单独召见其他官员，他们也不曾起疑。

苗傅恳请更改年号，刘正彦恳请迁都江宁府。孟太后与朱胜非商议这两件事，朱胜非说："迁都之事事关重大，江宁府毗邻长江，金人与长江近在咫尺，我军在沿江区域又没有什么防备，万万不可迁都江宁府。"

孟太后有些为难，说道："如何答复他们呢？"

朱胜非说："就说朝廷已在商议此事，暂且拖着他们。"

苗傅觉得"炎"字有两个火，所以天下才会盗贼横行，要想稳定局势唯有改元。其实苗傅想借此抹去高宗的印记。既然在迁都问题上没能令他们满意，孟太后只能在改元这件事上对他们有所迁就。

三月十一日，朝廷下令将建炎三年改为明受元年。这场兵变貌似就此落下了帷幕，其实这不过是孟太后等人的缓兵之计罢了。

苗傅与刘正彦在杭州占尽了军事优势，但放眼整个南宋，却并非如此。此时兵马主要掌握在两个文官的手中，一位是同签书枢密院事，江、淮、两浙制置使兼知江宁府吕颐浩，另一位是礼部侍郎，节制平江府、常、秀、湖州、江阴军军马张浚。他们在兵变后都公开表态，认为高宗正值春秋鼎盛，不宜早早退位。苗傅征召吕颐浩前来杭州，还命他将麾下兵马交由杨惟忠统领。吕颐浩自然知道这是釜底抽薪之计。为了迷惑苗傅等人，吕颐浩只将一千多名老弱士卒交由杨惟忠管辖，自己统领一万多精兵从江宁府悄然南下。

张浚仍旧坚持劝说苗傅等人，希望他们迷途知返，但苗傅看到他的书信之后极为恼火，还想将他处死。朱胜非赶忙劝道："只需罢了张浚的兵权，将其麾下兵马交由吕枢密节制，天下必无事矣！"

头脑简单的苗傅听从了朱胜非之言。三月二十三日，张浚被贬为黄州团练副使，安置在郴州。不过张浚并未轻易就范，派遣麾下大将韩世忠扼守战略要地秀州（今浙江省嘉兴市），同时派遣另一员大将张俊率领前军进驻平江府（今江苏省苏州市）。忧心忡忡的苗傅赶忙派遣御营都统司统领官苗瑀率领最忠诚的赤心队以及王渊旧部之中的精锐，驻扎在杭州北部门户临平（今浙江省杭州市余杭区），抵挡南下的勤王之师。

吕颐浩率军抵达平江以北四十五里的地方，张浚乘坐轻舟前去与他会面，途中却遇到了朝廷派来的使者。使者交给了他一个密封的邮筒，里面装的是将他贬谪到郴州的诏书。张浚看后竭力保持着镇定，由于担心麾下将士得知后会不尽力，他故意欺骗众人道："刚刚得到朝廷诏书，命在下即刻赶往行在！"

张浚怀着极其复杂的心情去见吕颐浩，两人不禁相拥而泣，吕颐浩说道："若是失败了，不过灭族而已。今日我们能为社稷而死，岂不快哉？"

面对当下的不利局面，苗傅不遗余力地拉拢两员能征惯战的大将韩世忠、张俊，给两人送去升官的诏书。韩世忠却不屑地说道："我只知有建炎，不知有明受这个年号！"韩世忠当即斩了来使，焚烧了诏书。张俊也拒不接受诏书，将使者送入狱中。

吕颐浩与张浚会师后迅速调整军事部署，命韩世忠为前军，张俊负责两翼，刘光世部作为机动部队负责殿后，吕颐浩、张浚统领中军。除了当时名位还不显的岳飞之外，"中兴四将"集体登场亮相。

苗傅最忌惮的是骁勇善战的韩世忠，命人将他的妻子梁氏、儿子韩亮扣为人质，借此来要挟韩世忠。朱胜非得知后焦虑不已，故意欺骗苗傅说："如此一来只会激怒韩世忠，当务之急是派遣两人前去招抚韩世忠，这样局势才能转危为安。"

头脑简单的苗傅再次落入老谋深算的朱胜非的圈套，朱胜非时常暗自沾沾自喜地说道："看来他们真是些碌碌无能之辈！"

孟太后特地召见了梁氏，将其封为安国夫人，给予她不少赏赐。孟太后握着她的手说道："国家艰难至此，务必催促韩太尉尽快前来勤王，以免再生事端！"

梁氏自然不敢怠慢，火速离开了杭州，不过却在中途遇上了苗傅的属下苗翊。梁氏赶忙说自己是奉苗傅之命前去劝说丈夫归顺朝廷。苗翊冷着脸，不停地揉搓着自己的耳朵。梁氏意识到他已经起了疑心，心脏不由自主地快速跳动着，好在他最终并未拦阻他们北上。

梁氏始终不敢掉以轻心，向北疾驰而去。经过一天一夜的跋涉，终于在秀州（今浙江省嘉兴市）见到了自己的丈夫，她将孟太后希望丈夫从速进军的旨意传达给了他。

在勤王兵马大军压境之际，恭迎高宗复位的声音变得越来越强烈。三月二十九日，宰相朱胜非在都堂（尚书省总办公处）召见苗傅和刘正彦，与他们商议高宗复位之事。朱胜非用不容置疑的口吻道："如今恭迎太上皇复位已是大势所趋、人心所向，你们还是早日上表为好！"

苗傅听后不禁有些慌张，高宗一旦复位势必会对他们斩尽杀绝，可如今百官却执意如此，他们也不好公然与众人为敌。他回过头看向刘正彦，刘正彦叫嚣道："朝廷如此出尔反尔，今后何以号令天下？"

朱胜非冷着脸说："如今百官与六军都恭请陛下回宫，你们却不同意，难道你们就不想想今后的处境吗？"

刘正彦呆立在朱胜非面前，一时间不知如何是好。苗傅仰天长叹道："看来我们注定死无葬身之地了！"

朱胜非随后联络诸位宰执、其他朝臣以及将领，共同署名恳请高宗复位，随后将联署的文书进呈给孟太后。孟太后看后喜极而泣，说道："老身的使命算是完成了！"

不过苗傅却并不想就此放弃，派人给吕颐浩和张浚传旨，命各路勤王大军屯驻在秀州，诏令两人单骑入朝。吕颐浩等人自然不会自投罗网，回奏说愿提军入觐。

此时的苗傅和刘正彦已然到了穷途末路，只得前往都堂求见朱胜非，准备前往睿圣宫面见高宗。这让朱胜非感到有些为难，只得前去征求高宗的意见。高宗由于担心两人会狗急跳墙，带兵将他劫持到其他地方，抑或干脆谋害他，表示同意接见他们。

高宗站在宫门口迎接苗傅和刘正彦，热络地将他们迎进殿内。高宗异乎寻常的热情让他们不禁有些愕然。两人直接表明了来意，那就是他们恳请高宗降御札让外地勤王之师停止进军，高宗皱皱眉，说道："御札之所以能号令天下，是因为上面盖有御宝，如今朕已经退位了，不敢再继续干预国事！"

高宗拒绝了他们的请求，理由也说得合情合理。不过在两人的恳请之下，高宗还是同意赐给韩世忠一份手诏，表彰苗傅和刘正彦忠勇可嘉，同时命令韩世忠罢兵。

两人得到手诏后顿觉如获至宝，当即派人将高宗的手诏交给韩世忠，但韩世忠却说："如若主上复位，我们就停止进军，但若是不然，我等将会决一死战！"韩世忠坚决的态度使得苗傅等人陷入巨大的惊恐之中。

四月初一，宰相朱胜非来到帘前，向孟太后汇报道："臣等召苗傅、刘正彦等人来到都堂，晓之以理，动之以情。为了千秋万代，恳请太上皇还尊位，总万机，苗傅等人对此并无异议！"

孟太后听后一直悬着的心终于放了下来，说："你等的奏请与老身心中所想不谋而合，准奏！"

得到孟太后的首肯后，朱胜非率领百官奉上第一份表章，恳请高宗还宫，但高宗照例予以推辞。孟太后随即派人将自己的手札送给高宗，说："今日为初一日，乃是陛下回宫的黄道吉日！"

高宗却以自己患病为由再度予以推辞，孟太后下诏说："如今嗣君年幼，强敌窥视，陛下不得违背臣僚们的恳请，还望早日御朝，以安中外。"

高宗却说："若是太后继续垂帘，与朕共议国事，朕方敢还宫，否则朕万万不敢复位！"孟太后当即同意了他的恳求。

百官三度上表时，高宗才勉强同意复位。朱胜非将高宗迎回行宫，杭州城中的百姓无不欢呼雀跃，但这场政治危机并未就此彻底结束。

当天，高宗与孟太后一同上朝，高宗下诏为孟太后上尊号，册立嗣君赵旉为皇太子。与此同时，吕颐浩和张浚率军抵达秀州，韩世忠出城前去迎接，吕颐浩对其麾下将士勉励了一番。四月初二，吕颐浩和张浚率军抵达临平，与苗翊统率的叛军展开了血战。苗傅和刘正彦深知大势已去，恳请高宗盟誓日后不会加害他们。高宗不仅信誓旦旦地表示不会追究他们的罪责，还赐给他们不少黄金，以及免死的铁券，但上面写着“除大逆外，余皆不论”，其实对于他们而言毫无用处。当天晚上，苗傅和刘正彦率领两千精兵从涌金门仓皇逃走，临走前还命令手下人大肆纵火，不过一场突然而至的大雨让他们的图谋没能得逞。

韩世忠、张俊、刘光世三大将相继入城。韩世忠率先来到宫门，高宗闻讯后赶忙出来迎接，将他与随后赶来的刘光世和张俊一并引入殿内，以作慰劳赏赐。

四月初四，孟太后正式撤帘，将权力移交给高宗。就在高宗即将对功臣论功行赏之际，宰相朱胜非却主动请辞，说愿意对这次兵变承担责任。高宗之所以可以顺利复位，既是因为外部的军事压力，也是因为内部的政治斡旋，朱胜非可谓厥功至伟，可毕竟总要有人为此次兵乱负责，高宗只得批准了他的辞呈，将其罢为观文殿大学士、知洪州（今江西省南昌市），他三十三天的宰相生涯也就此戛然而止。

朱胜非隐退之际向高宗推荐了吕颐浩与张浚。吕颐浩接替他出任了右相，还兼任御营使，负责执掌卫戍部队；张浚升任中大夫、知枢密院事；刘光世升任太尉、御营副使；韩世忠升任武胜军节度使，充御营左军都统制；张俊升任镇西军节度使，充御营右军都统制。

四月二十日，高宗离开了杭州这个伤心地。虽然在政变期间，高宗表现得宽宏大量，对于苗傅、刘正彦等人提出的要求几乎都会无条件地应允，无底线地退让，但等到勤王大军入城之后，他随即恢复了睚眦必报的本性。高宗责令韩世忠率军对两人穷追猛打。刘正彦在浦城（今福建省南平市浦城县）与官军交战不力，被擒；苗傅乔装改扮成商人逃至建阳（今福建省南平市建阳区），最终也被俘获。

五月初八，高宗抵达江宁府，随后将江宁府改为建康府。两个月后，韩世忠将苗傅和刘正彦押来建康府。随后，两人在闹市中被问斩。临刑之际，刘正彦瞪着苗傅高声叫骂："苗傅匹夫，不听我的话，才沦落到如今这般田地！"其实当时他们有很多种选择，不过在目光短浅的苗傅几经选择之后，他们陷入走投无路的境地。也正是因此，南宋这个小朝廷才得以又延续了一个半世纪之久，否则很可能会因为这场兵变而早早夭折。

无福享受的遗憾

高宗原本想要将建康府作为南宋的都城，但建康府位于长江边，一旦长江防线被金军攻破，建康府便再也无险可守，因此高宗派遣使臣前往金国求和，甚至不惜让大宋成为金国的藩属国。不过和平往往是求不来的，在第一次开封之战中，金军之所以同意议和，是因为他们久攻开封而不下，又面临着退路被宋军截断的危险。如果在战场上感受不到威胁，金军是断然不会议和的，这次也是如此。

建炎三年（1129年）六月十三日，孟太后从杭州抵达建康府，高宗率领群臣前去迎接，此时的高宗对金军的再度大举南侵忧心忡忡，不希望孟太后在这里停留太久，所以孟太后在这里仅仅停留了两个月便再度踏上了逃亡之路。八月十六日，孟太后登上了离开建康府的船。闰八月二十六日，高宗将长江防务交给宰相杜充，随后就乘坐御舟急匆匆离开了，辗转逃到毗邻大海的明州（今浙江省宁波市）。十二月十五日，金军攻陷了江南重镇临安府，惊恐不已的高宗被迫离开明州，乘坐海舟逃到了茫茫大海之中的舟山群岛。

为了不被金军一网打尽，孟太后并未与他在一起，而是率领嫔妃们前往洪州府（今江西省南昌市）。金军得到这个消息后前去进攻。洪州府位于长江边，一旦金军从蕲州（今湖北省黄冈市蕲春县）、黄州渡江，只需急行军二百余里便可抵达隆兴府，因此高宗特地命江东宣抚使刘光世移屯江州（今江西省九江市），为隆兴府提供战略屏障。

就在宋军进行军事调动之际，金军以迅雷不及掩耳之势攻占了黄州。建炎三年（1129年）十月二十六日，金军顺利渡过了长江。惊恐不已的孟太后踏上了漫漫逃亡路，这也成为她此生最为惊心动魄的日子。

十一月十六日，孟太后一行人抵达吉州（今江西省吉安市）。在逃亡的路上，她身边的官员随从不断有人悄悄逃走，因为他们知道金军很快会尾随而至，他们对这种似乎永远没有尽头的逃亡充满了绝望。仅仅六天后，金军气势汹汹地杀来。孟太后乘船紧急逃到了争米市（今江西省吉安市城南），但很快金军的先头部队也赶到了。孟太后一行人只得趁着夜色紧急逃离，天亮时已经抵达了太和县，但金军仍旧紧追不舍。见金军船只速度很快，孟太后等人只得舍舟登陆。她与吴皇后、潘贤妃等人乘坐农夫的肩舆逃命，仓皇逃往被重重大山包裹的虔州（今江西省赣州市）。这一路上，不仅船工耿信逃走了，龙神卫四厢都指挥使杨惟忠麾下一万多禁军士卒也大多逃散了，很多将领甚至趁乱当起了强盗。孟太后一行人随身携带的价值数百万的黄金布帛也被洗劫一空。

抵达虔州时，拱卫在孟太后等人身边的卫兵已不满百人，不计其数的宦官宫女因来不及追随她们而被金军俘获。在此后半年多的时间里，孟太后的生活似乎又恢复了平静，她一直密切关注着高宗的动向。

建炎四年（1130年）正月，金军向着舟山群岛方向进发，那里是高宗暂时的栖息地。金军的骑兵可以碾压宋军，但其水军实力却并不太强，他们的船只数量少而且体形小，又偏偏遇上了“大风雨”。恰在此时，南宋和州防御使、枢密院提领海船张公裕率领水师前来迎战，金军水军只得仓皇退回了明州。

死里逃生的赵构在台州（今浙江省台州市）、温州（今浙江省温州市）等地辗转。完颜宗弼率领金军在明州休整了十七日。由于他们是孤军深入，担心退路会被宋军截断，又掳掠了很多财物，所以他们如今想的是如何将这些战利品顺利地运回家而不是继续追击高宗。

二月初三，完颜宗弼下令撤兵，但他们在途经黄天荡（今江苏省南京市栖霞区栖霞山与龙潭之间的冲积平原）时遭到了大将韩世忠的伏击，完颜宗弼险些被俘，这场大捷也极大地打击了金军的嚣张气焰。

四月十二日，高宗抵达越州（今浙江省绍兴市），此后便一直住在这里，不愿再回建康府。八月初十，与高宗分别一年之久的孟太后抵达越州。喜出望外的高宗在行宫门外热情地迎接。他随后向孟太后详细询问了沿途地方大员是否为国尽忠职守，是否对她热情招待。身逢乱世的孟太后遍尝世态炎凉，但仍旧保有一颗善良的心，没有说任何人的不是。

高宗与孟太后把酒言欢，不自觉地谈起了陈年往事。孟太后用满是悲凉的语气说道："我老了，不知还能活多长时间，已经没有什么遗憾了，只有一件事让我死不瞑目。宣仁圣烈皇后是世间罕见的贤后，可那些奸臣却肆意污蔑她。官家此前已经下诏辨明此事，可如今那些奸臣编纂的实录仍在广为流传，唯有朝廷出面修史才能以正视听！"

高宗听后沉默不语，自古以来修史都是一件大事，神宗、哲宗两朝实录已经多次修订，现行版本是他的父亲徽宗亲自主持修订的，如若他贸然推翻势必会招致非议，但孟太后对此事如此看重，他又不忍拒绝。经过一番权衡之后，他下令重修神宗、哲宗两朝实录。经过这次修订，司马光、吕公著、吕大防等旧党人士全都以正面形象示人。蔡确、章惇、曾布、蔡卞、蔡京等新党人士被贴上了奸臣的标签，即便是王安石也险些被列为奸党。其实此举只是为了当时的政治需要，难免会有失公允。

还有一件令孟太后牵肠挂肚的事。高宗唯一的儿子赵旉在苗刘兵变期间被乱军立为皇帝，当时只有三岁，受到了极大的惊吓。建炎三年（1129年）五月初八，赵构带着他前往建康府，希望换了环境之后他可以尽快好起来，谁知事与愿违。一个宫人不小心踢到金炉，发出的声响让赵旉受惊，病情突然加重。七月十一日，赵旉在惊悸中去世。

此时高宗只有二十三岁，但他后来在金军的追赶下担惊受怕，身体受了很大影响，彻底丧失了生育能力。他的近亲在靖康之难中几乎都被金人掳掠到了寒冷的东北，所以他如今面临着后继无人的窘境。恰在此时，孟太后做了一个梦，关于这个梦的具体内容，《宋史》却刻意回避。突然闯入孟太后梦中的应该就是太祖赵匡胤，世人时常因他的子孙没能继承大统而唏嘘不已。

孟太后的这个梦对高宗产生了极大的影响。紧接着右相范宗尹也恳请高宗选择赵匡胤的子孙作为皇位的继承者。高宗决定顺应民意，从赵匡胤的子孙中挑选继承人，于是赵匡胤的七世孙、年仅六岁的赵昚（当时叫赵伯琮）被选入宫中。

绍兴元年（1131年）正月，高宗改元“绍兴”，取“绍万世之宏休，兴百王之丕绪”之意，表示自己将会继承中兴大业。九个月后，他将越州升格为绍兴府，在此建都的意图愈加明确。不过孟太后却没能等到建都的那一天，就在当年四月，病入膏肓的孟太后于行宫西殿崩逝，享年五十九岁。悲痛欲绝的高宗下令将其厚葬。虽然孟太后两度垂帘的时间都不长，但对高宗有着至关重要的意义，因此高宗照例授予她“昭慈献烈”四字谥号。

或许是因为苗刘兵变发生在临安，高宗对临安府一直心有余悸，但那里是大运河上的交通枢纽。虽然绍兴府距临安府并不远，但要想将临安府的粮食物资转运到绍兴府却是困难重重。高宗也曾尝试着从南部的福建等地运送粮食，但那里并非传统产粮区域，最终他只得无奈地接受了现实。绍兴元年（1131年）十一月，也就是越州升格为绍兴府两个月后，高宗正式下诏移驾临安府。次年正月十四日，他回到了久违的临安府，这里也就此成为南宋的都城。

一年前，也就是建炎四年（1130年）十一月，高宗接见了刚刚从金国逃回来的秦桧，他曾在徽宗朝出任御史中丞，在靖康之难中被金人掳掠到了东北，后来在金太宗的弟弟完颜昌麾下效力。金太宗去世后，完颜昌成为金国的权臣，高宗便任用与之相熟的秦桧主持南宋与金国的议和。虽然这次屈辱的媾和被很多人视为奇耻大辱，但也让一直处于风雨飘摇中的南宋得以存续下去。

第七章

太后们的多幕剧

与儿子分别将近十六年之后，被金人掳掠到东北的韦太后终于与高宗重逢。此后不久，柔福帝姬假冒案爆发。关于柔福帝姬是不是冒牌公主，一直众说纷纭。韦太后坚定地指认她是假冒的，这中间藏着什么不为人知的隐情呢?

孝宗的妻子谢太后与儿媳李皇后不和，致使孝宗与光宗这对父子之间的关系急剧恶化，甚至到了老死不相往来的地步。孝宗病重期间，光宗都不曾前去探望。父亲病逝后，光宗都不愿出面为父亲主持丧礼，正是他的恣意妄为让南宋陷入深深的政治危机之中。就在人心惶惶之际，年事已高的吴太后出面收拾残局，最终迫使饱受争议的光宗退位。高宗、孝宗和光宗接连退位成为太上皇，这中间究竟有着怎样的妥协与斗争呢?

“假公主”的真面目

建炎四年（1130年），南宋将领蕲州兵马钤辖韩世清率军击溃了盘踞在湖南一带的叛乱首领刘忠的势力，意外俘获了一名长相俊美的女子，这位女子声称自己是徽宗的第二十一个女儿柔福帝姬。徽宗在位时采纳蔡京的提议，参照周朝制度将公主改为帝姬，不过后来有人说“帝姬”与“帝饥”同音，预示着北宋亡国后忍饥挨饿的悲惨境地，因此南宋建立后重新改称公主。

韩世清听后顿时一惊，起初并不相信她所说的话，却又不敢怠慢，于是命她坐在帘子后面，共同接受自己与知州甄采的问询。那个女子说她从遥远的金国逃回来，辗转来到湖南后，被刘忠俘获，随后她被迫嫁给了刘忠的一名手下。她不仅详细说明了自己逃跑的过程，还说出了朝中一些官员的姓名。韩世清这才开始相信她所说的话，暂时将她安置在蕲州，并火速将此事禀报给高宗。但此时高宗正在金军的追赶下东躲西藏，辗转于台州、温州等地。高宗诏令将那个女子送往越州，派遣入内内侍省押班冯益、宫女吴心儿前去辨认她身份的真伪。

那个女子不仅与柔福帝姬长相相似，还对宫内情形颇为熟悉，甚至还知道高宗的小名，唯一值得怀疑的是她长着一双大脚，而非原来小巧的形态。柔福帝姬对此也给出了合理的解释，追随金军北撤途中，他们像牛羊一样被金军驱赶着，走了上万里的路，双脚怎么可能还会像以前那样呢？

经过一番细致的调查，冯益与吴心儿认为这个女子就是柔福帝姬。高宗得知后喜出望外。自从靖康之难后，他便与亲人们失散，自以为再也见不到他们了，如今却意外与自己的妹妹重逢。建炎四年（1130年）八月初八，高宗将柔福帝姬召入宫中，将其册封为福国长公主，后来将她嫁给永州防御使高世荣，陪送了高达一万八千贯的嫁妆，还将漾沙坑坡下的一处豪华宅邸赐给了她。

苦尽甘来的柔福帝姬也渐渐恢复了骄横本色。她府上的婢妾一旦不慎触怒了她，便会招致杀身大祸，以至于她府上所埋婢妾的尸身数不胜数。尽管如此，高宗对她的宠爱都未有所改变，前前后后赐给她的财物多达四十八万贯。不过随着高宗的生母韦太后的回归，她的好日子也即将到头。

绍兴十一年（1141年）除夕夜，一代名将岳飞及其子岳云、部将张宪被冤杀在风波亭。随后在秦桧的主持之下，南宋与金国签订了议和条约，南宋不仅向金国称臣，还将岳飞呕心沥血收复的大半领土割让给了金国，两国东侧以淮河为界，西侧以大散关为界。

金熙宗完颜亶之后开始履行对高宗的承诺。绍兴十二年（1142年）四月初四，韦太后护送着徽宗及其皇后郑氏以及高宗的皇后邢秉懿三人的灵柩从五国城（今黑龙江省哈尔滨市依兰县）南下，完颜宗贤奉命护送他们归国。韦太后敏锐地觉察到很多金人并不希望她回去，因此她急中生智，向金国使者借了三百两黄金，承诺抵达边境后会加倍奉还，对方见有利可图便欣然应允。除了营办佛事之外，她将剩余黄金全都犒赏了随行人员。

距离南宋边境越来越近了，金国使者担心韦太后回国后会食言，要求她先行偿还欠他们的黄金，否则不允许她继续前行。高宗此时已经派遣参知政事王次翁与韦太后的弟弟韦渊守候在边境线上，等待着韦太后一行人的到来。

韦太后派人前去联系自己的弟弟韦渊，但韦渊在迎接队伍中是个微不足道的小角色，于是他赶忙前去请示地位最高的王次翁。王次翁是秦桧的心腹，一向对秦桧言听计从。对这个突发事件，王次翁一时不知如何是好，索性断然拒绝了韦太后的要求。

双方在边境附近对峙了三日之久，韦渊一时间心急如焚，只得求助于奉迎提举知事王瑛。两人一同前去规劝王次翁，但王次翁担心一旦此事传入秦桧耳中，秦桧定然会误以为他要借机攀附韦太后，进而巩固自己在朝中的地位，甚至图谋宰相之位，所以依旧坚持己见。王次翁宁肯得罪刚刚回国的太后，也不敢得罪阴险狡诈的秦桧。

王瑛、韦渊等人担心继续僵持下去局势会彻底失控，于是交出自己随身携带的财物，勉强偿还了韦太后所欠黄金，韦太后这才得以继续南下。八月二十一日，高宗带领一众大臣前往临平迎接韦太后，仅仅仪仗队便多达两千四百八十三人，可见迎接仪式是何等的隆重。

在士卒们的欢呼声中，这对分别了将近十六年的母子再度相逢，两人一时间喜极而泣。次日，高宗护送着韦太后进入临安府。这之后，高宗时常陪伴在母亲身边。韦太后将归国途中的那个小插曲告诉了儿子，由此可以看出韦太后与孟太后在做人上的巨大差距，天性淳朴的孟太后早就习惯了逆来顺受，无论受到多么大的委屈都不会轻易在高宗面前指摘旁人的不是，但韦太后却是睚眦必报之人。也正因如此，柔福帝姬很快便遭了殃。

高宗听后勃然大怒，甚至一度要将胆大妄为的王次翁诛杀。王次翁也担心自己回朝后会遭到清算，于是便将此事原原本本地禀报给秦桧。秦桧听后不禁有些沾沾自喜，认为自己驭人得法，自然也就不会对他不管不顾，于是便任命他为报谢使，将其派往金国，让他代表南宋向金熙宗完颜亶道谢。等到王次翁回来之后，高宗的气也消了。秦桧又授意王次翁递交辞呈，王次翁随后以资政殿学士身份提举洞霄宫，算是全身而退，可据闲职优游养老。

徽宗的妃子之一乔贵妃与韦太后是相交多年的好姐妹，又一同被掳掠到了东北。听闻韦太后即将归国，乔贵妃特地设宴为她送行。乔贵妃举起酒杯，满是伤感地说："姐姐归国之后便是太后，妹妹我恐怕要死在这蛮荒之地了！"

当初韦太后起程南下回国时，钦宗快步跑过来，高声对韦太后喊道："您回去之后一定要告诉九弟，我回国后只求做个太乙宫主足矣，并无其他非分之想！"

钦宗用手死死攥着车轮，韦太后见状只得信誓旦旦地对他说道："今日我先回国，若是日后不奉迎你回国，我情愿变成瞎子。"钦宗这才缓缓松开了手，目送着韦太后渐渐远去。

虽然韦太后答应了钦宗，但高宗却断然不会让她回金国的。十九年后，也就是绍兴三十一年（1161年）春，金国皇帝完颜亮命钦宗与辽天祚帝耶律延禧一起打马球。就在这两位亡国之君激烈角逐时，完颜亮命人射死了耶律延禧。钦宗见状惊骇不已，随即吓得跌落马下，一支支箭簇朝着他射来，他也就此结束了自己屈辱的一生，至死都未能再回到心心念念的中原。

韦太后回国后发觉看东西越来越不清楚，后来竟然失明了，御医们对此都束手无策。某日，一个道士应召入宫，从身上取出一根金针扎进韦太后的头顶。当他将针拔出来之后，韦太后的左眼奇迹般复明了。韦太后随即大喜道："还望道长设法治愈老身的右眼。"那个道士却说道："您用一只眼看世界足矣！另外那只瞎眼是您当年许下誓约却没能兑现的代价！"那个道士说完之后便悄然离去了。

那些在金国屈辱活着的人自然希望韦太后帮助他们回国，但韦太后并不希望他们回去，因为他们知道她那些不愿让旁人知晓的过往。

韦太后随后揭发备受高宗宠爱的柔福帝姬是假冒的，还说真正的柔福帝姬被金人俘虏到东北后嫁给了徐还，去年已经死在了五国城。韦太后拉着高宗的衣角哭着说道："官家被歹人蒙蔽了，柔福与我始终在一起。她去世后，我还亲自验看过她的尸身，如今这个柔福定然是假冒的！"

宦官李愕一路护送着韦太后归国，因功升任右武大夫、相州观察使。李愕也言之凿凿地说柔福帝姬已经死了，还说近日徐还会护送她的尸骨南下。徐还的父亲徐中立也出面作证，说柔福帝姬嫁给自己的儿子之后便不幸病逝了。

韦太后、李愕与徐中立全都指认柔福帝姬是假冒的，高宗当即下令将假柔福帝姬逮捕。按照《宋史》等正史的记载，这个假冒的柔福帝姬原本姓李，是开封乾明寺中的一个尼姑，法号“善静”。靖康之难时，她也被金军俘虏到了东北。在北上途中，她意外结识了曾在宫中伺候柔福帝姬的宫女张喜儿。张喜儿说她的身材长相与柔福帝姬很像，她便生出假冒柔福帝姬之心。她向张喜儿详细询问了柔福帝姬的生活习惯、日常起居与个人爱好，还了解了不少宫内的事。

这个被官方认定为假冒的柔福帝姬最终被处死。在当时极端混乱的局势之下，的确有不少人浑水摸鱼假冒皇室宗亲，其中有假冒徐王赵棣的，有假冒信王赵榛的，有假冒越王赵偲次子的，还有假冒钦宗次子的，也有人假冒荣德帝姬，但他们往往很快便会被戳穿，想要蒙混过关其实很不容易。柔福帝姬能够蒙蔽众人达十二年之久，着实不可思议！靖康之难时，柔福帝姬已经十七岁了，她与高宗并非一母所生，即便彼此之间并不太熟悉，两人也不太可能从未谋面。柔福帝姬被金军掳走时已经基本成年，时隔三年她归来时，无论是样貌还是身形，都不会有太大变化。按照常理，高宗是能够辨认的，况且当时他还特地命宦官冯益和宫女吴心儿前去验看，两人都口口声声说她就是真的柔福帝姬。

也正因如此，叶绍翁在《四朝见闻录》中说：“或谓太后与柔福俱处北方，恐其讦己之故，文之以伪。上奉母命，则固不得与之辩也。”可见当时有不少人认为被处死的柔福帝姬其实是真的，韦太后之所以故意将真的说成假的，是因为柔福帝姬知道韦太后被掳掠到金国后那些不堪的往事。为了让那些事不至于被传出去，韦太后动了杀心。

根据金国人可恭编写的《宋俘记》的记载，韦太后去到金国后被发配到了洗衣院。在那里，韦太后不仅要干洗衣服这样的粗活，还要随时供金国贵族淫乐。洗衣院其实就是一种变相的妓院，韦太后在这种地方遭遇过什么可想而知。宋朝俘虏撰写的见闻录《呻吟语》里记载了一道与此相关的诏令。天会八年（1130年）六月，金太宗下令将“宫奴赵母韦氏、妻邢氏、姜氏凡十九人，并抬为良家子”。从这时起，赵构的母亲韦太后和妻子邢秉懿才得以摆脱妓女的身份，正式成为平民。

金军西路军统帅完颜宗翰原本准备将年轻貌美的柔福帝姬进献给金太宗，但柔福帝姬在行路中途被金军将领强奸。金太宗最终并未将她留在自己身边，而是将她也送入了洗衣院，她应该也在上述被赦免为平民的十九人名单之中。

据《窃愤续录》记载：钦宗栖身在一座寺庙之中，但有一天，他被一个和尚突然反锁在屋内。那个和尚对他说盖天大王与夫人即将要到这里来斋戒，叮嘱他不要胡乱走动。钦宗不敢出去，但又心存好奇，于是透过墙壁上的缝隙向外望去，只见韦太后与一个金国贵族模样的人有说有笑地走进寺内，两人身后跟着一个随从，随从怀中抱着一个三四岁的小男孩，那个小男孩称呼韦太后为阿母。钦宗意识到韦太后已经沦为盖天大王完颜宗贤（也称完颜赛里）的小妾，还为其生下了儿子。

《呻吟语》中有两道与韦太后生子有关的诏书。天会八年（1130年）七月，金太宗下诏：“用邀宠注，比并有身，叛奴赵，曲加荫庇，免为庶人。”由于韦太后与邢秉懿怀上了金人的孩子，金太宗为了表彰她们的付出，特地将徽宗赵佶从奴隶赦免为庶人。次年四月，金太宗再度下诏：“（韦氏、邢氏）本月二十三日、二十六日各举男子一人。眷念产孕之劳，宜酬席之费，可各赐白金十锭。赵（佶）、赵（构）让美不居，推恩锡类，可并赐时衣各两袭。”由于韦太后与邢秉懿先后生下了男孩，金太宗为了表彰她们为金人繁衍生息做出的贡献，分别赐给她们十锭银子。她们的丈夫徽宗赵佶和高宗赵构也因此分别获赐两套衣服。这些衣服对正处于饥寒交迫之中的徽宗或许还有些用处，但对于高宗纯粹就是羞辱。

这两道诏书无疑从侧面印证了《窃愤续录》的记载：韦太后的确为金人生过孩子。柔福帝姬离开洗衣院后也被盖天大王完颜宗贤收入帐中，不过她很快便寻了个机会逃走了。柔福帝姬逃回南宋的时间恰恰就是她离开洗衣院的当年，这恐怕绝非巧合。洗衣院对关押在那里的女子看守得很严密，但柔福帝姬成为完颜宗贤的小妾后便拥有了更多的自由，自然也就有了更多的逃跑机会。

柔福帝姬与韦太后一同在洗衣院当妓女，又共侍一夫，她还亲眼见证了韦太后为金人怀孕生子的事情。为了防止她将这些事情说出去，韦太后自然要让她永远地闭上嘴。

不过《呻吟语笺证》对上述记载有所异议："粘罕（完颜宗翰）编造秽书，诬蔑韦后、邢后、柔福帝姬诸人，韦后北狩年近五十，再嫁虏酋，宁有此理？虏酋舍少年帝姬，取五旬老妇，亦宁出此？"这则史料的核心观点是韦太后被金军带走时已经将近五十岁了，当时后宫中有那么多年轻貌美的女子被一同掳走，金人怎么可能会看得上她这个老太婆呢？

《宋史》记载："常戒宫人曰：'太后年已六十……'十九年，太后年七十……二十九年，太后寿登八十。"照此推算，韦氏应当生于元丰三年（1080年），靖康二年（1127年）时她已经四十八岁，临近知天命之年。不过《宋史》中有一处值得玩味的地方，那就是绍兴十二年（1142年）时，韦太后原本应该六十三岁了，但高宗却说她年过六十，只说了个约数，因此不同史料对她年龄的记载并不一致，为了不至于相互矛盾，故意在此处对她的年龄进行了模糊处理。

《宋史》记载韦氏曾经与乔贵妃一同服侍过后来的郑皇后。元符三年（1100年），在向太后的支持下，赵佶顺利登基，向太后顺势将郑氏赐给了他。如若韦太后生于元丰三年（1080年），那么此时她已经二十一岁了，仅仅比自己的主子郑氏小一岁，郑氏不太可能将一个年龄这么大的宫女留在自己身旁。况且郑氏这个时候只是向太后殿内的押班，也就是管理宫女的小头目，不太可能会有宫女来专门伺候她，因此《宋史》关于韦太后年龄的记载并不太可信。

靖康之难时，除了疯狂掠夺金银财宝之外，金军还大肆搜捕皇后、嫔妃、公主以及其他宗室女子，甚至是大臣的妻妾子女。金军将这些被俘女子的姓名、年龄、户口、职官、封号详细登记在册并分批押赴东北。《开封府状》是当时金军元帅府与开封府之间往来的公文，对此有着详细记载。《开封府状》记载："乔贵妃四十二岁……韦贤妃三十八岁。"由此可见当时韦太后并非四十八岁而应为三十八岁。长期居于深宫之中的韦太后天生丽质又保养得当，引起金人的垂涎也就不足为奇了。如此一来《呻吟语》《宋俘记》等文献中关于她的记载或许有一定可信度，并非粘罕等人故意编造。

《开封府状》的原件已经遗失，但《靖康稗史》详细记载了其上的内容。有些学者据此对其真实性有所怀疑，但《靖康稗史》中记载的其他人的身份信息几乎都与本人一致，不太可能唯独韦太后的年龄被篡改。高宗为了让母亲摆脱那些负面传闻，故意将其年龄虚增了十岁，那么将真的柔福帝姬说成是冒牌货并将其诛杀也就不足为奇了。

商人之女的逆袭

潘贤妃为高宗生下了他唯一的儿子赵旉，高宗对她另眼相待，甚至一度想册立她为皇后，不过却遭到了群臣的反对，因为高宗在即位之初便册封自己的妻子邢秉懿为皇后，她被金军掳走后生死不明，但毕竟朝廷没有正式得到她的死讯，如今若再册立一位皇后，显然不合礼法。此事也就此不了了之。随着赵旉的不幸离世，潘贤妃日渐失宠。绍兴十八年（1148年），潘氏离世。

南宋建国之初，高宗的处境一直险象环生，英武似男子的吴氏在一众后宫女子中脱颖而出，她巾帼不让须眉的气质让高宗心生爱慕。《宋史》仅仅记载吴氏的父亲为吴近，对吴近的身份却刻意回避。根据叶绍翁的《四朝闻见录》记载，吴近是开封城中卖珍珠的大商人，人称“京师珠子吴员外”，积攒下了巨额财富。吴近不仅经商有道，还有着菩萨心肠，见到有人遇到了困难，他经常会出手相助，还不让对方知道。

后来，吴近突患重病。就在他病入膏肓之际，吴氏降生了。叶绍翁虽然与吴氏并非同时代的人，不过他肯定听到过一些关于吴氏身世的传闻，所以才特地记了下来。

到了宋朝，商人的社会地位虽然大幅提升，但依旧被士大夫们所轻视。当年仁宗与寿州茶商陈子城的女儿好事将近，就因为她出自商人之家，这门婚事招致当朝宰执，甚至是宦官的一致反对，最终不了了之。也正因如此，吴氏发迹后自然要竭力隐瞒父亲的真实身份，所以正史中对吴近的记载只有寥寥数笔。

《建炎以来朝野杂记》记载："高宗在维扬，后（吴氏）年十四入宫。"建炎元年（1127年）十月二十七日，高宗赵构来到扬州避难，但他在五个多月前已经登基，因此吴氏嫁的是已经登基为皇帝的赵构。不过《宋史》却记载："年十四，高宗为康王，被选入宫。"《宋史》说早在赵构登基前，吴氏便服侍在他的身旁，这个记载又与《宋史》中关于吴氏生年的记载相矛盾。吴氏生于政和五年（1115年），那么建炎元年时，她应该是十三岁而并非十四岁。

根据叶绍翁的《四朝闻见录》记载，吴氏曾经侍候过徽宗，也因此结识了高宗的母亲韦太后，后来徽宗将吴氏赐给儿子赵构。那么究竟哪个记载更为可信呢?

《建炎以来朝野杂记》由南宋史学家李心传根据官方史料编纂而成。高宗刻意隐瞒吴氏真实的入宫时间其实是事出有因，他对朝臣说自己"性不喜与妇人久处"，刻意塑造自己不近女色、清心寡欲的形象，但实际上他跟他的父亲一样好色成性。从建炎元年（1127年）十月到扬州，到次年二月在金军的追杀下仓皇逃离，在仅仅百天的时间内，他临幸的妇女便多达一百八十人。

在靖康之难中，高宗的妻子邢秉懿、两个妾田春罗和姜醉媚，还有五个女儿全都被金军掳掠而走，其实当时他府上的侍妾、婢女有许多，只是由于地位太低又没有封号，金军不知道他们的存在，潘贤妃如此，吴氏应该也是如此。高宗不想让旁人知晓自己好色的本性，也不想让旁人知晓吴氏卑微的过往，所以才故意编造他与吴氏初识于扬州的谎言。建炎二年（1128年），也就是高宗逃亡扬州的次年，吴氏恰好十四岁，其实她已然服侍高宗好几年了，不过此时她还只是个没有任何封号的小宫女。

由于金军大举南侵，吴氏追随高宗从扬州一路辗转来到明州。一些禁军士卒趁乱发动叛乱，逼问吴氏高宗的下落。当时年幼的吴氏尚有几分稚嫩，但有着同龄人所不具备的果决与镇定。面对那些手持利刃的叛军士卒，吴氏毫不畏惧，故意误导他们，高宗这才得以逃过一劫。

吴氏追随高宗逃到海上避难，就在他们靠岸歇息时，数十骑金军突然杀来，打算趁势杀上御船。就在这千钧一发之际，吴氏沉着冷静地弯弓搭箭，随着一声弓弦声响，一个金军士卒应声倒下，其他人见状随即四散奔逃了。他们在海上避难时，恰好有几条鱼跳进了船中，吴氏笑着说："这是白鱼入舟的祥兆。"周武王乘船渡河时，有一条白鱼跳进了他的船中，他俯身抓起来用它祭天。周武王随后来到黄河南岸的盟津，诸侯闻讯后纷纷前来拜见他，说如今可以兴兵伐纣了。自此之后，白鱼入舟便被视为出兵必胜的吉兆。

如丧家之犬的高宗没有想到一个小女孩居然会有如此见识与眼界，认定她是难得的奇女子，当即便封她为和义郡夫人。等到他们的船成功靠岸后，高宗又将她封为才人。吴氏正式成为高宗的嫔妃，但她依旧不改本色。每当高宗举行誓师大会时，她都会裹上五皂纱，随他一同前往。高宗对她的宠爱日盛，后来将她封为贵妃。其实高宗也想寻个贤内助协助自己管理后宫事务，怎奈自己的母亲如今生死未卜，结发妻子也是不知所终，没有办法将吴氏封为皇后，所以他劝慰吴氏再等些时日。吴氏也极为通情达理，从未对高宗有什么怨言，还深情地说："如今太后滞留在金国，臣妾不能每日向她问安。每每想到此处，臣妾便伤心不已，怎么可能还有其他奢望呢？"

绍兴十二年（1142年）八月，在外漂泊将近十六年之久的韦太后终于回到了南宋，还带回了三具梓宫，其中一具装殓的便是高宗日思夜想的原配妻子邢秉懿。早在三年前，年仅三十四岁的邢秉懿便病逝于遥远而又寒冷的五国城。由于当时宋金关系日趋缓和，金国以一品官的礼仪将她下葬，不过对南宋刻意隐瞒了此事。高宗得知妻子去世的噩耗后悲痛不已，将其追谥为懿节皇后，将她的梓宫安置在孟太后梓宫西北。见高宗一直郁郁寡欢，吴氏恳请高宗让自己的两个侄子吴珣和吴琚分别迎娶邢家的两个女儿为妻，从而安慰他那颗失落的心。

随着韦太后的回归与邢皇后的香消玉殒，册立皇后之事也正式提上了议程。当时最热门的人选自然是贵妃吴氏。关于韦太后的态度，以《宋史》为代表的正史认为她颇为认可吴氏，但《四朝闻见录》记载吴氏并非韦太后中意的人选，因为吴氏曾经与韦太后一同侍奉在徽宗身旁，知道韦太后不少并不太光彩的过往。

《宋史》记载韦太后为开封人，但《思陵录》《南宋相眼》等文献记载她本是越州会稽县（今浙江省绍兴市）人。或许是受到了母亲的影响，高宗对战略地位原本并不突出的越州情有独钟，甚至一度想将其设为都城。根据上述文献记载，韦太后有一个比她大许多的姐姐，在当过宰相的苏颂府中当婢女。有一次，姐姐将年幼的韦氏带入苏府，但韦氏整个晚上尿个不停。苏颂说："此女乃是大贵之相，不宜留在府上，还是进京为好。"不知苏颂是否真的说过这样的话，即便的确说过恐怕也多半是违心之言，苏颂应该是借此理由礼貌地将这对恼人的姐妹赶走。但韦太后的姐姐对苏颂的话深信不疑，便真的来到了京城开封，带着妹妹居住在一所道观内。恰在此时，哲宗开始在京城选择美女分赐给诸王。在内殿崇班（相当于正八品）李从约的举荐下，韦氏被成功地选入端王赵佶的府邸，这也成为她命运的转折点。即便事隔多年之后，韦太后都没有忘记对方的恩情，还追赠已经过世的李从约为武翼大夫（正七品）。

按照《开封府状》的记载，哲宗去世时，韦氏不过才十一岁。因此，在最初入府的那段日子里，她这个小姑娘并没有获得赵佶的青睐。后来韦氏结识了乔氏，也就是乔贵妃，两人约定无论谁先富贵都要提携对方。乔氏率先得到了徽宗的宠幸，她也履行了当初的承诺，将自己的好姐妹引荐给了徽宗。韦氏得到宠幸后怀上了赵构，也彻底实现了人生逆袭。韦氏一路进封为修容（正二品）。在第一次开封之战时，韦氏的儿子赵构充当人质被派往金营，为了表彰赵构的义举，韦氏被破格进封为贤妃（正一品）。

综上所述，韦太后有两段不愿让外人知晓的过往：一段就是前文提到过的在金国不堪回首的过往；另一段便是自己并不太光彩的上位史。不过吴氏服侍徽宗时年龄尚幼，巨大的身份差距让她与韦太后不太可能有太多的交集，即便她真知道些什么恐怕也多是道听途说。但在金国长达十六年的屈辱生活让韦太后极度敏感，所以才会对吴氏有所忌惮。

韦太后对吴氏心存抵触，但也说不出她的不是之处，况且她与儿子分别多年，母子之情早就变得有些淡漠，她担心自己毫无理由地横加阻拦会惹得儿子不快，只得委婉地表达了自己的态度，让儿子自己做主。

高宗假装不理解母亲的言外之意，对外宣称太后同意册立吴氏为皇后。吴氏多年的梦想终于变为了现实。随着宋金两国议和成功，政局日渐稳定。吴氏自以为可以在平静中度过自己的余生，谁知波澜再起！

懦弱的皇帝

绍兴三十一年（1161年）秋，金国皇帝完颜亮率军大举进攻南宋，一直杀到了长江边，岌岌可危的南宋再度被推到了亡国的边缘。在主战派官员的竭力恳请之下，高宗只得硬着头皮御驾亲征，但他对这场战争的前景十分悲观。

金军渡江时遇到了宋军的顽强阻击。恰在此时，完颜亮的堂弟完颜雍趁着完颜亮此番南征之际擅自在金国称帝。这是因为完颜亮的皇位来路不正，他与金熙宗完颜亶均为开国皇帝金太祖完颜阿骨打之孙，他杀死堂兄完颜亶自立为帝，很多金国贵族并非真心归附于他。

听闻此消息后，完颜亮被愤怒冲昏了头脑，责令麾下诸将三日内必须渡江，否则一律处斩。完颜亮这个不近人情的命令无疑将麾下诸将逼向了绝境，金军内部发生了哗变，完颜亮在这场兵变中被杀。随后金军陆续北返，南宋的战争警报就此解除。

绍兴三十二年（1162年）二月，高宗带着已经被册立为皇子的赵昚（此时名赵玮）从前线返回都城临安。此时高宗只有五十六岁，但三十多年提心吊胆的生活早已使他身心俱疲。此番金军南征进攻，若不是完颜亮意外遇害，南宋恐怕不保，心有余悸的高宗渐渐萌生了退意。当年五月二十八日，高宗正式册立养子赵玮为太子，为其改名为赵眘。六月初十，他下诏将皇位禅让给了赵眘，赵眘史称“宋孝宗”。赵眘也出身皇族，但他与高宗的血缘关系极为疏远，几乎与路人无异。赵眘的亲生父亲赵子偁只是个从六品的中级官员，赵眘原本也要像父亲那样在寂寂无名中度过一生，但后来他被选入宫中，最终以养子身份登基称帝，自此拥有了不一样的人生。

高宗退位后，吴氏也从皇后变为了太后，她与高宗携手走过了六十多年的风风雨雨，他们也成为我国历史上唯一一对走完金婚的帝后。孝宗赵眘虽与高宗夫妇并没有什么血缘关系，但他颇为孝顺。夫妇二人也得以在欢乐祥和中度过了人生最后的时光。

孝宗的四个儿子均为第一任妻子郭氏所生，不过郭氏在他登基前便去世了。后来郭氏被尊奉为“成穆皇后”，所以这四个儿子均为嫡子。除了小儿子赵恪不幸夭折外，长子邓王赵愭、次子庆王赵恺以及三子恭王赵惇全都得以成年。

邓王赵愭的夫人钱氏顺利产下一子，高宗与吴太后听到这个喜讯之后不禁喜上眉梢。皇嫡孙降生定然要好好庆贺一番，谁知此事竟然生出了变故。乾道元年（1165年）六月初三的晚上，恭王府直讲王淮前来拜见参知政事钱端礼。由于当时朝中并无宰相，钱端礼代行宰相之职。王淮对他说：“恭王夫人李氏四月十五日生下了皇嫡长孙，特来向您禀报！”钱端礼是赵愭的老丈人，听到“皇嫡长孙”这个词后，他的脸色顿时阴沉下来。按照礼制，皇孙有“皇嫡孙”与“皇孙”的区别，只有太子或者皇帝嫡长子的儿子才能被称为“皇嫡孙”，其他皇子的儿子只能称为“皇孙”。如今身为皇三子的赵惇居然想凭借儿子先出生这个优势，提出“皇嫡长孙”这个称谓，其实是想为自己日后夺嫡造势！

老辣机敏的钱端礼当即识破了他们的图谋，随即将此事禀告给孝宗。孝宗也觉得王淮提出皇嫡长孙这个称谓居心叵测，担心赵惇在他的蛊惑之下生出非分之想，于是便将王淮贬知建宁府（今福建省建瓯市）。

赵惇不仅没能为儿子争到皇嫡长孙的名号，还碰了一鼻子灰。自此之后，他收敛了许多，不过并没有放弃夺嫡之心。

这场风波两个月后，也就是当年八月，孝宗正式册立皇长子赵愭为太子。次年七月，孝宗下诏，为皇太子赵愭所生皇嫡孙赐名赵挺，为恭王所生皇孙赐名赵梃。太子之争看似已经尘埃落定，谁知两年后风波再起。乾道三年（1167年）七月，太子赵愭因中暑病倒。他的病并不算重，不知御医是受人指使故意害他，还是水平有限误诊了，赵愭服药之后不仅病情没有好转，反而急剧恶化，他最终为此丧了命，年仅二十四岁。

随着太子之位再度空缺下来，孝宗不得不在次子庆王赵恺与三子恭王赵惇之间做出选择。二月初八，孝宗当众册立恭王赵惇为太子，同时任命庆王赵恺为雄武军、保宁军两镇节度使，判宁国府（今安徽省宣城市宣州区），进封他为魏王。宋朝没有藩王镇守外藩的先例，孝宗不惜冒着违背祖制的风险将赵恺外放，无疑从侧面说明两个儿子因争夺太子之位已势同水火，孝宗不希望赵恺日后受到伤害。

《宋史》记载："孝宗以帝英武类己，欲立为太子，而以其非次，迟之。""英武类己"不过是为了美化赵惇而编造的政治谎言罢了，孝宗堪称励精图治的明君，赵惇却是个政绩平平的庸才，还十分惧内，时常受到皇后李凤娘的挟制，丝毫看不出他有什么英武之气。赵惇之所以在这场太子争夺战中胜出，是因为他得到了吴太后的支持。吴太后与孝宗虽不是母子，却胜似母子，她的话对一贯尊崇孝道的孝宗影响之大可想而知。

赵惇如愿以偿地成为太子，可让他始料未及的是自己的太子生涯会如此漫长。赵惇从二十多岁的年轻人硬生生熬成了年过不惑的中年人，他不想继续等下去了，期盼着父亲也能像高宗那样将皇位提前传给自己。赵惇想让祖母吴太后出面探一探父亲的口风，但他又不便明说，只得屡屡设宴款待吴太后。吴太后觉得赵惇似乎有什么心事，又一时猜不出来，于是便询问他身边的内侍。内侍委婉地道出了实情，心领神会的吴太后随即笑了笑，寻了个机会去见孝宗，对孝宗说道："官家如今年岁也不小了，不如趁早去享清福，将国事放手交给小一辈去做！"

孝宗听后一愣，道："其实孩儿早就有这个想法，只可惜儿子们年幼不经世事，若是将江山社稷交给他们，我实在是不放心啊！不然我早就去享乐了！"

见孝宗婉拒了，吴太后也不便勉强，只得将此事原原本本地告诉了赵惇。赵惇指着头上的白发，愤愤不平地说道："如今孙儿已经生出许多白发来，早就不是什么孩童了！"不过此事后来却迎来了转机。

淳熙十四年（1187年）十月初八，八十一岁的太上皇高宗撒手人寰。对于高宗的死，吴太后悲痛欲绝，但孝宗的心情却极为复杂，因为高宗既是让他一步登天的恩人，也是他一飞冲天的障碍。虽然高宗终于死了，但他已是六十一岁的垂垂老者，再也没有了当年的雄心壮志。

淳熙十六年（1189年）正月二十日，孝宗正式宣布禅位给太子赵惇。二月初二，孝宗在紫宸殿举行了盛大的内禅仪式，正式退位成为太上皇。太子赵惇如愿以偿地成为皇帝，史称"宋光宗"。眼见着孙子赵惇梦想成真，吴太后自然是欣喜不已，但赵惇随后的表现却大大出乎吴太后的意料，以至于年事已高的她不得不出面为其收拾残局。

赵惇成为皇帝后，他的皇后李凤娘借宫廷宴会之机，恳请孝宗册立自己的儿子嘉王赵扩为太子。赵扩是光宗赵惇唯一的儿子，照理说太子之位非他莫属，但孝宗并不喜欢这个沉默寡言的孙子，他偏爱魏王赵恺之子嘉国公赵抦。当年迫于各方压力，孝宗无奈地舍弃了更为年长的赵恺。淳熙七年（1180年），年仅三十五岁的赵恺在明州去世，他总是觉得对这个儿子有所亏欠，于是格外疼爱赵抦这个聪明伶俐的孙子。

见孝宗不肯应允，生性泼辣的李凤娘当即露出了泼妇本色，在公公面前撒泼犯浑，当即气得孝宗拂袖而走。李凤娘拉着儿子赵扩来到光宗面前哭诉，污蔑孝宗，对光宗说孝宗想废掉他，然后册立赵恺之子赵抦为新皇帝。

在那场太子争夺战中，孝宗原本中意的人选是赵恺，不过遇到了重重政治阻力。他一直摇摆不定，几经权衡之后才选择了赵惇。赵惇本就对父亲有所不满，如今妻儿的控诉自然让他对父亲的恨意又增加了几重。

光宗虽贵为九五之尊，但不敢轻易违背皇后李凤娘的意愿。光宗要在绍熙二年（1191年）十一月二十七日这一天举行盛大的祭天大典，结果李凤娘在前一天晚上杀害了深受光宗宠爱的黄贵妃，然后对外宣称黄贵妃染暴病而亡。光宗得知后既惊恐又气愤。次日举行祭天大典时，祭坛内的灯烛被一场突如其来的大风雨吹灭，光宗被迫宣布取消了祭天大典。他认为大典之所以没能顺利举行是因为自己得罪了上天。在重重心理压力之下，本就虚弱的光宗一病不起。

孝宗和吴太后前去探视时，在床前训斥了李凤娘几句，于是李凤娘更加恨他们了。在李凤娘的干预之下，光宗以身患重病为由不再前去朝见孝宗。即便痊愈之后，他也极少去给父亲问安，后来他们父子甚至到了老死不相往来的地步。

宋朝士大夫最为看重忠孝，一个不孝的皇帝怎么能要求朝臣对他尽忠呢？从宰执到台谏官，越来越多的官员站出来恳请光宗做出改变，但光宗早已沦为李凤娘的提线木偶，即便是在父亲重病之际，他都不闻不问。因此，他在朝中的威望也逐渐消失殆尽。

吴太后没有料到自己寄予厚望的孙子居然会沦落为如今这般模样，在不久的将来，她甚至不得不迫使自己亲手扶上皇位的孙子退位。

吴太后的贡献

绍熙五年（1194年）六月初九，孝宗病逝，享年六十八岁。孝宗患病期间，光宗不仅没有伺候在他的病榻前，还对他的病情不闻不问。孝宗去世后，身为唯一在世的儿子，他以生病为由，拒不出面主持父亲的丧礼，朝中积聚已久的矛盾也就此彻底爆发了。

见光宗铁了心不肯出面，左丞相留正和知枢密院事赵汝愚只得求助于吴太后。此时吴太后已经八十岁了，几十年来一直居于深宫之中，朝臣很少见到她。若是贸然恳请吴太后出山，势必会遭到她的拒绝，因此两人将这个重任交给了少傅吴琚。吴太后一向宠爱这个侄子，或许只有他能说动吴太后出面收拾残局。

吴琚当即入宫面见吴太后，但风烛残年的吴太后断然拒绝了他们的请求。此时留正、赵汝愚等诸位宰执已然无路可走，只得恳请吴琚再度进宫，托他给吴太后带话："臣等连日前往南内[①]恳请求见陛下，却一再遭到拒绝。我们理

① 高宗听说之前赐给权臣秦桧的宅邸有王气，于是秦桧去世后，高宗将其宅邸收回来，改建为德寿宫，称为"北内"或"北宫"，皇帝居住的皇城称为"南内"或"大内"。

应跪在宫门前恸哭，但我等担心如此一来势必会引发朝野间的骚动，恐对社稷不利！”吴太后听后深受触动，当初孝宗破格将在年龄上不占优势的光宗立为太子，还提前将皇位传给他，受到了她的影响。孝宗退位后却无法像她那样安享晚年，最终凄苦地离开了这个世界，死后还没有人为他主持丧礼。若是任由此事继续发酵下去，后果恐怕会不堪设想。吴太后思来想去，觉得如今自己只能挺身而出，不过她只同意代为主持丧礼，不愿意垂帘听政。

赵汝愚已经对光宗失望至极，他打算借吴太后垂帘听政之际逼迫光宗退位，因此他恳请吴琚继续劝说吴太后垂帘听政。吴琚不愿再继续卷入政治漩涡之中，只想着尽快脱身，赵汝愚也不便强求。

绍熙五年（1194年）六月十八日，赵汝愚联合左丞相留正等宰执共同上奏，恳请光宗册立嘉王赵扩为太子，不过他们的奏疏呈上去之后杳无音信。六天后，就在他们不再抱有希望之际，光宗在他们的奏疏上批示：“甚好！”留正、赵汝愚等人得知后欣喜不已，因为嘉王赵扩一旦被册立为太子，他便可以名正言顺地代替父亲处理朝中政事。即便朝中再遇到什么突发状况，他们也不至于束手无策！

谁知当天晚上风云突变。光宗派人给左丞相留正送去了一份手诏，上面赫然写着八个大字：“历事岁久，念欲退闲。”留正看后惊恐不已，四十八岁的光宗登基才不过五年，如今居然流露出退位之意。这有可能是他观望政治风向的试探之举，也有可能是以退为进的无奈之举。在此期间，留正只要稍稍走错一步，恐怕都可能粉身碎骨！慎重考虑过后，留正将光宗的那份手诏藏了起来。赵汝愚听到风声后前来向留正索要，他这才极不情愿地交了出来。

七月初二，留正参加早朝时假装不慎摔倒，众人赶忙将他搀扶起来，随后派人将他送回府中修养。他回府之后迫不及待地收拾行囊，打算逃离临安这个是非之地。次日，也就是七月初三，恰好是孝宗的大祥之日，留正天不亮便入宫递交了辞呈，仓促拜别了诸位同僚，随后便乘着肩舆急匆匆出城去了。留正之所以选择逃离，除了恐惧之外，还因为他与赵汝愚产生了严重的意见分歧。

留正只是想册立嘉王赵扩为太子，如若光宗仍旧卧病不出，群臣可以恳请太子监国。等光宗回心转意之后，太子便还政于他，这无疑是最稳妥的办法。可赵汝愚并不太赞同这个保守方案，他想的是借助吴太后的权威迫使光宗提前退位，但宋朝还没有群臣迫使皇帝让位成功的先例，所以留正不愿为赵汝愚大胆而又疯狂的计划陪葬，于是当起了逃兵。

左丞相的出逃彻底打乱了赵汝愚的谋划，他转而恳请知阁门事韩侂胄出面规劝吴太后。韩侂胄与吴太后渊源颇深，他的母亲是吴太后的妹妹，他的妻子还是吴太后的侄女。就在留正逃离临安的那天，赵汝愚授意韩侂胄敦请吴太后出面主持朝政。在七月初三、初四这关键的两日中，韩侂胄想尽各种办法意图说服吴太后，却都未能如愿，直到他在宫中意外邂逅了提举重华宫的关礼。关礼让韩侂胄在宫内稍等片刻，自己再去试一试。

宦官关礼随即去面见吴太后，对她说："如今左丞相走了，赵知院选择继续坚持，这是因为他觉得太后会为他做主。如今赵知院不顾个人安危定下大计，却迟迟得不到您的支持，长此以往他恐怕也会灰心丧气，若是连他也走了，局势恐怕就会彻底失控，还望太后出面主持大局，以免冷了众人的心！"关礼的一席话让吴太后意识到，面对当下危局，包括她在内的每个人其实都没有了退路，于是命他速速征召韩侂胄入宫，好在韩侂胄听从关礼的嘱咐并未离开。

赵汝愚听到韩侂胄带回来的好消息后很是高兴，不过为了防止意外发生，他特地命殿前副都指挥使郭杲和侍卫步军都虞候阎仲调集本部兵马，加强皇宫及其周围地区的警戒，务必保证明日仪式顺利举行。

七月初五，群臣纷纷来到孝宗的棺材前为他举行禫祭，他们嗅到了一丝异样的气息。随着珠帘挂起，吴太后不再仅仅是主持丧礼，而是开始听政。赵汝愚拿出光宗所写的"历事岁久，念欲退闲"的手诏，据此认定患病不出的光宗准备退位。其实光宗并未真正下定决心，但赵汝愚对光宗怠政失德、不奉孝宗之事深感忧愤，早存了更立之志，于是趁机恳请嘉王赵扩提前登基。

无论是老皇帝退位还是新皇帝登基，对一个王朝而言都是天大的事，尤其是在光宗这位重要当事人缺席的情况下。不过赵汝愚与吴太后早就对今日之事达成了默契，今天的朝会不过是走个过场而已。基于光宗之前的所作所为，百官们早就对他失望透顶。虽然他的儿子赵扩也并非精明强干之人，但他毕竟没有做过太离谱的事情。因此，对于如此重大的事情，居然没有人提出异议。在毫不知情的情况下，光宗已经被悄然废黜了。

禫祭之前，吴太后单独召见了嘉王赵扩。得知自己要被立为皇帝，赵扩居然想要逃走，早已站在他身后的韩侂胄死死地拽住他的胳膊。赵扩见一时难以脱身，苦苦哀求道："臣做不得，做不得！"

吴太后并不理会赵扩，命韩侂胄去取黄袍。用不容置疑的口吻对赵扩说："我亲自给你穿上！"赵扩使出全身的力气，挣脱了韩侂胄的束缚，开始在殿内狂奔，现场顿时乱作一团。

见局面失控，吴太后高声呵斥道："嘉王，你站住！我见过你曾祖父登基，见过你祖父登基，还见过你父亲登基，如今轮到你了，这是你的宿命，也是你的责任！"说着说着，她竟垂下泪来。赵扩随即停下了脚步，韩侂胄等人趁机迅速围拢过来，规劝他顺从天命，随后给他穿上了黄袍。赵扩不再试图逃跑，嘴里却不停地嘀咕着"臣做不得，做不得"。

七月初六，吴太后册立宁宗赵扩的妻子崇国夫人韩氏为皇后，随后她便果断撤帘。吴太后垂帘听政的时间仅有区区两日，她是宋朝也是整个古代史上垂帘时间最短的太后，却发挥了关键作用。

杨舜卿奉吴太后之命前往南内，恳请光宗交出八宝，八宝也就是专属于皇帝的八方印玺。光宗对此感到很是错愕。杨舜卿告诉他太子如今已经即位，他这个太上皇不便再继续持有八宝了，还特意说这是吴太后的旨意。光宗没有料到朝中发生了如此之大的变故，他在几乎完全不知情的情况下被废黜，可现如今他又无能为力，只能不情愿地交出了八宝。

在人生的最后几年，吴太后饱受疾病的困扰，不过她一直讳疾忌医，无论是前来给她诊治的，还是给她送药的，她都一概予以拒绝。身边人不解地询问缘故，吴太后说："我如今都八十多岁了，不想再麻烦那些御医了！"其实她之所以对看医如此排斥，是因为她心中有一个解不开的心结。高宗早年最信任的御医是王继先，但王继先仗着皇帝的宠信大肆干预政事，最终惨遭贬谪。取而代之的王泾医术还算精湛，但不似王继先那般谨慎。年事已高的高宗的脾脏有些不适，王泾居然让他大量服用牛黄清心丸、硼砂丸等凉性药物，最终导致高宗因"耗夺真气"而亡。这也成为吴太后心中永远的痛，所以她有了病宁愿忍着也不愿让御医为她诊治。

庆元三年（1197年）十月，吴太后病逝，享年八十三岁，谥号为"宪圣慈烈"，这位历经四朝的传奇太后就此彻底消失在了历史深处。

第八章

太后与权臣的博弈

宁宗是一位在政治上极为平庸的皇帝，但他的皇后杨妹子却是一位很有政治手腕的女性。杨妹子的经历与太后刘娥颇为相似，她出身平凡，不过在机缘巧合之下，渐渐走到了政治前台，成为宁宗朝最有权势的女人。

宁宗去世后，众望所归的皇子赵竑却莫名其妙地与近在咫尺的皇位失之交臂，一个乡下来的宗族子弟成为新皇帝，杨妹子在这中间究竟扮演了怎样的角色呢？

奋斗之路

杨妹子也被称为杨娃，有些史书误以为杨妹子是杨皇后的妹妹，其实“妹子”“娃”都是当时对孩子的称谓。关于杨妹子的亲生父亲，史书中没有记载。杨妹子的亲生父亲应该姓吴，因为她的一个侄孙女吴氏嫁给了济王赵竑，她之所以刻意对自己的亲生父亲避而不谈，既是因为父亲的身份太过卑微，也是因为父亲缺席了她早年的成长。

根据《齐东野语》记载，杨妹子自幼便被养母张夫人收养。张夫人是四川当地有名的艺人，后来带着年幼的杨妹子离开家乡去外地讨生活。他们一行人途经真州（今江苏省仪征市）长芦寺，寺中有一个擅长看相的僧人，这位僧人仅仅是匆匆一瞥，便认定杨妹子日后会飞黄腾达，还劝他们一家人前往都城临安府闯一闯。见她们囊中羞涩，那个僧人还慷慨资助他们。这段记载与刘娥的早年经历极为相似，有明显的抄袭痕迹。

田汝成的《西湖游览志余》对杨妹子的早年经历有着不同的记载。《西湖游览志余》记载张夫人是杨妹子的生母。张夫人原本是德寿宫乐部的艺人，后来获准出宫谋生。她途经长芦寺时，一位僧人劝她回去，说她只有回去才能拥有更美好的未来。恰在此时，孝宗对宫廷乐队演奏的乐曲很不满意，宦官解释说那些老艺人几乎都出宫嫁人了，如今宫内的艺人都是新招录的，技艺还不够精湛，于是孝宗下令征召部分已经出宫的宫廷艺人回宫。这些艺人里就包括张夫人，不过她当时已经有孕在身了。

由于肚子变得越来越大，张夫人觉得继续待在宫中多有不便，于是便恳请搬到宫外居住，但吴太后对她说："你就在仙韶院分娩又有什么不妥呢？"杨妹子后来就出生在宫内，她也因此与皇宫结下不解之缘。

经过张夫人的悉心教导，那些新艺人的技艺日臻成熟，随后她便与丈夫出宫去寻求自由的生活。由于吴太后舍不得杨妹子离开，张夫人只得忍痛割爱，将女儿留在宫中充作"杂剧孩儿"，也就是排演杂剧的小演员。杨妹子自幼便接受艺术的熏陶，所以她弹奏琵琶的技艺渐渐变得炉火纯青，成了宫内首屈一指的艺人。杨妹子的言行举止总能称吴太后的心意，吴太后一直将她视为掌上明珠。见杨妹子如此得宠，有人心生忌妒，出面告发她曾经趁吴太后洗澡的时候偷偷穿太后的衣服，戴太后的凤冠。这种僭越之举原本应当受到严厉的惩处，但吴太后却不以为意，笑着说："你们不必大惊小怪，她终有一日会光明正大地穿上皇后冠服。"

宁宗登基后时常给吴太后问安。有一次，宁宗与吴太后在一起宴饮，或许是手抖了，抑或是酒太满了，他不慎把酒盏内的酒洒在了手上。眼疾手快的杨妹子赶忙毕恭毕敬地将盛着清水的匜递到了他的面前，匜就是形状似瓢的舀水或者洗手的器具。貌美如花的杨妹子映入了宁宗的眼帘，也就此深深地刻在了他的心里。自此之后，宁宗便时常让她侍寝，后来此事传到吴太后的耳中，吴太后不禁勃然大怒。其实吴太后并非舍不得杨妹子，而是宁宗正在为祖父守丧，在此期间他应当清心寡欲，远离女色。若是与杨妹子苟且之事传扬出去，势必会被世人视为大不孝。

吴太后拿着手中的鞭子，准备抽打胆大妄为的杨妹子，不过身边的亲信宦官却劝道："如今您将天下都交给了曾孙儿，为何还舍不得一个妇人呢？"闻听此言，吴太后手中高高扬起的鞭子迟迟没有落下，如今这天下都已属于宁宗，若是她鞭打杨妹子之事传到宁宗耳中，势必会影响两人的关系，她索性将杨妹子赐给了宁宗。

《四朝闻见录》对此还有另外一种说法，杨妹子的母亲张夫人离开宫廷乐部后选择结婚生女，但后来不幸病逝，最终葬在西湖小麦岭下的放马场。张夫人离开后，乐部艺人演奏的乐曲经常跑调，吴太后为此恼火不已，于是便向身边人询问张夫人的下落，身边人说张夫人不在了，不过她的女儿如今已经十二岁了，也似母亲那般聪慧端庄、精通乐律。吴太后当即将杨妹子召入宫中。

不管是哪种说法，杨妹子日后的发迹都离不开吴太后的提携，所以她后来不遗余力地回馈吴氏族人。

杨妹子才貌双全，能歌善舞，兼通经史书画，还擅作诗，宁宗对她极为痴迷。庆元元年（1195年）三月，她获封平乐郡夫人。两年后，她直接被封为婕妤（正三品）。

随着地位日渐显赫，出身寒微的杨妹子也想为自己炮制一门好身世，于是派遣亲信宦官为自己寻找同宗。后来，杨妹子如愿找到了杨次山。

杨次山当时还是个学生，尚未参加科考，若是攀附上了杨妹子，日后自然会平步青云。杨妹子也想借用他的家世来粉饰自己，因此两人一拍即合。杨妹子当即将杨次山召入宫中，杨次山也很配合，见到她后不禁潸然泪下。自此之后，两人便以兄妹相称。

当时杨妹子虽然很受宠，但一直被根基深厚的韩皇后压制着。出身名门的韩皇后是宁宗的原配妻子，也是执掌朝政的权臣韩侂胄的侄曾孙女。宁宗登基后，最大的功臣赵汝愚在韩侂胄的算计下黯然离朝，韩侂胄成为南宋继秦桧之后又一个权相。

宁宗登基前有过一个儿子，但出生不久便夭折了。庆元二年（1196年）六月，韩皇后为宁宗生下了次子赵埈，这也是他即位后的第一个儿子。不过当年八月，赵埈突患惊风病，仅仅活了四十七天便不幸离世了。庆元四年（1198年），宁宗按照旧例将宗族子弟赵询（当时叫赵与愿）召入宫中抚养。

庆元六年（1200年）正月，韩皇后生下了皇三子赵坦，但同年八月也夭折了。十一月初一，当时还叫赵与愿的赵询被赐名为赵曮。在宗室中，单字名代表着尊贵，通常只有皇子才有资格叫单字名。宁宗还任命赵曮为福州观察使，令其在资善堂读书。虽然此时他还没有正式的名分，但宁宗已经开始按照皇子的标准来培养他了。六天后，接连遭受丧子之痛的韩皇后病逝，享年三十六岁。八个月前，杨妹子刚刚被进封为贵妃，与皇后之位仅有一步之遥，恰在此时她还生下了皇四子赵增，宁宗为此兴奋不已，但赵增很快便夭折了。对于地位未明的赵询而言，警报暂时解除了。

执掌朝政的韩侂胄觉得杨妹子心机深厚，日后定然难以控制，于是对宁宗说女人才学高并非好事，竭力举荐温柔体贴的曹美人为皇后。根据《朝野遗记》的记载，杨妹子与曹美人在同一日设宴邀请宁宗，杨妹子假意推让，天真的曹美人信以为真，谁知杨妹子趁其不备捷足先登，将宁宗邀请到自己殿内。两人在一起推杯换盏，把酒言欢。宁宗喝得颇为尽兴，当晚便留宿在她的殿内。随后，杨妹子趁机命人展开纸，研好墨，将笔递给醉醺醺的宁宗。宁宗刚开始还有些诧异，但很快便明白了她的用意，于是接过笔写下立贵妃杨氏为皇后。宁宗写完之后，宫人们又迅速在桌上铺上一张白纸，让他再写一份。杨妹子命宦官将其中一张手诏按照正常程序交由两省，同时将另外一张交给自己的哥哥杨次山，因为她担心权倾朝野的韩侂胄趁机将皇帝的手诏藏起来，所以想出了这样一个双保险的计策。

杨妹子能够成功上位绝非一朝一夕之功，而是经过长期的经营与布局。韩皇后去世后，宁宗对新皇后的人选一直摇摆不定，以至于皇后之位空悬了两年之久。直到嘉泰二年（1202年）十二月，杨妹子才如愿以偿成为皇后。她之所以能在这场竞争中胜出，主要是因为她在当年冬天生下了皇五子赵坰。赵坰在出生当月便夭折了，宁宗为了缓解她的丧子之痛，最终决定册立她为皇后。不过此时杨皇后已然过了不惑之年，再度生育的可能性微乎其微，因此她将关注的目光投向了养子赵曮。如今赵曮在宫中毫无名分，迫切需要得到杨皇后的支持。杨皇后要想长久地享有富贵也必须为今后布局。

杨妹子被册立为皇后一个月后，赵曮从福州观察使升为威武军节度使，封卫国公。两年后，也就是开禧元年（1205年）五月，赵曮被进封为荣王，宁宗正式将他册立为皇子。此时宁宗只有三十八岁，又不像高宗那样丧失了生育能力，很多人对他如此急切地册立宗室子弟为皇子感到不解，因此杨皇后势必在幕后做了大量的工作。

赵曮成为皇子后引起了韩侂胄的恐慌。为了不至于大权旁落，他开始竭力阻止赵曮成为太子，可如今他失去了韩皇后的助力，有些力不从心，于是不得不兵行险招。开禧元年（1205年）七月，韩侂胄加封平章军国事。由于左丞相空缺，担任右丞相的陈自强又是他的亲信，他实际上总揽朝中军政大权。韩侂胄随后主持了轰轰烈烈的北伐，因为一旦北伐成功，他便可以凭借赫赫战功逼迫宁宗废掉杨皇后与皇子赵曮。

杨皇后对此看得极为真切，自然不甘心坐以待毙，一场针对韩侂胄的政变也悄然拉开了帷幕！

决定性的政变

日后的一代权相史弥远此时还只是个小角色，不过他成功结交了正在资善堂读书的皇子赵曮。其实史家并非什么名门望族，也从未出过什么高官，但一个偶然的机会，史弥远的父亲史浩机缘巧合地成为赵昚的老师。当时赵昚还没有什么名分，不过在他的教导之下，赵昚在与高宗另一位养子赵璩的角逐中成功胜出，史浩随后也获得重用。史弥远想复制父亲当年的传奇，他先以起居郎出任资善堂直讲，后升任礼部侍郎兼资善堂翊善，借助资善堂这个平台与赵询建立起亲密关系。由于杨皇后和赵曮被禁锢在深宫之中，史弥远成为连通内廷与外朝的关键人物。

恰在此时，韩侂胄主持的北伐以失败告终，杨皇后、赵曮等人看到了反击的良机。两人在宁宗面前大肆抨击韩侂胄擅权，说若不及时对他进行惩处，他日后必将危害社稷，但宁宗始终不置可否。

杨皇后通过哥哥杨次山秘密联络史弥远，史弥远还争取到了参知政事钱象祖的支持。钱象祖当初因为反对韩侂胄北伐而被贬知信州（今江西省上饶市信州区）。他后来被召回朝中继续担任参知政事，但也因此对韩侂胄恨之入骨。礼部尚书卫泾也因对韩侂胄擅权不满而加入了他们的阵营。

开禧三年（1207年）十一月初二恰好是韩侂胄宠妾的生日。这天晚上，韩侂胄为宠妾举行了极为隆重的生日宴，他因为太过高兴喝得酩酊大醉。恰在此时，韩侂胄的亲信周筠派人给他送来了一封密信，说有人意图谋害他。韩侂胄看完信后不以为意，随手便将那封信扔进了烛火之中。

次日清晨，周筠仍不放心，便急匆匆赶来，劝说韩侂胄不要前去上朝，说此去恐怕凶多吉少。执掌政局多年的韩侂胄遭遇过不计其数的暗算，但都安然度过，于是对自己的掌控力有着盲目的自信，认为周筠道听途说来的消息并不可信，于是便登上车子向着皇宫方向急速驶去。

就在前一日，杨皇后就准备好了御批，分别交给了钱象祖、卫泾与史弥远。韩侂胄的党羽遍布朝中各个关键位置，杨皇后等人要想在他毫无察觉的情况下给予其致命一击，唯一的办法就是绕开两省与枢密院，直接从宫中发出御批。见到钱象祖带着的御批之后，殿前司中军统制、权主管本司公事夏震感到很是为难，但最终还是派遣中军正将郑发、王斌等人率三百禁军士卒埋伏在六部桥，那里是韩侂胄上朝的必经之路。见到韩侂胄的车子之后，禁军士卒一拥而上。郑发等人宣称手中有御批，朝廷罢免了韩侂胄的平章军国事之职，要求韩侂胄的车夫迅速调整行进方向。

韩侂胄的府邸在湖州，即便他要出京，也应当走北关门，但他的车子却朝着候潮门行进，此时他才意识到自己恐怕不仅仅是被贬，而是将要被杀，于是高声喊道："我有什么罪？你们敢对大臣如此无礼？"那些禁军士卒并不理会他的质问与嘶吼，将他劫持到玉津园夹墙处。据《四朝闻见录》记载，郑发用铁鞭连续猛击韩侂胄的裆部，韩侂胄就这样结束了自己大起大落的一生。

得知杨皇后等人要对韩侂胄下手，于心不忍的宁宗赶忙写了一份亲笔信笺，打算转交给殿前司，要求他们派人火速追回被贬出朝的韩侂胄。杨皇后跪倒在宁宗面前，哭着说道："韩侂胄贸然发动北伐，致使两国生灵涂炭，上百万百姓跟着遭殃，难道他不该承担罪责吗？如今他还想将我与儿子统统废掉。陛下若是执意追回他，请先将臣妾赐死！"

见心爱的女人哭得如此悲切，左右为难的宁宗最终打消了营救韩侂胄的念头，但他不曾料到韩侂胄会被诛杀。

在与韩侂胄的这场生死较量中，杨皇后成为最终的胜利者，但因为太过惊心动魄，她紧张的心情久久不能平复，头发不知什么原因紧紧粘连在一起，无论怎么梳都梳不开。杨皇后怀疑是韩侂胄的冤魂在作祟，于是四处寻找能够为她驱灾祈福的能人术士。恰在此时，女道士王妙坚出现了。王妙坚是兴国军（今湖北省黄石市阳新县）境内九宫山上的一个女道士，她在大山中待腻了，便想着到繁华的临安府来看一看。不过她囊中羞涩，一路上只能靠售卖符水和咒枣换些盘缠，历经千辛万苦才来到了临安府。

那日，王妙坚在临安西陵桥边的一个茶肆内歇脚。茶肆隔壁住的是在御酒库当差的陈生，他的老婆与杨皇后有着同样的苦恼，于是便有一搭没一搭地向王妙坚寻求破解之法。王妙坚说这有何难，当即画了一个符，让陈生买了半斤麻油，并让他将新鲜的竹子烧出竹沥之后滴进麻油之中，再将她的符放入其中，说用这符水洗头，头发定然会被洗开。陈生的老婆试过后，果然很灵验。陈生见杨皇后有着类似的苦恼，便将王妙坚举荐给了杨皇后。杨皇后用了她的方子之后也成功地祛除了苦恼。自此之后，王妙坚这个落魄道士成为杨皇后的座上宾。杨皇后后来还为她修建了一座道观，给她赐名“明真”，将她封为真人。

随着南宋对外政策的转向，朝中政治格局也发生了翻天覆地的变化。韩侂胄的亲信们纷纷被贬出朝廷，史弥远开始在政坛上强势崛起，出任右丞相。开禧三年（1207年）十一月十五日，也就是韩侂胄被杀十二天后，宁宗正式下诏册立皇子赵曮为太子，赐名赵帱。十一天后，宁宗大赦天下。就在人们对太子册立典礼翘首以待之际，典礼却一拖再拖。在这个节骨眼上，史弥远的母亲突然去世了。史弥远于嘉定元年（1208年）十一月二十日辞官回家丁忧，这对于左丞相钱象祖而言可谓天赐良机，但他没能趁机巩固自己的地位。十二月初二，钱象祖也被朝廷罢免。此时朝中已无丞相，朝野上下意识到起复史弥远的日子已然不远了。

嘉定二年（1209年）五月初三，正在服丧的史弥远被宁宗召回朝中，再度出任右丞相。在此后长达近二十五年的时间里，他一直都是朝中唯一的丞相。

史弥远复相三个月后，延期了将近两年之久的太子册立典礼终于得以举行。其实若是朝廷没有遇到丧事，典礼通常不会延迟这么长时间，这主要是因为宁宗的皇八子赵坦降生了。宋朝没有太子被废的先例，一旦赵曮成为太子，即便宁宗后来有儿子了，他的儿子也难以继承皇位。当初他下诏册立赵曮为太子，并非出于本心，而是受到了杨皇后等人的影响，儿子赵坦的降生使他又有些后悔了。

虽然赵坦仅仅活了两三个月，但也让几近绝望的宁宗重拾信心。不过随着时间的推移，宁宗再度感受到了求而不得的失落，心中升腾的希望之火也渐渐熄灭了。在杨皇后与史弥远三番五次的恳请之下，自觉生子无望的宁宗只得同意为太子赵帱举行册立典礼。册礼之后，赵帱改名为赵询。

嘉定十三年（1220年）八月，年仅二十八岁的太子赵询突然离世。赵询的死顿时打破了朝中微妙的权力平衡。

被换的天子

太子赵询不幸离世后，后继无人的宁宗势必要选择新的继承人。光宗虽有两子三女，但除了宁宗之外，其他人都早早夭折。宁宗的近亲属仅有两位，一位是大伯赵愭之子赵思正，另一位是二伯魏王赵恺之孙赵贵和。其实这两支全都已经断了香火，无论是赵思正还是赵贵和，全都是过继来的，他们与宁宗亲缘关系很近，血缘关系却很远。

谁将成为新太子属于皇族内部事务，关乎史弥远的前途命运。史弥远自然不甘心只是一个旁观者，而是千方百计地想要成为主导者。史弥远建议宁宗从宗族子弟中选拔皇子，还暗中授意亲信余天锡秘密挑选合适人选，赵昀（当时叫赵与莒）与他的弟弟赵与芮最终被成功选中。两人都是赵匡胤的十世孙，与已经故去的太子赵询同为赵德昭的后人。两人的父亲赵希瓐仅仅担任过绍兴府山阴县县尉这样的小官，地位在县令、县丞、主簿之下，还在他们很小时便去世了。母亲全氏只得带着他们回了娘家，寄居在自己的父亲全保长家中。除了血统高贵之外，两人与平民并无差别。

嘉定十四年（1221年）六月十三日，宁宗册立侄子赵贵和为皇子，赐名赵竑。当年年长的魏王赵恺应该被册立为太子，但太子之位最终被弟弟光宗夺了去。作为光宗之子，宁宗一直觉得对二伯父有所亏欠，所以将他的孙子收为自己的儿子。尘埃落定之后，史弥远随即将赵与莒兄弟送回了家。

听闻赵竑极度痴迷琴技，史弥远买了一个善于弹琴的美人送到他的府上。他这么做主要是为了向赵竑示好，想借此缓和与赵竑的紧张关系。赵竑的书房中挂着一幅地图，他指着图上的海南岛，对史弥远进献给他的那个美人得意扬扬道："若是他日得志之后，我势必将史弥远流放到此处。"他在府中还时常称呼史弥远为"新恩"，新州与南恩州都是当时令人胆寒的流放之地。此时的史弥远仍在不遗余力地改善彼此之间的关系。七月初七乞巧节时，他特地送给赵竑一件稀世奇玩，当然也是在继续试探。谁知年轻气盛的赵竑居然假装酒醉将那件奇玩打碎了，等于在无声地向史弥远宣战。

史弥远因为擅权招致朝野上下的非议，赵竑恨他也是人之常情。然而，南宋时期丞相的权力急剧膨胀，虽然赵竑是新皇帝的不二人选，但他并非宁宗的亲生儿子，在羽翼未丰之际，他便选择与大权在握的史弥远为敌无疑是极不明智的，因为将权势煊赫的史弥远逼上绝路势必会堵塞自己未来的路。

嘉定十四年（1221年）六月二十二日，也就是赵竑被册立为皇子九天后，赵与莒也被授予秉义郎（从八品）。史弥远命亲信余天锡再度找到已经回乡的赵与莒，还偷偷地将他养在余府，不过此时他还没有做出最终的选择。

眼见着与赵竑之间的紧张关系修复无望，史弥远暗暗谋划着将其取而代之。他首先要做的便是将赵与莒送入沂王府。既然赵竑从皇侄变成了皇子，那么沂王府便不得不再度面临香火断绝的危险，如今正是赵与莒入继沂王府的大好时机。九月初二，赵与莒被正式过继给沂王赵抦，被赐名贵诚，从此过上了锦衣玉食的生活，也成为赵竑最危险的敌人，但赵竑仍旧浑然不知。

史弥远及其亲信一直都在竭力为赵贵诚造势，大肆宣扬他才是宁宗心仪的继承人，其实根本经不起推敲，如若宁宗对他心仪已久，为何迟迟没有册立他为皇子？一直到宁宗病逝前夕，赵竑都始终是他唯一的皇子。

嘉定十七年（1224年）六月，此时距离宁宗驾崩仅剩下不到三个月的时间，赵竑的长子赵铨顺利降生，喜出望外的宁宗当即认可了赵铨的皇嫡孙身份。皇嫡孙的地位不同于普通皇孙，说明此时赵竑仍旧是他心中理想的继承人。

宁宗迟迟没有将赵竑册立为太子并非像赵贵诚及其党羽宣扬的那样对赵竑有所不满，其实他是想给自己留条退路。就在去世前一年，他迎来了自己第九个儿子赵坻，对生儿子又燃起了希望。

赵竑没能成为太子还因为史弥远的竭力反对，也与杨皇后的态度有着莫大的关系。杨皇后起初很看重赵竑，还将自己的侄孙女吴氏嫁给了他，但赵竑与妻子吴氏的关系并不好。赵竑这个人很好色，在府中豢养了很多宠姬，吴氏又偏偏是个眼里不揉沙子的醋坛子，她时常因为争风吃醋与赵竑发生争执，赵竑又不懂得隐忍，所以吴氏每次进宫面见杨皇后时都会在她的面前大肆数落丈夫的不是。杨皇后也因此对赵竑越来越不满，不过她仍旧试图劝说两人重归于好。

一次宫廷宴会时，杨皇后特地让赵竑将一枝水精双莲花戴在吴氏的发间。赵竑不敢公然违抗杨皇后之命，只得照做。此后不久，两人再度起了争执，赵竑亲手击碎了杨皇后赐的那朵莲花。吴氏将此事添油加醋地禀报给杨皇后，杨皇后自此之后对赵竑失望透顶。

其实当时很多有先见之明的朝臣都规劝过宁宗早立太子。军器监兼尚左郎官范应铃就说如今最重大、最紧急之事便是册立太子。范应铃担心一旦居心叵测的奸臣勾结后宫嫔妃假传圣旨，忠臣义士即便想要有所作为，恐怕也是无济于事。宁宗听后虽然有所触动，但册立太子之事最终还是不了了之。他是一个办起事来瞻前顾后的皇帝，既然杨皇后、史弥远等人反对此事，他索性便将此事搁置下来。当然宁宗或许也认为册立太子之事并非非做不可，当年英宗赵曙就没有被册立为太子，仁宗去世后，他作为唯一的皇子仍旧顺利即位，可事态发展最终出乎了他的预料，范应铃竟然一语成谶！

嘉定十七年（1224年）八月二十一日，宁宗开始患病，随后病情迅速恶化。史弥远认为自己苦苦等待的机会终于来了，暗中派遣亲信郑清之前往沂王府告诉赵贵诚，一旦宁宗驾崩，将会拥戴他为新皇帝。赵贵诚听后沉默不语，郑清之焦急地询问他心中是如何想的，赵贵诚拱了拱手，缓缓说道："绍兴老母在。"郑清之与史弥远都不曾料到赵昀在紧要的时刻表现得如此沉稳老练。他口中的"绍兴老母"并非指他的生母而是指杨皇后，只有获得了杨皇后的首肯，此事才有成功的希望。

闰八月初三，五十七岁的宁宗病逝于福宁殿。就在宁宗去世的那天夜里，史弥远派杨皇后的两个侄子杨谷和杨石前去面见杨皇后。得知史弥远打算舍弃赵竑拥立赵贵诚，杨皇后说道："皇子赵竑乃是先帝所立，岂敢擅自变更？"虽然杨皇后对赵竑有着诸多不满，但赵竑是丈夫生前选定的唯一皇子，如今丈夫尸骨未寒，他们贸然拥立他人势必会招致朝臣的抨击。无计可施的杨谷跪倒在杨皇后面前，哭着说："如今朝廷内外军民全都归心于赵贵诚，如若皇后不拥立他，朝中必生祸乱，我杨家全族恐将不保！"

杨皇后自然听得出他的言外之意，天下归心不过是骗人的鬼话，但侄子说的严重后果却绝非危言耸听。为了日后不遭受政治清算，史弥远只能拼死一搏阻止赵竑登基，无论杨皇后是否同意，他都会这么做，因为除此之外，他已然无路可走了。

虽然赵竑是宁宗选定的继承人，可他如今只是个无权无势的藩王，在政治上还有几分稚嫩，在这场权力对决中，他其实并无多少胜算。即便是杨皇后不遗余力地拥立他，他登基后也未必会感激杨皇后，因为他觉得自己即位是天经地义之事。可若是史弥远等人赢了，杨皇后势必会沦为政治牺牲品，她自然不愿为赵竑殉葬。

杨皇后沉默良久之后叹了口气，说道："赵贵诚现在何处？"闻听此言，杨谷顿时喜上眉梢，随即将这个好消息告诉了史弥远。史弥远当即派人召皇子入宫，还特意叮嘱他是沂王府的皇子而并非住在万岁巷的皇子。

不过史弥远要想拥立赵贵诚，就要先将他册立为皇子。在目前流传下来的诏书中，宁宗以“本支未强”为由将赵贵诚册立为皇子，赐名赵昀，但这个说法根本经不起推敲。宋朝的皇帝都讲究遵从祖制，之前只有仁宗和高宗因没有子嗣而收养过宗族子弟，但他们都没有因为本支未强而册立多位皇子。高宗虽然同时将赵昚和赵璩养在宫中，但最终将赵昚一人册立为皇子，赵璩只是被称为皇侄。这是因为养子的政治号召力与影响力远远不及亲生儿子，没能登上皇位的那位收养的皇子一旦起了不臣之心，势必会在朝中引发政治动荡。

宁宗同时册立两位养子为皇子的做法显然有违祖制，更蹊跷的是赵昀被册立为皇子的日期记载不一。如若赵昀在宁宗去世前便被立为皇子，势必会引起赵竑的警觉。为了麻痹赵竑，更为了稳妥起见，史弥远应该是在宁宗去世并且在征得杨皇后的同意之后，才通过伪造诏书册立赵昀为皇子的。

赵昀被册立为皇子，朝廷并没有照例大赦天下，也没有举行祭告天地、宗庙、社稷等一系列活动，致使他的皇子身份受到了世人的质疑。因此，赵昀在登基后刻意对册立皇子的时间不断进行篡改，衍生出各种不同的版本，以至于不同史书，甚至是同一部史书不同卷都会记载不一。

宁宗去世后，史弥远下令严密封锁消息，却仍旧有人冒险前去给赵竑送信，这也是他最担心的，不过他对此早有防备，特地派遣亲信郑清之的儿子日夜守候在赵竑府门外。看到有人前来给赵竑送信，郑清之的儿子火速禀告给史弥远。

就在赵竑跳上马准备进宫时，他被史弥远派来的人拦了下来。按照礼制，朝廷会在皇帝去世后举行奏告礼，也就是正式向诸位皇亲和朝臣报丧。接到奏告后，他们方可入宫吊唁。此时赵竑仍旧信心满满地认为新皇帝之位非自己莫属，觉得表现得太过心急不好，于是悻悻地向着府内走去。就在赵竑苦苦等待奏告之际，赵昀已经抢先入宫。杨皇后轻轻抚摸着赵昀的后背，亲切地对他说：“汝今为吾子矣！”史弥远随后将赵昀领到宁宗的灵柩前，让他以皇子身份对其进行了一番哀悼。

一切准备就绪之后，史弥远才派人召赵竑入宫，但此时已经大势已去，对于这突如其来的一切，赵竑只能默默接受。赵竑自幼便被养在沂王府中，在那里生活了十五年之久，此后又当了三年的皇子，虽然他没有太子之名，但很多人已然将他视为太子。在赵竑眼中，赵昀只是个没见过什么大世面的乡下人，他入继沂王府才不过短短的三年时间，皇侄与皇子有着巨大的身份鸿沟，但令赵竑没有想到的是这个不起眼的人居然将皇位从他的手中硬生生夺走了。

理宗赵昀将皇兄赵竑封为济阳郡王，很快又进封为济王，令其出居湖州，不过这场皇位争夺战并未就此结束。

理宗登基后处处效仿孝宗，他表示要在宫中为死去的宁宗守丧三年，借此树立自己的孝子形象，还将杨皇后尊为皇太后，请她垂帘听政。二十岁的理宗此时已成年，但他面临着与当年徽宗相似的政治困境。徽宗好歹是哲宗的亲弟弟，可理宗与宁宗关系疏远得如同路人，赵昀的皇位又是从众望所归的皇兄赵竑手中硬生生夺来的，所以他要想站稳脚跟，势必要借助杨太后之力。

宝庆元年（1225年）正月，春节的喜庆气氛还没有彻底散去，湖州便出事了。抚州刺史潘甫及其堂弟太学生潘壬和潘丙为赵竑没能顺利登基而感到愤愤不平，他们痛恨赵昀得位不正和史弥远胆大妄为。

潘甫等人给拥兵自重的李全写信，邀请他一同起兵拥立赵竑。李全收到信后承诺会与他们一同起兵，但他是个反复无常的小人，眼中只有利益并无道义，只想着坐享渔翁之利，却又不愿冒险，因此当时只是假意答应。

正月初九，潘甫等人按照约定率先起事，但李全迟迟没有派遣兵马前来增援。他们只得让手下人故意假扮成李全麾下士卒，扬言刚刚从山东赶来。赵竑被他们“拥立”后，发现潘甫麾下仅有区区数百人，认为仅凭这些乌合之众根本无法成就大业，于是决定反正，迅速征调湖州官军剿灭了这场企图拥立自己的兵变。

对于这场叛乱，赵竑事先并不知情，叛乱发生后，他也只是被动地裹挟进来，后来又毅然决然地反正，所以赵竑即便有罪也罪不至死。然而，狠辣的史弥远秘密派遣门客秦天锡来到湖州，以为赵竑治病为名逼迫他自杀，也有文献记载他是被毒杀的。

理宗得知赵竑的死讯后假惺惺地辍朝，以示对皇兄进行悼念。杨太后对养子兼侄女婿赵竑的死作何感想，史书中没有留下只言片语。她显然不便公开表态，不过她很可能会埋怨理宗与史弥远做事太过绝情。

宋朝帝王对曾经与自己夺嫡的藩王大多持宽容态度。太宗赵光义的皇后李氏曾在丈夫死后打算拥立长子赵元佐，真宗上台后并未对他们进行政治清算；曾经与仁宗争夺皇位的皇叔赵元俨、与徽宗争夺皇位的十三弟赵似等人全都得以善终。唯独气量小的理宗容不下自己的皇兄，所以杨太后决意寻个机会敲打敲打他。

正月十五日是上元节，全城百姓都去赶庙会，宫外人声鼎沸，游人如织，皇宫内也不例外。在这个阖家团圆的日子里，理宗特地宴请了自己的大恩人杨太后。为了助兴，宦官宫女们在殿外的庭院燃放烟花，谁知意外却突然发生了。就在理宗与杨太后把酒言欢之际，一枚“地老鼠”（一种烟花，点燃后会发出耀眼的光亮，还会在地上快速旋转）突然闯入殿内，窜至杨太后的圣座前。猝不及防的杨太后大惊失色，当即站起身拂袖而走，将一脸惊愕的理宗抛在了身后。

见杨太后竟然如此动怒，理宗当即命人追查肇事者，很快便将大宦官陈询逮捕入狱。天亮后，理宗前去向杨太后谢罪，主动承认宦官行为不当致使她受惊，特地前来请杨太后对他们进行惩处。这时杨太后的气已经消了，不想因为小事伤了她与皇帝的感情，于是笑着说：“难不成是他们故意吓我？这本就是一场误会，他们又能有什么罪呢？”

这场风波最终得以妥善解决，但经历了无数大风大浪的杨太后怎么可能会因为突然而至的“地老鼠”如此失态呢？她显然是在借题发挥，想借此表达自己对赵竑不幸遭遇的愤慨。不过她也是个极为睿智的女人，不会意气用事，所以她很快便与理宗和好如初。杨太后深知要想长保荣华富贵，安然度过晚年，绝不能与理宗彻底撕破脸。

宝庆元年（1225年）三月十三日，宁宗被安葬在永茂陵。宋朝一直都有一个不成文的规定：先帝下葬之后，如若新帝成年，太后便要撤帘。如今最大的政治威胁赵竑已然作古，理宗彻底站稳了脚跟，自然不想再与杨太后分享权力了，不过这些话他自己又不便明说。杨太后的侄子万寿观使杨石得到了理宗的授意，抑或是猜透了他的心意，于是前来面见杨太后。杨石开门见山地恳请杨太后尽快撤帘，甚至半威胁半规劝地说理宗虽然颇为仁孝，但难免会有小人从中挑拨离间，到时他们母子之间势必会心生嫌隙。

杨太后听后默然不语，既然连自己的侄子都如此说，她也只能顺势而为，宣布正式撤帘。

朝臣得知后盛赞杨太后淡泊名利，唯独理宗假惺惺地恳请杨太后收回成命。杨太后知道他是在演戏，毅然决然地结束了自己将近八个月的垂帘听政生涯。

宝庆二年（1226年）十二月初二，理宗下诏为杨太后上尊号“寿明皇太后”，随后率领百官前往慈明殿为她奉上册书与宝玺。绍定四年（1231年）杨太后七十大寿之际，理宗为她加尊号“寿明仁福慈睿皇太后”。当年年底，杨太后便开始患病。次年十二月，她不幸病故，享年七十一岁[1]，谥号为“恭圣仁烈皇后”。

① 《宋史·理宗纪》记载她去世时七十六岁。

第九章

风雨飘摇之际的坚守

理宗终其一生都面对着得位不正的质疑，与此同时，他前有权相史弥远要挟，后有权相丁大全和贾似道挟制，难以有所作为。更要命的是他与当年的徽宗犯了同样的错误，他联强抗弱，最终被强敌反噬。

端平元年（1234年）正月初九，困守蔡州（今河南省驻马店市汝南县）的金哀宗完颜守绪因不想成为亡国之君，将皇位仓促传给大将完颜承麟。次日，完颜承麟的即位大典尚未完成，蒙古兵便攻入城中。金哀宗自缢而死，金末帝完颜承麟随后也被乱兵所杀，金国至此灭亡。此时理宗心中还有几分窃喜，于当年三月派人前往河南拜谒并修复了北宋皇陵，还特地将金哀宗的遗骨供奉于太庙之中，告慰徽宗和钦宗的在天之灵。他以为就此报了靖康之难的大仇，殊不知金国的灭亡让南宋丧失了战略屏障。

理宗趁机意图收复河南地区，却被彪悍的蒙古兵击败，给蒙古人攻宋留下了口实。端平二年（1235年），蒙古大汗窝阔台以南宋背约为由大举南侵，持续四十多年的宋蒙战争也就此拉开了序幕。

在南宋最后的日子里，谢太后和杨淑妃先后被推到了政治前台，以太后身份垂帘听政。她们拼尽了全力，但仍旧无法挽回南宋的败局。

没有存在感的皇后

理宗的皇后谢道清出身名门，她的祖父为宁宗朝右丞相谢深甫，她的父亲谢渠伯很早便去世了，以至于家道中落。谢道清刚生下来的时候皮肤黝黑，一只眼睛还有毛病，与皇后的形象相去甚远，但一个贵人的出现彻底改变了她的一生，此人就是权势煊赫的杨太后。赵昀能够登基为帝，很重要的一点就是获得了杨太后的支持，所以杨太后在册立皇后这件大事上很有话语权。

当年还是贵妃的杨太后与获得权臣韩侂胄支持的曹美人争夺皇后之位，杨太后能够脱颖而出离不开右丞相谢深甫的鼎力支持。谢深甫也因此与韩侂胄交恶。在杨氏被册封为皇后五个月后，他便被罢免了右丞相之职，出知建康府。这件事已经过去了二十多年，杨太后依旧感念着谢深甫的恩情，于是暗中授意谢家选送女儿入宫。当时谢家仅有谢道清一人尚未婚配，若是还有其他适龄的女子，估计也不会选择她。

就在谢道清的兄弟们为了送她入宫而紧锣密鼓地筹备之际，她的伯父谢举伯却出面反对。由于奉诏献女照例应置办丰厚的嫁妆，谢举伯不愿让族人去掏这笔冤枉钱，他觉得长相丑陋的谢道清即便进了宫也很难获得皇帝的垂青，与其如此还不如直接拒绝这门婚事。就在谢道清即将与这次宝贵的机会失之交臂之际，转机出现了。恰逢一年一度的元宵节，不知从何处飞来的许多喜鹊竟然在灯山上筑巢，这可是当地出后妃的吉兆。如此一来，谢举伯不便继续阻拦了，只得不情愿地与族人们一起出钱为谢道清置办嫁妆，然后将她送入宫中。

谢道清入宫之后，不知是水土不服还是受到了上天眷顾，患上了麻疹。痊愈之后，她原本黝黑的皮肤竟然全都蜕落，肌肤变得莹白如玉。后来她的眼病也被御医治好，样貌丑陋的谢道清旧貌换新颜。即便如此，谢道清与宫中那些美若天仙的佳丽比起来仍旧有些相形见绌。贾氏有着让人一见倾心的绝美容颜，理宗对她一见钟情，想要将她立为皇后，但杨太后说道："谢家之女端重有福气，应当立为皇后！"

理宗要想稳定政局还需要得到杨太后的助力，自然不敢违拗杨太后。谢道清入宫之初仅仅被册封为通义郡夫人。直到宝庆三年（1227年）九月，她才被进封为贵妃。当年十二月，她正式被册立为皇后。

理宗对身为皇后的谢道清并无多少感情，对她敬而远之。贾氏虽然与皇后之位擦肩而过，但她获得了理宗的独宠。理宗慑于杨太后的威严，始终没有给予贾氏封号。直到杨太后去世前一年，也就是绍定四年（1231年）七月，贾氏才获封文安郡夫人，次月进封为才人。绍定五年（1232年）十二月初一，贾氏被进封贵妃。六天之后，杨太后便去世了。

淳祐元年（1241年），贾贵妃生下了瑞国公主，这也是理宗唯一的女儿，同时也是他唯一长大成人的孩子。自此之后，贾贵妃愈加得宠。在贾贵妃的提携之下，她的弟弟贾似道在政坛上平步青云。

淳祐七年（1247年）二月，贾氏离世。两年后，也就是淳祐九年（1249年）九月，理宗将自己的新宠阎氏册封为贵妃。由于阎贵妃没有子女，理宗索性便将年幼的瑞国公主交由她来抚养。在阎贵妃的举荐之下，善于钻营攀附的马天骥和丁大全不断加官晋爵。宝祐四年（1256年）四月，马天骥升任同签书枢密院事，丁大全升任签书枢密院事，两人全都位至执政。阎贵妃在朝中借助两人把持朝政，在后宫中依靠宦官董宋臣权倾后宫，致使朝政昏暗，民怨沸腾。

有人公然在朝门上题写："阎马丁当，国势将亡。""阎马"是"檐马"的谐音，檐马是一种挂在屋檐下的风铃，既可以起到装饰作用，也可以驱逐飞鸟。檐马丁当貌似指的是风铃叮当作响，实际上指的是阎贵妃、马天骥、丁大全、董宋臣四人擅权乱政。理宗得知后龙颜大怒，下令追查始作俑者，却始终没能查出来。理宗冷静下来之后渐渐有所醒悟，于是将马天骥罢为提举凌霄宫，但依旧重用丁大全，将其一路升至右丞相兼枢密使。

由于贾贵妃和阎贵妃先后得宠，谢道清这个皇后在后宫中一直都没有什么存在感，不过她毫无怨言，默默忍受，直到一场前所未有的危机向着她袭来。

两路蒙古大军同时向着南宋气势汹汹地杀来，西路军由蒙古大汗蒙哥率领，大举进攻四川；东路军由蒙哥的弟弟忽必烈率领从河南、湖北南下，两人约定在鄂州（今湖北省武汉市武昌区）会师后直指南宋都城临安。

开庆元年（1259年）七月，忽必烈得到了一个令他震惊不已的消息，那就是大汗蒙哥死在了钓鱼城（今重庆市合川区）下，不过此时他误以为那不过是宋人编造的谣言而已。八月三十日，蒙古大军抵达长江北岸，另外一路蒙古军在大将兀良合台的率领下从云南北上进攻湖南。此前右丞相丁大权一直对理宗隐瞒前线军情。直到局势变得岌岌可危，他知道再也瞒不住了才被迫禀告理宗。理宗听后大惊失色，当即罢免了贻误战机的丁大权，紧急起用吴潜为左丞相兼枢密使，让贾似道接替丁大权出任右丞相。

恰在此时，有人向理宗建议将都城迁到毗邻大海的庆元府（今浙江省宁波市）。一旦长江防线被蒙古军攻破，理宗可以效仿当年的高宗逃亡到海上去。在生死存亡的关键时刻，一直不问政事的皇后谢道清哭着规劝理宗切勿轻易迁都，一旦迁都势必导致军心动摇，到时局面将会变得彻底无法收拾。吴潜等主战派大臣也坚决反对迁都。理宗只得暂时打消了迁都的想法，硬着头皮与蒙古军抗衡。

吴潜奏请理宗命贾似道率军戍守战略要地黄州（今湖北省黄冈市），这本是正常的军事部署，但贾似道认定这是吴潜在借机排挤自己，自此之后便对他恨之入骨，一直想要伺机报复。

九月初一，忽必烈的九弟末哥从四川急匆匆赶来，告诉他大汗蒙哥去世的噩耗，但忽必烈并不甘心就此撤兵，仍旧幻想着在短时间内灭掉南宋，于是下令全速渡江，并包围了位于长江南岸的军事重镇鄂州。就在鄂州岌岌可危之际，贾似道率军前来增援，战争由此进入胶着状态。在吴潜的建议下，理宗于十一月初一下诏，命贾似道突围至黄州，在那里临时组织一道新防线。此举有利于整个战局，但从鄂州突围到黄州凶险莫测，因此贾似道认定这是吴潜在故意陷害自己，他心中百般不情愿，却又不得不执行。

猛将孙虎臣率领七百精兵护送贾似道离开了鄂州，转移途中与蒙古军遭遇。幸亏他们遇到的并非蒙古主力部队，贾似道最终安全抵达黄州，这极大地鼓舞了两淮和江西士卒的士气。

鄂州城下的蒙古军此时正饱受着疫病与缺粮的困扰，减员将近一半，困守鄂州的宋军也死伤一万余人，双方都变得疲惫不堪。恰在此时，忽必烈收到了妻子察罕送来的紧急书信，说他的弟弟阿里不哥正在谋求蒙古大汗之位。

蒙哥的意外身死让蒙古国内部发生了严重的分裂。忽必烈被迫于十一月二十八日撤军北上，随后与弟弟阿里不哥开启了长达四年之久的汗位争夺战。后来蒙古第二任大汗窝阔台之孙海都又发动了海都之乱，忽必烈在很长一段时间内都无暇进攻南宋。原本岌岌可危的南宋幸运地从死亡边缘挣脱出来，又艰难地存续了二十年的时间。

战争警报解除之后，理宗对临危不乱的妻子谢道清愈加敬重，对立下大功的贾似道更是另眼相待。贾似道在鄂州之战中的表现的确可圈可点，不过他后来却渐渐堕落成一个奸相，最终被钉在了历史的耻辱柱上。

经此一劫，理宗将选择继承人的事情提上了议事日程。由于他的三个儿子全都夭折，他只得将关注的目光投向了自己的亲侄子，也就是他的同母弟赵与芮之子赵禥。但赵禥不仅出身卑微，还体弱多病，智力低下，不过后继无人的理宗仍旧对他寄予厚望，选派良师精心培育他，可他始终都没能开窍。

《宋史》记载，左丞相吴潜恳请理宗另行选择宗室子弟作为皇嗣，甚至说：“臣无弥远之材，忠王无陛下之福。”他这句话深深刺痛了理宗，极大地被触怒。理宗随即罢免了吴潜，其他人见状也不敢再说些什么。贾似道乘机大肆诋毁吴潜，还授意御史在理宗面前刻意提起吴潜曾经主张为死去多年的济王赵竑立后之事。吴潜不同意让赵禥来承继大统，却对自己当年的竞争对手赵竑延续香火之事如此热心，这让理宗对吴潜的恨意又多了几分，于是将其贬为化州团练使、安置在循州（今广东省河源市龙川县）。贾似道派遣心腹刘宗申知循州，借为吴潜庆贺生日时向他进献毒酒，吴潜最终死于非命。

景定五年（1264年）十月二十六日，理宗赵昀病逝于临安府，享年六十岁。太子赵禥顺利登基，史称“宋度宗”。很多大臣担心赵禥以令人堪忧的智力难以应对当下复杂的政治局面，恳请太后谢道清垂帘听政，但参知政事叶梦鼎却说：“母后垂帘难道是什么美事吗？”谢太后垂帘之事也就此不了了之。

度宗虽有些愚笨，但他不是个十足的傻子。他对当初力挺自己的贾似道颇为感激，称呼他为“师臣”，朝臣更是称呼他为“周公”。得意扬扬的贾似道随后使了一招欲擒故纵之计。贾似道为了赢得淡泊名利的虚名，于是辞官而去，又暗中指使亲信吕文德禀报蒙古军再度杀来的消息，以至于群臣惊骇不已。惊慌失措的度宗赶忙去找谢太后商议应对之策。谢太后整日居于深宫之中，自然没有更好的法子，两人只得同时颁下手诏起用贾似道。贾似道回朝后想要谋取太师（正一品）之职，但按照惯例拜太师之前往往要先出任节度使，于是度宗便任命他为镇东军节度使。贾似道得知后竟然愤怒地说道：“节度使是些粗鄙的武人，我怎么能担任此职呢？”三年后，贾似道又上表假意恳请回家养老，度宗自然又竭力挽留，甚至一天之内派遣十几拨宦官赏赐他东西，后来任命他为太师、平章军国重事。此后，朝中大事小情均由他一人处置，其他宰执不过是充数而已。后来，贾似道也不愿被政事所扰，索性将朝政交给自己的门客和属吏处置，自己终日与娇妻美妾待在一起，甚至经常蹲在地上斗蟋蟀，因此他被后世称为“蟋蟀宰相”。

尽管如此，贾似道的身上仍旧顶着鄂州大捷的光环，度宗始终对他信赖有加，甚至到了一刻都离不了他的地步。

度宗虽有些痴傻，但极为好色。按照后宫惯例，那些被皇帝临幸的嫔妃应在次日清晨前往阁门谢恩，会有专人记下临幸的具体日期。由于当时并没有亲子鉴定技术，主要靠临幸日期来推定嫔妃腹中胎儿是不是皇帝的亲生儿女。其他皇帝在位时，每天谢恩的嫔妃仅有一两人，可度宗登基后，他一日临幸的嫔妃多达三十余人。度宗本就体弱多病，又不知节制，所以身子很快就垮了。咸淳十年（1274年）七月初九，纵欲过度的度宗驾崩于嘉福殿，年仅三十五岁。他先后育有七个儿子，最终有三个儿子存活下来。

度宗去世后，当时很多朝臣主张拥立建国公赵昰，他当时七岁了，在三位皇子之中年龄最大，但贾似道竭力拥戴全皇后所生嫡子嘉国公赵㬎。赵㬎虽然比赵昰小四岁，但他拥有嫡子身份。在贾似道力排众议之下，赵㬎被拥戴为皇帝，史称“宋恭帝”。由于他年龄太小，群臣恳请太皇太后谢道清垂帘听政。此时她已经六十五岁高龄了，长期生活在后宫之中，本就没有太多处理政事的经验，如今面对的又是一个前所未有的危局。

当年蒙哥的猝死使南宋侥幸逃过了一劫，但幸运不会总是眷顾南宋。在蒙古军队摧枯拉朽的攻势之下，南宋已然是穷途末路了！

殿帅之死

咸淳十年（1274年）六月，也就是度宗去世前一个月，元世祖忽必烈下诏南征。经过六个月的激战，元朝大将伯颜率军攻破鄂州，南宋长江防线被撕开了一个大大的口子。面对当下危局，太学生们纷纷恳请朝廷准予贾似道挂帅出征。德祐元年（1275年）正月，谢太后诏令贾似道离京坐镇江州，希望他再立奇功，然后让南宋像十六年前那样幸运地转危为安。

抵达前线后，贾似道将主力部队交给孙虎臣。当年正是孙虎臣的奋力断杀，才护佑他成功转移到了黄州，因此贾似道此番仍旧对他委以重任。孙虎臣率领主力驻扎在丁家洲，丁家洲位于如今安徽铜陵市东北二十里处的长江之中，因地势险要成为长江中下游的重要隘口之一。

贾似道与夏贵则驻扎在鲁港（今安徽省芜湖市南郊）。二月十九日夜，孙虎臣突然派遣使臣将战败的消息告诉了贾似道。十三万宋军竟然一战即溃，贾似道听后一时间难以置信。贾似道火速征召夏贵前来议事。就在众人议而不决之际，孙虎臣狼狈不堪地逃了回来，哭号着说道："万万未曾料到麾下将士竟然没有一人敢与敌死战！"

就在战局变得一发不可收拾之际，夏贵说道："我们与敌血战一场，也算是对得起朝廷了！”惊恐不安的贾似道询问对策，夏贵却说：“如今我军早就吓破了胆，再战恐怕也难以取胜，不如您速速前往扬州，收拢溃军，护佑陛下暂且到海上去避避风头！”

贾似道与孙虎臣各乘一条小船急匆匆逃向扬州，贾似道派人守候在长江边准备收拢溃军，收获的却是无边的谩骂，度宗的随遇而安与贾似道的恣意妄为早就让南宋军民失望透顶！

兵败的消息传来，谢太后惊愕不已，因为贾似道率领的可是南宋最后的精锐部队，如今被元军全歼，这场战争已经变得毫无希望，不过她仍旧对和谈抱有一丝希望。恰在此时，贾似道的亲信殿前都指挥使韩震被杀了。根据《钱塘遗事》《大义略叙》等历史文献记载，早在出征前，贾似道便叮嘱韩震一旦战局不利便请朝廷速速渡海避难。战败后，贾似道当即派人给韩震送来了亲笔信，要求他尽快着手迁都，不过这封信却阴差阳错地被送到了殿前副都指挥使彭之才的手中。彭之才看后顿觉事态严重，赶忙将此事汇报给知枢密院事兼参知政事陈宜中。德祐元年（1275年）三月初一，陈宜中召见了毫无防备的韩震，两人无意间谈到了迁都之事。韩震说如若谢太后不答应迁都，那么他便命人在殿前司驻地开炮，谢太后与宋恭帝定然以为是元军杀来了，自然会同意迁都。陈宜中掌握了他们的谋划之后，命早已埋伏好的壮士杀出，这些人的袖中暗藏铁椎，将韩震当场诛杀。

韩震被杀后，他的部将李大时等人发动叛乱，他们攻打嘉会门，甚至向皇宫内射火箭。陈宜中赶忙调兵平叛，叛军很快便被击溃。落荒而逃的叛军簇拥着韩震的母亲和妻儿前去投奔元军。

韩震被杀是咎由自取还是无辜惨死，一直以来都是一桩公案，争议最大的地方便是他是否曾想通过武力迫使朝廷迁都。《大义略叙》记载韩震试图向皇宫发炮。宋代的炮种类繁多，射程不一。根据《武经总要》记载，当时的炮射程普遍在五十步左右，最远的也不过才八十步，也就是一百五十米左右。殿前司中军和右军驻扎在罗城七宝山一带，距离皇城较远，不在大炮的射程之内，除非将大炮转移到凤凰山、八盘岭和万松岭，但当时的炮大多体形巨大，又很笨重，搬运起来极为不便，多的甚至需要二百五十多人同时拖拽，很容易暴露目标。《姑苏志》更是记载韩震命人在西湖上放炮。然而，西湖远在罗城之外，在湖上开炮对皇宫构不成任何威胁，最多只会引发朝廷的不安与惶恐。当时战败的贾似道已经成了众矢之的，按照常理，韩震不会为了他冒风险采取如此极端的方式向朝廷施压。

陈宜中的升迁得益于贾似道的提携。当年贾似道建议度宗让陈宜中免除省试，他才可以直接参加殿试。南宋的殿试只是确定名次并不会淘汰人，因此陈宜中轻而易举地成了进士，随后在短短数年内便升迁至执政高位。贾似道离朝之际，还将朝政托付给他。

关于陈宜中诛杀韩震的动机，正史几乎都持这样的观点：贾似道麾下堂吏翁应龙逃回临安府之后，陈宜中向他询问贾似道的下落，但他说自己不知道贾似道如今身在何处，陈宜中便误以为贾似道已经死了。为了天下大义，更为了自保，陈宜中向朝廷上疏恳请诛杀误国的贾似道，紧接着便诛杀了他的亲信韩震。

根据《宋史》的记载，早在德祐元年（1275年）二月二十三日，朝廷便收到了贾似道递交的恳请朝廷尽快迁都的上书。次日，谢太后还专门召集群臣商议此事。左丞相王爚坚决反对迁都，谢太后对此颇感欣慰，谁知王爚当天便向朝廷递交辞呈，不等朝廷恩准便擅自逃往绍兴府避难。二月二十六日，翁应龙从前线逃回临安府，将自己随身携带的蜡书交给了韩震。贾似道给韩震的手书极为紧要，怎么可能会像《大义略叙》记载的那样误送到旁人手中呢？

根据《癸辛杂识》记载，贾似道在蜡书中写道："只要保留赵家一点血脉，大宋便有复兴的希望。"韩震看后随即去见陈宜中，此时他还将其视为自己人。陈宜中看完蜡书后即刻进宫去见谢太后。这次与谢太后会面之后，陈宜中的政治态度便发生了重大转变，他决意与昔日恩人贾似道分道扬镳，上书弹劾贾似道祸国殃民、罪不可赦。

次日，谢太后便做了一系列官职调整。由于左丞相王爚已经逃遁，谢太后将其罢为观文殿大学士、浙西江东宣抚招讨使，不过却准予他将宣抚招讨使司设置在京城，谢太后仍旧希望他能回心转意，继续为朝廷效力。她任命陈宜中为知枢密院事兼参知政事，同时还提拔贾似道的亲信曾渊子为同知枢密院事。谢太后希望对贾似道一党进行分化瓦解，使他们为朝廷所用。

二月三十日，两浙转运司官员陈桂上书恳请将力主迁都的右丞相章鉴、同知枢密院事曾渊子和殿前司都指挥使韩震处斩。就在同一天，老谋深算的章鉴擅自逃往绍兴府。次日，毫无防备的韩震被陈宜中诛杀。

章鉴身居右丞相高位，一个小小的陈桂怎么会令他如此不安呢？他显然已经嗅到了危险的气息。陈桂在如此敏感的时刻上书，应该是得到了陈宜中的指使。陈宜中虽善于见风使舵，但在大厦将倾之时，他没有必要、更没有胆量擅自诛杀堂堂殿帅。因此，陈宜中所做的这一切定然得到了谢太后的授意，其实她才是这一切的幕后主使。

虽然谢太后也痛恨贾似道祸国殃民的行径，但她在垂帘之初仍旧对贾似道抱有不切实际的幻想，希望他能像上次那样力挽狂澜。谁知贾似道竟然铩羽而归，还致使宋军最精锐的部队溃散。此时一无所有的贾似道在谢太后的眼中已然沦为一枚毫无用处的弃子，所以开始对他进行政治清算。

战败之初，贾似道只是被免去了平章军国重事、都督之职，改任闲职醴泉观使，朝中仍旧有很多人认同他提出的迁都之策。面对日益高涨的迁都呼声，谢太后渐渐感到有些力不从心。她深知一旦离开临安府，南宋覆亡的日子恐怕就真的不远了！

为了让那些主张迁都的人闭嘴，也为了消除贾似道对禁军的政治影响力，避免京城出现不必要的社会动荡，谢太后授意陈宜中对殿帅韩震痛下杀手，但擅自诛杀大臣有违祖制，因此她刻意将自己隐在幕后，事后将所有责任都推到了陈宜中的身上。

由于投降的将领和逃跑的官员比比皆是，谢太后担心严惩贾似道一党会引起更大的政治恐慌。贾似道主政这么多年，又有谁与他毫无关系呢?

其实贾似道也很清楚自己当下的处境，于是上书自辩，说自己被夏贵、孙虎臣等人所误，主动恳请贬官，只要让他安度余生，他甘愿放弃手中的权力，自此之后彻底退出政坛。谢太后原本想放贾似道一马，但他之前作恶太多，民怨太大。迫于巨大的政治压力，谢太后不能不有所作为，于是责令贾似道回乡为母守丧，让李庭芝将他遣送回绍兴府。贾似道也知道一旦离开扬州，自己恐怕凶多吉少，自然是百般推诿。李庭芝承受不住来自各方的压力，最终还是将贾似道遣返回绍兴府，但当地官员拒不接纳他。谢太后只得将他安置在婺州（今浙江省金华市），他又被当地百姓硬生生赶走了，只得暂时栖身于建宁府。

如今贾似道的亲信们不是被杀，就是被迫自杀，朝野上下诛杀贾似道的声浪一浪高过一浪。谢太后并不想将事情做得太绝，却又不能不顾及民意，于是将贾似道贬为高州团练副使，安置在循州。

当年郑虎臣的父亲因得罪贾似道而惨遭发配，于是痛恨贾似道的福王赵与芮刻意安排郑虎臣护送贾似道前往循州。贾似道到建宁府后一直住在开元寺，身边有十几名美女相伴。郑虎臣赶走了那些美女，还特地命人撤去贾似道轿子上的盖子。上路之后，贾似道不得不暴露在刺眼的骄阳之下。轿夫们还不停地哼唱着："丁家洲上一声锣，惊走当年贾八哥。寄语满朝谄佞者，周公今变作周婆。"

南下途中，他们入住一座不知名的古寺，这座古寺墙壁上还留有吴潜当年所题之字。十三年前，为国立下大功的左丞相吴潜在贾似道的构陷下被贬往循州，贾似道随后派人毒杀了他。郑虎臣指着吴潜的题字，高声呵斥道："贾团练，吴丞相为何会到此处来，你不会不记得吧？"贾似道顿时惭愧得无言以对。

他们一行人继续南下，抵达南剑州（今福建省南平市）黯淡滩时，郑虎臣指着河水对贾似道说："你看这里的水多么清澈，这可是难得的好去处，你为何不长留在此处呢？”贾似道反驳道：“太皇太后许我不死，若是朝廷有诏让我死我便死，否则我是不会死的！”行至漳州木棉庵时，郑虎臣再也无法忍受，喊道：“我为天下杀贾似道，虽死何憾！”之后将贾似道虐杀。

回不去的临安

章鉴因替韩震鸣冤而被罢免了右丞相之职，从此之后告老还乡，彻底告别了政坛。陈宜中因此升任右丞相兼枢密使。原本已经逃遁的王爚也被谢太后召回朝中，被委任为左丞相兼枢密使。大敌当前之际，两位丞相理应同仇敌忾，但他们却相互猜忌，谢太后时常为此头疼不已。

谢太后诏令天下兵马前来勤王，但由于元军已经封锁了长江防线，位于淮南的宋军南下的路被彻底切断，元军又持续围困四川、湖北、湖南，致使这些地方自顾不暇，无力回援。元军日益迫近，此时南宋朝廷已然是一副末日景象，同知枢密院曾渊子、签书枢密院事文及翁、同签书枢密院事倪普等当朝执政都纷纷选择逃遁。心急如焚的谢太后命人将诏书张贴在朝堂之上，说："我朝三百余年，一直对士大夫以礼相待。国家危难之际，当朝执政却接连逃走，地方大员竟弃城而去，你们平时自诩读圣贤之书，如今却这样做，还有何面目示人？死后有何面目去见先帝？"在斥责之余，谢太后为仍在朝中坚守的文武官员官升两级，希望借此稳定人心，但逃亡之事仍旧时有发生。

德祐元年（1275年）六月十五日，重臣留梦炎从湖南回朝。两员丞相王爚和陈宜中同时上表，恳请朝廷将相位让给他。谢太后自然不想让两人借此脱身，于是道："我不会让你们图清闲的！"她随后将王爚改任平章军国重事，将陈宜中升任左丞相兼枢密使，留梦炎升任右丞相兼枢密使，两位丞相一同都督诸路兵马。如释重负的王爚当天便腾出左丞相府移交给陈宜中，但陈宜中毫无喜色，因为他知道自己接过来的是一个早就千疮百孔的烂摊子。

王爚如今已经不在相位了，但他与陈宜中的内斗却并未停止。当时大将张世杰率领一万多艘战船进驻位于今江苏镇江境内的焦山，王爚提出既然两位丞相各自设立了都督府，理应有一位丞相亲赴前线督师。然而，两位丞相都不愿前去。随后，张世杰战败的消息传来，王爚将战败的原因归咎于丞相没能亲赴前线。紧接着，在京的学士刘九皋上书弹劾陈宜中擅权误国，将张世杰战败的责任全都归咎于他。七月二十二日，饱受抨击的陈宜中索性递交辞呈，出走温州。

如今谢太后正面临着无人可用的窘境，一向被她委以重任的陈宜中居然也走了，她大为恼火，当即将刘九皋逮捕入狱，还下诏斥责王爚的所作所为，并罢免了他的平章军国重事之职，命他以少保、观文殿大学士之职充醴泉观使。谢太后几度派人前去召陈宜中，但他都以要在老母堂前尽孝为名不肯回朝。谢太后无奈之下只得给他远在扬州的母亲写了一封亲笔信。在母亲的规劝之下，陈宜中才勉强回来。

德祐元年（1275年）十月初十，谢太后任命留梦炎为左丞相，陈宜中为右丞相，两人同时兼任枢密使，都督诸路军马。年事已高的谢太后使出了浑身解数，但战局仍旧日趋恶化，她只得派出好几拨使者前去与元军议和。

德祐二年（1276年）正月，使者陆秀夫返回临安城，翘首以待的谢太后当即召见了他，但他带回来的却是一个坏消息：元军统帅伯颜不同意南宋与元朝以伯侄互称。无奈之下，谢太后想对元朝行臣礼，陈宜中却认为这是奇耻大辱，他不愿像秦桧那样背负千古骂名，自然是坚决反对。谢太后如今只想让南宋小朝廷继续苟活下去，哭着说："如若能够保全社稷，何必计较称臣呢？"

谢太后当即派遣使臣再度前往元军军营，表示愿意奉表称臣，还承诺每年进献银二十五万两、绢二十五万匹，唯一的要求就是保住南宋疆土。其实攻灭南宋是元世祖忽必烈早在出征前便已经定好的战略目标，伯颜根本无权变更，但他又担心南宋朝廷会在绝望之下将金银财宝偷偷运往福建，甚至是海外，断了他们的发财梦。因此，为了麻痹谢太后，伯颜假意答应和谈，但陈宜中敏锐地觉察到他根本就没有和谈的意思，只是在一味地拖延时间。

为防意外，陈宜中率领群臣入宫恳请谢太后尽快迁都。然而，拒绝迁都是谢太后一贯的立场，况且此时她仍旧对元军抱有一丝不切实际的希望。陈宜中凄厉的哭声让谢太后的态度有所改变，她不能将王朝命运交由旁人主宰，于是勉强同意了迁都的请求。

谢太后随后命人收拾行囊，等待陈宜中入宫上奏具体的撤离安排，可她从白天一直等到了夜晚，陈宜中都迟迟没有现身。谢太后误以为自己被那帮大臣戏耍了，恼怒地说道："我本不愿迁都，可你们三番五次地恳请，如今我勉强同意了，你们却又临阵退缩了，难道是欺负我老了吗？"谢太后拔下头上的簪子，取下耳上的耳环，狠狠地将其扔在地上，命人关闭殿门，不再召见任何人。

这其实是一场误会，陈宜中认为迁都的准备工作很是繁复，不宜操之过急，于是便想着次日再动身，但他没有及时将心中所想禀告给谢太后，以至于谢太后以为他们临时变卦了，于是负气留了下来。

谢太后为延续南宋小朝廷还留下了两粒宝贵的火种。文天祥建议让宋恭帝的两位兄弟前去镇守福建和广东，一旦临安有变，还可以以这两地为基地复兴大宋，谢太后起初并不同意，担心有人会挟持两位年幼的藩王趁乱割据一方，不过随着局势日趋紧张，她不得不做最坏的打算，便采纳了文天祥的建议。

正月十七日，吉王赵昰被封为益王，判福州；信王赵昺被封为广王，判泉州。谢太后命驸马都尉杨镇、赵昰的生母杨淑妃及其弟弟杨亮节、赵昺的生母俞充容及其弟弟俞如珪陪同两位年幼的藩王悄然离开了临安城，踏上了前途未卜的南下之路。次日，元军统帅伯颜率军抵达与临安城近在咫尺的皋亭山。文天祥和张世杰恳请谢太后带着全太后、宋恭帝到海上去避难，他们将会率部与元军拼死一战，但这个方案却遭到了陈宜中的拒绝，此时几乎所有人都对继续抵抗丧失了信心。

在陈宜中的劝说下，谢太后派人携带传国玉玺与降表前往元军军营请降，伯颜随即派人将传国玉玺送往上都（今内蒙古自治区锡林郭勒盟正蓝旗），还遣使征召陈宜中前来商讨投降事宜，但当晚陈宜中乘船仓皇逃往温州清澳（今浙江省温州市龙湾区青山）。

张世杰等宋军将领见朝廷已然投降，在绝望之下率部离去，暂时驻扎在定海（今浙江省舟山市），静观局势的变化。

德祐二年（1276年）三月初二，伯颜进入临安城，谢太后恳请与他见面，却被伯颜断然拒绝，他认为在谢太后入京朝见元世祖忽必烈之前两人不便相见。次日，伯颜派人入宫宣诏，当读到“免系颈牵羊”时，全太后哭着对宋恭帝说：“承蒙大元天子圣恩，你还不快快拜谢。”此时年幼的宋恭帝还不明白牵羊礼对投降之人是何等的羞辱。

靖康之难时，徽宗、钦宗与诸位后妃、宗王、驸马、公主一行人抵达金国上京（今黑龙江省哈尔滨市阿城区）之后，众目睽睽之下，他们被迫袒露上体，披着羊皮前往金太祖阿骨打的庙前举行“牵羊礼”，表示归顺金国。钦宗的皇后朱氏忍受不了如此奇耻大辱，当夜便自尽了。相较于野蛮的金人，忽必烈对他们已经算相当友好了。

宣读完诏书之后，宋恭帝和全太后乘坐肩舆出宫，踏上了漫漫北去之路。此时年事已高的谢太后有病在身，元军破例准许她继续留在临安养病。五个月后，谢太后的病情稍稍有所缓解，她还想继续拖延，却被元朝士卒抬着前往大都（今北京市）。

投降元朝之后，谢太后从太皇太后被降为寿春郡夫人，在北方度过了人生最后的七个年头，享年七十四岁。全太后护送着儿子宋恭帝赵㬎先行前往大都，但她之前一直生活在江南，来到北方后，全太后水土不服，察必皇后还曾为她向忽必烈求情，恳请准许她回南方居住。南方此时尚未彻底平定，一旦准许她回去，那些抗元势力势必会借助她的政治影响力来兴风作浪，因此忽必烈断然拒绝了察必皇后的请求。万念俱灰的全太后最终在大都正智寺出家为尼，在青灯古佛前结束了自己的余生。

赵㬎退位后被元朝册封为瀛国公，长大后被忽必烈派往吐蕃学习佛法，后来出家为僧，法号“合尊”，成为当地久负盛名的佛法大师。至治三年（1323年）四月，赵㬎被元朝第五位皇帝元英宗赐死，史书并未记载具体原因。赵㬎生前翻译了大量佛经，他极有可能是因为某些话语触怒了元英宗，他也就此结束了长达四十七年之久的俘虏生活，再也没能回到令他思牵梦绕的江南。

垂死前的挣扎

首都失陷，皇帝被俘，南宋王朝原本已经走向了终结，但江南的士大夫们并不甘心臣服于元军的铁蹄之下，所以南宋的历史又奇迹般延续了三年之久。

杨淑妃一直在咬牙坚持，她与俞修容带领两位皇子仓皇逃离了都城临安，一路辗转来到了温州（今浙江省温州市）。

德祐二年（1276年）闰三月，此时元军已经押着宋恭帝、全太后等人北上，陆秀夫心有不甘，却又无可奈何。恰在此时，他获知了两位藩王的消息，于是前来投奔。他们还派人前往温州清澳征召陈宜中，陈宜中的再度出山给了彷徨无措的杨淑妃极大的信心，紧接着大将张世杰也率领部下乘船从定海前来会合。

温州城刹那间变得热闹起来，江心寺中仍旧保存着高宗赵构当年南逃来到温州时坐过的御座。当时也有很多人认为大宋气数将近，但南宋又奇迹般延续了一个半世纪。众人簇拥着赵昰坐在那把略显陈旧，却又极具政治寓意的御座上，尊奉他为天下兵马都元帅。年仅九岁的赵昰还是个不懂世事的孩子，但他成为那些不愿投降的汉族士大夫继续奋战下去的希望。

温州距离临安并不远，因此他们决定继续南下，前往福建。福建北部多山，可以作为抵御元军南下的天然屏障。恰在此时，不知是已经对战局彻底绝望，还是受到了元军的逼迫，谢太后派遣两名宦官带着八名士卒召两位藩王返回临安。他们刚刚逃出牢笼，又岂能自投罗网，于是陈宜中等人将两个宦官杀害后沉于江中，随后带着两位藩王坚定地南下。

景炎元年（1276年）五月初一，在陈宜中、张世杰等人的拥戴下，益王赵昰在福州即皇帝位，史称“宋端宗”。端宗即位后改元“景炎”，册封自己的母亲杨淑妃为皇太后。杨淑妃在国破家亡之际开始垂帘听政。

杨淑妃与朝臣讨论政事时仍旧自称为奴，对于宰执们议定的事项，她只是低声附和。朝臣丝毫不把她这位太后放在眼中，唯独陆秀夫没有怠慢她。陈宜中再度被委任为左丞相兼枢密使，都督诸路军马，张世杰升任枢密副使，陆秀夫直学士院，负责朝廷机要事宜。端宗还任命一直在扬州誓死抵抗的李庭芝为右丞相，希望他能率兵前来勤王。可李庭芝前脚刚刚离开扬州，后脚守军便投降了元军，他也在中途被俘，后来被押回扬州杀害。

当年十一月，元军攻入了福建。陈宜中、张世杰等人准备用海舟载着杨淑妃、端宗赵昰以及他的弟弟赵昺等人南下，随行的有十七万士卒，还有三十万百姓。南宋庞大的船队与元朝舰队不幸遭遇，但由于当天海雾弥漫，元军并未发现他们，他们这才侥幸逃过一劫。

自此之后，杨淑妃一行人辗转福州、泉州、潮州、惠州等沿海城市，后来甚至不敢轻易上岸，只得栖身在小岛上，却仍旧甩不掉紧追不舍的元军。普天之大竟然寻不到一处容身之处，杨淑妃不知道究竟还要逃多久，更不知道究竟要逃到哪里，只能咬牙坚持着。

景炎二年（1277年）十一月，广州等广东重镇相继失守，宋军主帅张世杰在浅湾（今澳门内港沙梨头至莲峰庙）与元军作战时又遭遇失利，杨淑妃不得不保护着年幼的端宗再度踏上逃亡之路。他们逃到了秀山，山中有一万多户居民，张世杰买下当地富户的一处宅子作为杨淑妃母子的行宫，但他们却没能在那里待多长时间便不得不再度逃向井澳（今广东省汕头市南澳县南澳岛）。

无休无止的逃亡让主持朝政的陈宜中心生绝望，于是他扔下年幼的端宗，独自逃往占城（今越南中部）。端宗多次征召他，但他再也没有回来。元军攻打占城时，陈宜中又仓皇逃往暹罗（今泰国），最终死在了那里。

当年十二月二十二日，杨淑妃一行人抵达井澳，但他们不敢下船。恰在此时，海上突然狂风大作，宋军乘坐的海船很多都被飓风摧毁，不计其数的将士被狂风卷入海中活活淹死，即便是端宗都未能避免坠海。

端宗坠海后拼命地挥舞着双臂大声呼救，杨淑妃见状发出撕心裂肺的喊声，但此时船上已经乱作一团，很多将士自身难保，无暇顾及小皇帝的生死，幸好有几个忠心之人舍命相救。过了许久，奄奄一息的端宗才被救上船，但他因惊吓过度而忧郁成疾。在随后的日子里，杨淑妃悉心照料患病的儿子。可就在端宗的病情稍稍有所好转之际，元军再度杀来，他们不得不再次逃到海上。元军一直追至七里洋，俘虏了卫王赵昺的亲舅舅俞如珪，这才不甘心地撤军。自此之后，杨淑妃与儿子端宗便开始在茫茫的大海上游荡。原本他们也想逃往占城投奔陈宜中，但占城国王担心引火烧身，拒绝了他们的避难请求，他们只得辗转逃到硇洲（今广东省湛江市东南硇洲岛）。

景炎三年（1278年）四月十五日，在经历了两年惊险的逃亡生涯后，年仅十一岁的端宗病逝于硇洲。杨淑妃一时间悲痛欲绝，但更让她感到悲伤的是，那些一路追随他们的官员将领居然想各奔东西，她试图劝阻却又无能为力。在这个关键时刻，陆秀夫挺身而出，高声说道："度宗尚有一子健在，你们想抛下他不管吗？从古至今，以一旅而成就中兴大业之人不胜枚举，更何况我们尚有数万士卒，若是天不亡我大宋，哪里不能是国都呢？"

众人随后拥年仅七岁的卫王赵昺为新皇帝，史称"宋少帝"，随即改元"祥兴"。由于左丞相陈宜中迟迟不愿回朝，众人只得推举久经沙场的张世杰主持朝政，陆秀夫从旁辅佐他，原本陷入绝望的杨淑妃也再度看到了一点儿微弱的光亮。

当年五月初七，他们转战来到了位于如今广东省江门市新会区以南约五十公里处崖门镇的崖山。当时崖山还是个与大陆并不相连的小岛，他们在岛上的西山营建了三十余间房屋作为行宫，杨淑妃与宋少帝住在了那里。此外他们还修建了三千多间军屋，一路逃命到此的南宋官吏与将士们终于有了一块歇脚之地。不过狠辣的忽必烈执意斩草除根，派遣张弘范征调大军，准备一举荡平崖山。祥兴二年（1279年）正月，张世杰便接到了元军即将进攻崖山的情报，有人向他建议主动迎敌，坚决扼守住崖山的出海口，一旦形势不利便立即逃走。

不知是张世杰割舍不下崖山，还是已经厌倦了漂泊的日子，他决意破釜沉舟，要与元军决一死战。他下令焚毁岛上的房屋，用绳索将一千多艘军船串在一起并排陈列在海湾内，还将宋少帝高大的御船停放在最中间。

元军封锁了出海口，还切断了宋军的后勤保障。困守在船上的宋军将士连水都喝不上，干渴难耐之下只能饮用海水。他们喝了海水后纷纷腹痛呕吐，甚至还有人中了毒。战斗持续了十几日，那些只能靠喝海水解渴的宋军将士已经无力支撑，很多将领眼见大势已去，索性投降了元军，宋军的处境变得愈加艰难。

二月初六是一个风雨交加的日子，海上笼罩着一层厚厚的雾气。元军利用涨潮的机会向早就疲惫不堪的宋军发动了总攻，双方一直打到日暮时分。张世杰意识到败局已定，命人砍断连接船只的绳索，分乘十余艘大船，护卫着杨淑妃仓皇逃往海洋深处。

陆秀夫寸步不离地陪在宋少帝身旁，他们所在的御船位于整支船队的正中间，一时间难以脱身。其实张世杰已经派人乘坐小船来接宋少帝，但由于当时陆续有人叛国投敌，陆秀夫担心宋少帝会被人出卖，决定为大宋保留最后的尊严。陆秀夫逼迫自己的妻儿投海自尽，然后转过身对宋少帝说："国事至此，陛下当为国殉葬。德祐皇帝被俘后惨遭元人的肆意侮辱，陛下不可再受辱！"说完之后，他抱起年仅八岁的宋少帝跳入了海中，十多万南宋军民在此战中蹈海自尽，南宋至此彻底灭亡。

已经逃出生天的杨淑妃听闻宋少帝溺亡的噩耗后，失声痛哭，说道："我一路忍辱负重到此就是为了保全我大宋皇室的血脉，可如今一切都结束了！这是上天要灭我大宋啊！”悲痛不已的杨淑妃随即跳海自杀，张世杰含着泪草草地将她葬在海滨。杨淑妃自杀后，张世杰也是万念俱灰，率领舰队行驶至平章山，平章山大致位于今广东省阳江市西南海陵岛对面海域。海上突然刮起了猛烈的大风，将士们纷纷劝说他弃船登岸，暂且避一避风。

张世杰冷冷说道：“不必了！”他随后悻悻地登上高耸的柁楼，露天焚香，进行祷告：“我为了大宋已然拼尽全力了！一君亡后复立一君，如今已无人可立，难道这不是天意吗？”

风越来越大，一时间刮得天昏地暗，无意求生的张世杰最终被大风吹入海中，为自己效忠的大宋陪葬了。

其实崖山之战时宋军实力尚存，但张世杰破釜沉舟的战法让宋军彻底丧失了对出海口的控制，后勤补给线又被元军掐断，也就此注定了他们悲惨的结局。张世杰在崖山之战中的指挥失误屡屡被后人诟病，有人认为，如若他像以往那样选择继续逃亡，或许南宋的历史并不会终结于崖山。然而，这种暗无天日的逃亡生涯何时才是尽头？既然覆亡的结果注定难以改变，早日结束又何尝不是一种解脱呢?

杨淑妃凭借顽强的毅力坚持到了最后一刻，让南宋覆亡的日子向后推迟了三年之久，这对南宋而言已是莫大的贡献。

早在崖山之战前，抗元英雄文天祥便在五坡岭（今广东省汕尾市海丰县北二里）被元军擒获。元军统帅张弘范让他给张世杰写一封劝降信，但他拿出了自己所写的一首诗《过零丁洋》：

辛苦遭逢起一经，
干戈寥落四周星。
山河破碎风飘絮，
身世浮沉雨打萍。

惶恐滩头说惶恐，
零丁洋里叹零丁。
人生自古谁无死？
留取丹心照汗青。

附件
宋代后宫制度简述

在后宫之中，终日陪伴在皇帝身边的有两类人，一类是嫔妃宫女，另一类是大小宦官，他们的地位或许并不高，但对朝政的影响不容小觑。

一、内命妇

大宋最有身份地位的女人被称为“命妇”，命妇有内外之别，内命妇封号只授予皇宫内的女子，外命妇封号按照常理是授予皇宫之外的女子，但有时皇宫内的一些特殊女子也会获得外命妇的封号。内命妇又有广义与狭义之分，狭义的内命妇只包括内官，也就是名目繁多、地位不一的嫔妃，广义的内命妇还包括宫官，也就是负责皇宫内部事务的女官，还有无品级的内命妇。

宋代最低等级的内官为正五品的才人，皇后属于超品，因此皇后是否应当归入内官目前还存在一定的争议。绝大多数女子很难一入宫便获封内官，往往会先获得外命妇封号，遇到合适的机会再转为内官，只有成为内官才算真正意义上的嫔妃。

宋代内官等级表

等级	等级名	名号	视品级
第一等	皇后	皇后	超品
第二等	夫人	贵妃、淑妃、德妃、贤妃	正一品
第三等	嫔	太仪（不常设）、贵仪、淑仪、淑容、顺仪、顺容、婉仪、婉容	从一品（后改为正二品）
		昭仪、昭容、昭媛、修仪、修容、修媛、充仪、充容、充媛	正二品
第四等	婕妤	婕妤	正三品
第五等	美人	美人	正四品
第六等	才人	才人	正五品

皇宫内设有负责管理行政事务的尚书内省，在尚书内省任职的女官被称为宫官，宫官可以转为内官，但内官通常不能转为宫官。

尚书内省的长官称为勾当大内公事（南宋因避高宗赵构之讳改为主管大内公事）、知尚书（内）省事，有时还会兼任提举十阁分事，上述三个职务均为没有品级的差遣，通常会授予同一个人，多由六尚升任。六尚对应的是尚书省六部，与唐朝设置基本一致，各设两人，均为正五品，与最低等级的内官品级相当。

六尚之下设有二十四司，其下为二十四典，再往下为二十四掌，分别为正六品、正七品、正八品[①]，例如尚宫之下设司记，司记之下设典记，典记之下设掌计，掌计之下还设有无品级的女史。

尚宫的直接下属有司记、司言、司簿、司闱。司记负责掌管宫中文书，审核无误后加盖印章；司言负责传诏与启奏；司簿负责执掌女史以上人员名册以及俸禄恩赏有关事宜；司闱掌管宫门钥匙，还负责安全保卫工作。

① 《趋朝事类》记载的尚、司、典、掌四级宫官的品级均比《宋会要辑稿·后妃》低一个品级。

尚仪的直接下属有司籍、司乐、司宾、司赞。司籍负责保管图书纸笔等学习用具；司乐掌管宫廷音乐；司宾和司赞都负责接待宾客，司宾侧重于对入宫人员进行引导，司赞侧重于维持现场秩序。尚服的直接下属有司宝、司衣、司饰、司仗。司宝负责掌管玉玺、符契、地图等重要物品；司衣负责衣服首饰等物品的置办与采买；司饰负责浴巾、梳子等生活用品的置办与采买；司仗负责依仗队所需物品的保管与置办。尚食的直接下属有司膳、司酝、司药、司饎。司膳负责皇帝与后宫人员的饮食；司酝负责酒品的酿造、储存和发放；司药负责药品供应；司饎负责为宫人们提供肉食、柴火和炭等物资。尚寝的直接下属有司设、司舆、司苑、司灯。司设负责床帷、茵席的铺设，也就是为皇帝嫔妃铺床；司舆负责车辇、伞扇、羽旄等物品的保管；司苑负责管理宫内果园；司灯掌管宫内点灯、灭灯等事宜。尚功的直接下属有司制、司珍、司彩、司计。司制负责衣服的缝补以及纺织有关事宜；司珍负责金银财宝的保管和发放；司彩负责丝织品的保管和发放；司计负责对衣服、饮食等物资的发放情况进行统计与审核。宫正专门负责处置宫中违反宫规的人员，直接下属仅有一个司正。

徽宗皇帝对尚书内省进行机构改革，设立了正长官内宰、副宰，此外还下设了都事、主事、录事三级宫官，但具体品级却并无记载，再往下是没有品级的令史、书令史、书史，政治地位相当于胥吏。尚书内省仿照六部下设司治等六个部门，设正长官内史一人，副长官治中一人，其下也设有令史、书令史、书史，之前尚书内省设有尚级、司级、典级、掌级四级宫官，南宋时却减为了两级。不过这项改革没能维持多长时间，北宋灭亡后，南宋朝廷又改回原来的机构设置，但都事、主事和录事得以保留下来，沦为了没有无品级的差遣。

下面介绍一下无品级内命妇，包括两类人：第一类是内尚书省、仙韶院内的差遣，差遣虽然并没有品级，但相关人员的政治地位却未必低；第二类是类似于胥吏的准内官，虽然并无品级，但地位高于普通宫女。

《铁围山丛谈》记载："内官之贵者，则有曰'御侍'，曰'小殿直'。"无论是御侍还是小殿直都并非真正意义上的内官，只有从九品之上的才能称之为官，因此只能算是准内官，但这两类女子时常陪伴在皇帝身边，出人头地的机会自然也就比较多。御侍是女子装扮，头顶梳龙儿特髻，穿襜（一种短便衣）。小殿直是一副男子装扮，用皂软巾裹头，穿紫义襕窄衫，戴金束带。获得外命妇封号的御侍通常都会晋升为内官，但有个别升迁无望的也会转为宫官。小殿直拥有都知、押班、上名、长行（分为三等）等名号，都知、押班本是宦官官职，后来用来授予这些女官。

无品级内命妇表[①]

等级	人员范围
第一等	红霞帔、知尚书省事、仙韶使、仙韶副使、小殿直都知、小殿直押班
第二等	紫霞帔、尚书省都事、大御侍、小殿直第一等长行、仙韶都头
第三等	听宣、尚书省内事、尚书省录事、小殿直第二等长行、仙韶色长行
第四等	散直、散手、书省、小御侍、皇后阁祗候、小殿直第三等长行、著绯女童、著绿女童

二、外命妇

外命妇分为皇族外命妇和非皇族外命妇两大类，皇族外命妇包括大长公主（皇帝的姑奶奶、姑姑）、长公主（皇帝的姐妹）、公主（皇帝的女儿）、郡主（通常为太子、亲王的女儿），县主（郡王的女儿）。有时为朝廷立下大功的功臣的女儿也会被封为郡主、县主，例如赵普诸女被封为郡主，高怀德的两个女儿被封为县主，不过并不符合礼制。

唐朝时，王妃是正式的外命妇封号，宋朝取消了王妃这个封号。赵光义还是晋王的时候，他的妻子符氏便被封为越国夫人，他的弟弟秦王赵廷美的妻子

① 参照《趋朝事类》，但依据其他史料有所修正。

张氏被封为楚国夫人。不过也有特例，统治江南地区的吴越国向北宋称臣，为了表示对吴越王钱俶的敬重，赵匡胤特地将他的妻子孙氏册封为王妃，但这只是特殊时期的特例。

虽然王妃不再是正式的封号，但很多宋代史料仍旧沿用“王妃”这一称呼。《宋史》记载：“诏纳其女为康王妃。”其实只是说邢氏成了康王的原配妻子，并非指她真的获得了王妃的封号，她的正式封号为嘉国夫人。这是因为宋朝时妃与妻子是一个意思，并非皇族的特有称谓。

宋朝取消了等级最低的乡君，外命妇共设有国夫人、郡夫人、郡君、县君四个等级，徽宗皇帝却认为等级过少，将郡君细分为淑人、硕人、令人、恭人四等，县君细分为宜人、室人（后改为安人）、孺人三个等级，同时将国夫人、郡夫人合并为夫人，从原来四个等级扩充至八个等级。不过国夫人、郡夫人已沿用许多年，早已被世人所熟悉，因此改革四年后，夫人再度拆分为国夫人、郡夫人。宰相、使相、尚书令、三师、三公的妻子、母亲被封为国夫人，执政以上官员的妻子、母亲被封为郡夫人。

皇族外命妇封号根据出身授予，非皇族外命妇根据丈夫或者儿子的官职授予。唐朝根据官员的散官品级来确定外命妇封号，但到了北宋初年，散官已经名存实亡，职事官实际承担着确定品级待遇的职能，因此改由按照职事官品级来确定外命妇封号。元丰改制后取消了散官，设立了寄禄官，又改由按照寄禄官品级来确定外命妇封号，随后徽宗又进行了改革，硕人及以上的外命妇按照职事官品极授予，令人及以下的外命妇按照寄禄官品级授予。

外命妇会获得政治上的尊崇，比如可以参加重大庆典和祭祀活动。不同等级的外命妇的服饰、首饰、轿子等都有着不同的规制，不得随意僭越。外命妇即便涉嫌违反刑律，一般也不对其用刑，在具体量刑时也会予以减轻。不过非皇族外命妇获得的经济待遇较为有限，虽然也有个别人可以获得俸禄，却只是特例，并没有相关的制度性安排。非皇族外命妇具有鲜明的从属性，封号依靠丈夫或儿子取得。一旦丈夫或儿子获罪，非皇族外命妇的封号通常也会被剥夺，比如名将岳飞的妻子李氏曾经获封楚国夫人，岳飞含冤去世后，她的封号随即被剥夺。岳飞被平反后，朝廷随即又恢复了她的封号。

除了上述人员以外，皇帝的乳母以及地位较高的宫官也会获封外命妇，这到了南宋时期逐渐成为政治惯例。真宗册封乳母刘氏为“秦国延寿保圣夫人”，这是第一个四字国夫人。仁宗将自己的乳母林氏从“韩国贤和祐圣夫人”进封为“秦晋国永寿祐圣夫人”，这是皇帝乳母首次获得两国四字夫人封号。除了皇帝乳母外，高级宫官也会获封国夫人或郡夫人。到了南宋时期，授予“知尚书（内）省事”时往往会加封郡夫人，授予“主管大内公事”时往往会进封为国夫人。如果兼任“提举十阁分事”，将会再进封为两字国夫人，封号与差遣之间渐渐形成相对固定的关系。这是因为宫官最高便是正五品的六尚，作为六尚的上级地位势必要在其之上，但宫官中不设更高品级的官职，只能通过册封某些人为国夫人或郡夫人来彰显其特殊的地位。

三、宦官

除了女子，宦官也会时刻出现在皇帝工作生活的方方面面。管理宦官的机构为内侍省，后来真宗又设立了入内内侍省，并称前、后省。由于入内内侍省与皇帝的关系更为密切，地位也更高。两省并立的局面从景德三年（1006年）一直延续到南宋绍兴三十年（1160年）内侍省被裁撤。

入内内侍省下设御药院（负责核对皇帝的药方并供应药物）、内东门司（负责核定宫廷开支、安排官员朝见等）、往来国信所（负责相关外事活动）、合同凭由司（负责对御赐物品发放领取凭证）等机构。入内内侍省的最高长官为都都知，内侍省平时是否设有都都知目前还不太明确，其最高长官通常为左班都知、右班都知。入内内侍省也设有都知，其下为副都知、押班。都都知、都知、副都知由担任诸司副使以上职务的宦官充任，押班由担任内殿崇班以上职务的宦官充任，上述官职为宦官中的极品，绝非普通宦官可以企及的。

元丰改制后两省管辖的宦官等级①

入内内侍省	内侍省	对应的武官	品级
内东头供奉官		东头供奉官	从八品
内西头供奉官		西头供奉官	从八品
殿头		左侍禁	正九品
高品、祗候殿头	高品	右侍禁	正九品
高班、祗候高品	高班	左班殿直	从九品
黄门、祗候高品内品	黄门	右班殿直	从九品
祗候内品	祗候高班内品	三班奉职	从九品
祗候小内品	祗候内品	三班借职	从九品
贴祗候内品		三班差使	无品级
入内内品	内品	三班借差	无品级
把门内品	后苑内品	下班殿侍	无品级
后苑内品	后苑勾当事内品	大将	无品级
后苑散内品	北班内品	守阙军将	无品级
散内品	后苑散内品	——	无品级

宦官并不像宫官、内官那样拥有单独的官职体系，绝大多数宦官都是低阶宦官，由内侍省、入内内侍省负责迁转，但如若宦官升至内殿崇班之上，其隶属需要从两省转出，自此之后改由最高军事机关枢密院管理，标志着正式步入武官的行列。

① 参考国家图书馆藏明刻本《职官分纪》卷二十六，依据《宋史》进行相应修改。

政和改制前后枢密院管辖的宦官等级

阶次	北宋前期旧官阶	政和年间新官阶	南宋修订后新官阶
正任官	节度使	节度使（正三品）	节度使（从二品）
	节度观察留后	承宣使（正四品）	承宣使（正四品）
	观察使	观察使（正五品）	观察使（正五品）
	防御使	防御使（从五品）	防御使（从五品）
	团练使	团练使（从五品）	团练使（从五品）
	刺史	刺史（从五品）	刺史（从五品）
遥郡官	节度使	节度使（无品级）	节度使（无品级）
	节度观察留后	承宣使（无品级）	承宣使（无品级）
	观察使	观察使（无品级）	观察使（无品级）
	防御使	防御使（无品级）	防御使（无品级）
	团练使	团练使（无品级）	团练使（无品级）
	刺史	刺史（无品级）	刺史（无品级）
横行官	内客省使（从五品）	通侍大夫（正五品）	内客省使（从五品）
班官	延福宫使（从五品）	正侍大夫（正五品）	延福宫使（从五品）
	——	宣正大夫（正五品）	——
	——	履正大夫（正五品）	——
	——	协忠大夫（正五品）	——
	景福殿使（从五品）	中侍大夫（正五品）	景福殿使（从五品）
	宣庆使（正六品）	中亮大夫（从五品）	宣庆使（正六品）
	宣政使（正六品）	中卫大夫（从五品）	宣政使（正六品）
	——	翊卫大夫（从五品）	——
	——	亲卫大夫（从五品）	——
	昭宣使（正六品）	拱卫大夫（正六品）	昭宣使（正六品）
	——	左武大夫（正六品）	——

续表

阶次	北宋前期旧官阶	政和年间新官阶	南宋修订后新官阶
班官	——	右武大夫（正六品）	——
	——	正侍郎至右武郎（正七品至从七品）	武功大夫至武翼大夫（正七品）
			正侍郎至协忠郎（从七品）
诸司正使	皇城使（正七品）	武功大夫	中侍郎（从七品）
	宫苑、左右骐骥使（正七品）	武德大夫	中亮郎（从七品）
	左藏库、东西作坊使（正七品）	武显大夫	中卫郎（从七品）
	庄宅、六宅、文思使（正七品）	武节大夫	翊卫郎（从七品）
	内园、洛苑、如京、崇仪使（正七品）	武略大夫	亲卫郎（从七品）
	西京左藏库使（正七品）	武经大夫	拱卫郎（从七品）
	西京作坊、东西染院、礼宾使（正七品）	武义大夫	左武郎（从七品）
	供备库使（正七品）	武翼大夫	右武郎（从七品）
诸司副使	皇城副使至供备库副使（从七品）	武功郎至武翼郎（从七品）	武功郎至武翼郎（从七品）
大使臣	内常侍（正八品）	内常侍（正八品）	内常侍（正八品）
	内殿承制（正八品）	敦武郎（正八品）	训武郎（正八品）
	内殿崇班（正八品）	修武郎（正八品）	修武郎（正八品）

康定二年（1041年）五月，仁宗下令内侍省、入内内侍省都都知比照景福殿使（从五品），两省都知比照宣庆使（正六品），副都知比照宣政使（正六品），带诸司使以上的押班比照昭宣使（正六品），带诸司副使以上的押班在皇城使（正七品）之上。

徽宗推行政和改制时，宦官们的班位有所降低。都都知、都知降至中卫大夫（从五品），副都知降至拱卫大夫（正六品），押班降至右武大夫（正六品）。虽然徽宗在制度上对宦官的班位有所限制，但他对宦官的宠爱程度却是前所未有的。大宦官童贯执掌兵权长达二十年，成为历史上掌兵时间最长的宦官。童贯不但打破了宦官不能出任节度使的先例，还曾任九镇节度使，以太尉（正二品，最高武阶官）之职出任陕西、河东、河北宣抚使，成为边疆地区最高军政长官，后领枢密院事，执掌最高军事机构枢密院，还获封广阳郡王，成为历史上爵位最高的宦官之一。

参考资料

[1]赵冬梅. 文武之间：北宋武选官研究[M]. 北京：北京大学出版社，2010.

[2]王曾瑜. 荒淫无道的宋高宗[M]. 河北：河北人民出版社，2007.

[3]赵雨乐. 从宫廷到战场：中国中古与近世诸考察[M]. 香港：香港中华书局，2007.

[4]王曾瑜. 岳飞和南宋前期政治与军事研究[M]. 河南：河南大学出版社，2002.

[5]陈雨笛. 北宋外命妇封赠制度研究——以文官母妻为中心[D]. 浙江：浙江大学，2022.

[6]褚雪荣. 北宋宣仁太后高氏年谱[D]. 江西：江西师范大学，2020.

[7]史泠歌. 帝王的健康与政治：宋代皇帝疾病问题研究[D]. 河北：河北大学，2012.

[8]任石. 北宋宦官班位[J]. 史林，2024（5）.

[9]丁义珏. 出入宫朝：宋代宦官的品阶结构与职位序列[J]. 史学月刊，

2023（1）.

[10]程郁. 宋代皇宫内女性联系网探究[J]. 中原文化研究，2022（6）.

[11]王建生. 宋金交互视域中的徽宗之死[J]. 北京社会科学，2021（1）.

[12]祁红伟. 北宋元祐初年政治中的新旧调和[J]. 郑州航空工业管理学院学报（社会科学版），2019（5）.

[13]张吉寅. 火灾视阈下北宋刘太后与士大夫的权力博弈[J]. 河北大学学报（哲学社会科学版），2019（4）.

[14]贾鸿源. 北宋皇后别庙空间布局演变研究[J]. 河南大学学报（社会科学版），2018（5）.

[15]张咏春、郭威. 宋代的仙韶院[J]. 中国音乐，2018（4）.

[16]曹杰. 品阶管理与内外秩序：宋代内臣寄资制度述论[J]. 文史，2018（1）.

[17]丁义珏. 宋代御药院机构与职能考论[J]. 中华文史论丛，2018（2）.

[18]刘广丰. 心态史视角下宋代的女主政治——以北宋刘太后为中心[J]. 中原文化研究，2018（2）.

[19]祁红伟. 宋代追尊皇后祔庙考论[J]. 河南科技大学学报（社会科学版），2017（3）.

[20]廖寅、肖崇林. 北宋程琳事迹辨正[J]. 河北大学学报（哲学社会科学版），2017（1）.

[21]熊燕军. 宋季韩震之死及相关问题[J]. 暨南史学，2016（1）.

[22]王瑞来. “狸猫换皇太子”传说的虚与实—后真宗时代：宋代士大夫政治下的权力博弈[J]. 文史哲，2016（2）.

[23]田志光、朱倩倩. 宋仁宗废后事件再探[J]. 商丘师范学院学报，2016（11）.

[24]刘静贞. 唯家之索——隆祐孟后在南宋初期政局中的位置[J]. 国际社会科学杂志（中文版），2016（3）.

[25]刘江. 女性与皇权——向太后与宋徽宗继位考论[J]. 东方论坛，2016（5）.

[26]刘广丰. 宋代特殊政治势力与女主权力的互动——以刘太后统治时期为中心[J]. 江汉论坛，2015（10）.

[27]刘广丰. 北宋女主政治中的女性意识——以对刘太后的考察为中心[J]. 妇女研究论丛，2014（6）.

[28]腰蓝、刘志伟. 宋宁宗杨皇后考轶——兼论南宋宫廷人文生态[J]. 东南学术，2014（3）.

[29]邓小南. 掩映之间：宋代尚书内省管窥[J]. 华中国学，2014（1）.

[30]王志双. 荡涤保守政风以开新局的前奏——郭皇后被废与宋仁宗朝前期政局[J]. 苏州科技学院学报（社会科学版），2012（3）.

[31]张明华. 北宋宫廷的《长恨歌》——宋仁宗与张贵妃宫廷爱情研究[J]. 咸宁学院学报，2012（1）.

[32]伍纯初. 权相贾似道与晚宋政局研究[J]. 南都学坛，2011（6）.

[33]刘坤新. 南宋高宗皇后吴氏入宫时间研究[J]. 科学大众（科学教育），2010（2）.

[34]张云筝. 论宣仁圣烈高太后[J]. 华北水利水电学院学报（社科版），2010（6）.

[35]郭艳艳. 宋代官员家庭外命妇封赠制度略论[J]. 商丘师范学院学报，2010（11）.

[36]郜育欣. 宋代内命妇封号问题研究[J]. 历史教学高校版，2009（7）.

[37]李真真. 从元祐调停看宋代朋党政治倾向的恶性膨胀[J]. 社会科学辑刊，2009（6）.

[38]方燕. 宋代宫廷厌魅案初探[J]. 天府新论，2008（4）.

[39]杨果、刘广丰. 宋仁宗郭皇后被废案探议[J]. 史学集刊，2008（1）.

[40]朴志焄. 北宋时期宣仁太后的摄政[J]. 宋史研究论丛（第7辑），2006.

[41]张其凡、白效咏. 乾兴元年至明道二年政局初探——兼论宋仁宗与刘太后关系之演变[J]. 中州学刊，2005（3）.

[42]张明华. 从曹皇后的道德自虐看北宋中期儒学复兴对宫廷女性的负面影响[J]. 浙江万里学院学报，2004年（1）.

[43]张明华. 北宋宣仁太后垂帘时期的心理分析[J]. 洛阳师范学院学报，2004（1）.

[44]王述尧. 从历史的迷雾中摆脱出来——对几部笔记中有关贾似道事迹的评析[J]. 孝感学院学报，2004（2）.

[45]张邦炜. 宋徽宗初年的政争——以蔡王府狱为中心[J]. 西北师大学报（社会科学版），2004（1）.

[46]鲍艺敏. 南宋恭圣仁烈杨皇后籍贯考[J]. 南方文物，2003（4）.

[47]朱子彦. 宋代垂帘听政制度初探[J]. 学术月刊，2001（8）.

[48]诸葛忆兵. 论宋代后妃与朝政[J]. 南京师范大学学报（社会科学版），1998（4）.

[49]周劲松. 宋代皇位继承无内乱原因探析[J]. 中州学刊，1996（1）.

[50]杨果. 宋代后妃参政述评[J]. 江汉论坛，1994（4）.

[51]张其凡. 宋代宦官对军队的监督与指挥概述[J]. 中州学刊，1992（3）.